La palabra

La palabra

Pablo Urbanyi

LUGAR COMÚN
EDITORIAL

© Pablo Urbanyi
© 1ª edición: Catálogos S.R.L. Buenos Aires 2013
© Esta edición Lugar Común Editorial, 2015

Library and Archives Canada Cataloguing in Publication

ISBN 978-1-987819-13-7 (Libro impreso)
ISBN 978-1-987819-14-4 (Libro electrónico)

Publicado por Lugar Común Editorial
Ottawa, Canadá, 2015

www.lugarcomuneditorial.com
info@lugarcomuneditorial.com

Canadá

"Nadador entre dos aguas, náufrago entre dos mundos, morirás hoy, o esta noche, o mañana, como protagonista de ficciones..."
De *El arpa y la sombra,* Alejo Carpentier

–Lo que yo busco no es nada complicado. Es más, se trata de hallar una palabra, sólo una: ¡y la encontraré!
De *La conciencia de Zeno*, Italo Svevo

Contenido

1. A falta de futuro bueno es el pasado

Me llevaron, ni sé adónde, me trajeron y me dejaron. Me zarandean de un lado para otro, como durante toda mi vida. Y ahora... silencio, silencio total... Nadie. Ni Enrique, ni el Caudillo, ni el médico, ni mi mujer. Por fin estoy en paz, con todo el espacio para mí, el espacio y la tranquilidad que busqué toda mi vida... Graciela, ni Graciela, la única que... Pero no, no va a venir, sólo volverá ese maldito dolor que me vence y me arrastra; ya lo siento, se anuncia desde lejos, dolor del cuerpo y del alma... Pero no, esta vez no voy a dejar que me atrape, voy a luchar. A ver, ¿cómo era? Imaginarse, visualizar, el hombre se siente como piensa, visualizar "Los años de gloria, ilustre" como diría el Húngaro, quien siempre vivía en la gloria elevado por el alcohol. Sí, adelante, visualizar con el hemisferio cerebral derecho. No, no, ése es para lo atemporal, lo subjetivo y el sexo, tanto que ni las mujeres hacen falta a pesar de que mi cabeza se llena de... Graciela, la única que... sin embargo algo nunca completado, un vacío... El izquierdo, sí, el izquierdo para lo objetivo, sucesivo y la historia. Claro que ¿fui? ¿soy? ¿o seré? Un mundo para ganar, para conquistar. Pero no nos distraigamos, visualicemos: una gran sala de conferencias atestada de público compuesto de profesores y alumnos; sobre el estrado, una mesa con una jarra de agua, un vaso y un micrófono que nunca usaba, no podía estarme quieto y caminaba de un lado para el otro. ¿El lugar? No tiene importancia, las comidas y las bebidas lo dirán. ¡Atención! Alguien sube al estrado, golpea suavemente las palmas, "Señores, por favor", los murmullos se apagan, lanza unos carraspeos y me anuncia, alimenta mi autoestima, sí, de eso se trata, "Autoestima, pura autoestima, nada de sustancia, Ilustre", me decía... Pero me distraje otra vez, visualicemos, veamos y escuchemos...

"Señoras y señores, tengo el inmenso honor de presentarles al ilustre profesor argentino Doctor Ricardo Ignacio Palmatieri. El Doctor Palmatieri es tan conocido internacionalmente que no es necesario que me explaye sobre sus méritos y demore injustamente su palabra que todos esperan ansiosos. Basta decir que con un libro a punto de publicar, con innumerables artículos y conferencias dadas alrededor del planeta, es uno de los más destacados lingüistas, historiadores de la lengua y críticos literarios con que cuenta el mundo académico. La conferencia de hoy, titulada 'La palabra', es el resultado de largas investigaciones sobre las múltiples... Pero no, basta de charla, que el conferenciante no soy yo. Señores, con ustedes, el profesor Doctor Ricardo Ignacio Palmatieri."

Aplausos.

El profesor Doctor Ricardo Ignacio Palmatieri, anteojos de carey, corte de pelo a lo prusiano, un poco entrecano, con saco y corbata oscuros, se puso de pie, acomodó su viejo portafolio contra el respaldo y le echó un vistazo a su mujer, una elegante rubia de sonrisa suave. Bajo la mirada de ella, con una carpeta, avanza entre los aplausos. Sube, deja la carpeta sobre la mesa, la abre, se frota las manos, se ajusta los gruesos anteojos, se pasa la mano derecha por la nuca; sin sentarse, comienza:

"Damas y caballeros, estimado auditorio, la consigna: 'Vino, amor y pesetas para gastarlas'".

...Ya sé, Madrid, finales de la década del ochenta o noventa... mi mirada de águila se pasea por el auditorio, pausa, expectación y luego, las caricias al público.

"Para mí es un inmenso honor presentarme ante ustedes, aquí, en España, la cuna de la civilización latinoamericana. Un país de larga tradición, acogedor como ya quedan pocos, de una cocina auténticamente popular y de vinos generosos. Siempre he sentido una debilidad especial por la Madre

Patria. ¿Quién puede resistir la tentación de unas gambas al ajillo con un buen vaso de vino de La Rioja?"

...Y eso era verdad, se me hacía agua la boca... Prosigamos.

"Y como si todo esto fuera poco, es la cuna del escritor más grande de todos los tiempos y estoy seguro de que ya saben que me refiero a Cervantes, a quien con un gran placer releo todos los años. Sin él, ni la novela francesa ni la inglesa, qué digo, la de todo Occidente, habrían existido. De modo que ¡larga vida para las gambas al ajillo, el vino, Don Quijote y sus majestades!"

Mientras se apagan los aplausos, abre la carpeta, hojea algunos papeles y, siempre de pie, erguido como un mascarón de proa, después del último clap, continúa:

"Señores, ¿qué nos trae por aquí?"

...Lo tenía todo estudiado, me callaba, daba unos pasos y me detenía, miraba al auditorio, a mi mujer que me observaba con una sonrisa. Un escalofrío en mi espalda; ¿qué encontraría mal en mi conferencia? Un suspiro, o mejor, una respiración profunda para relajarme y entro en el tema; el versito, decía el maldito Húngaro.

"Señores, cada obra de arte, cada novela, cada cuento, cada palabra diría yo, ¿acaso un gran escritor argentino no habla del poema de una sola palabra?, es un vehículo, una barca que desde el pasado viene flotando hacia nosotros, cargada con el pensamiento de hombres que no hemos visto nunca; de hombres y mujeres que nacieron, sufrieron, padecieron y murieron. Al lograr entender la palabra no sólo penetramos en la mente de nuestros antepasados, sino en la de nuestros contemporáneos y, por extensión, en la mente general de la humanidad que se continúa a través del tiempo. (Ligera pausa).Yo, en mis investigaciones, he centrado mi atención en la palabra que es, en mi opinión personal, la última unidad... perdón, la primera...".

...Por supuesto, según mi mujer, fue una barbaridad mezclar las gambas al ajillo con los Reyes de España.

En la misma época: presentaciones y conferencias en las salas de los departamentos de Filología o Lingüística de las universidades de Barcelona (mención del profesor de la importancia de la lengua y de la cultura catalanas y de la necesidad de defenderlas para mantener la identidad, las particularidades de su cocina, que es cultura, justamente); de París (mención del profesor de Rabelais, Molière, a quienes –en sus momentos de tristeza– relee cada año, del *paté de foie*, el auténtico camembert, y de los vinos franceses de cuya fama ni valía la pena hablar); de Budapest, (mención del Doctor Palmatieri del poeta nacional Petőfi, el Tokay, vino ya favorito de Luis XIV, el *gulash*, famosos internacionalmente); de Berkeley, California (con la mención de "grandes escritores americanos a quienes leo asiduamente" no hubo problemas, pero sí con la comida, ya que, aunque típicas, dudaba de que la hamburguesa y las papas fritas fueran comida. El sol único de California y los vinos californianos, cada vez más famosos y que se imponían en el mercado mundial, resultaron un buen recurso).

Transcurrían los años. Siempre bajo la mirada y la sonrisa suave de su mujer –que le parecían más y más ambiguas, tanto la sonrisa como ella–, con el pelo cada vez más blanco; en las universidades de Washington, de Florida, los problemas fueron similares; los escritores se repitieron pero el sol y el vino fueron reemplazados por las grandes virtudes de una nación que él admiraba: el *melting pot,* "la democracia, si no perfecta, la mejor", "el sueño americano", "la igualdad de oportunidades y el derecho a la búsqueda individual de la felicidad". Continuaron las conferencias, el mundo progresaba y la realidad, la globalización, se imponía. Una vez en territorio estadounidense mencionó en tono de broma a la Coca-Cola y las hamburguesas como descubrimientos norteamericanos y de valor cultural universal. Lamentablemente, dijo, le gustaría poder afirmar lo mismo del chicle, pero histórica y etimológicamente la palabra "chicle" es de origen nahua o azteca *tzictli*, así como la goma misma. Aunque, hay que reconocerlo: con el nombre *chew gum* la adaptaron a su propia cultura y le pusieron un sello muy particular, americano, y gracias a su fabulosa iniciativa y a los recursos tecnológicos, crearon infinitas variedades, entre ellas el chicle globo. Su mujer no lo aprobó, "no fue serio". Y él, como si viviera cada vez más en un sueño, no volvió a hacerlo.

Aplausos y felicitaciones. Hubo otras conferencias en Tokio, Oslo, Varsovia, París. Generalmente terminaban con pequeñas recepciones de diversos estilos y según el presupuesto de la universidad. Eran muy apreciadas por el profesor, que las vivía como una prolongación del homenaje que se le debía, y una forma de adquirir nuevos conocimientos a través de las bebidas y las comidas, así como expresiones culturales (en Tokio tuvo que hacer un esfuerzo para alabar y tragar los pescados crudos de un *sushi* auténtico). Eran mucho más apreciadas por su mujer, quien las consideraba "experiencias" y futuros temas de conversación con sus amigas sobre "cosas y comidas típicas" o en las reuniones en su lugar de residencia permanente, Ottawa, Canadá, aunque su marido no creía justificado el viaje a Japón para hablar de esa "cagarruta vomitiva" que vendían en veinte restaurantes donde vivían. Y si eso no bastara, allí mismo (según el Húngaro) tenía restaurantes coreanos para tragar cucarachas fritas, chinos para comer perros y víboras, africanos para estofado de hipopótamos, y ningún restaurante argentino para comerse un buen bife.

Inglaterra, de paso por Londres, visita al *British Museum,* donde los ingleses exhiben orgullosos lo que con una conducta incivilizada saquearon a todas las civilizaciones. Lingüista, con auténtica emoción observó la piedra Rosetta (robada a los franceses, que a su vez se lo robaron a los egipcios) con la que Jean-François Champollion, gracias a las dos lenguas (el demótico y el griego), descifró la tercera en la misma piedra: los jeroglíficos egipcios. Discusión por la compra de un libro con la historia de la piedra o la de una taza de porcelana inglesa, "preciosa y de calidad", que reproducía las tres. Ganó la taza.

A mediodía corrieron para escuchar las campanadas del ineludible Big Ben. La foto de su mujer al pie de la torre fue de rigor.

Después de una de las conferencias de las dos o tres que dio en Oxford o Cambridge: *"Ladies and gentlemen,* es un honor inmenso para mí... la tradición del té sereno de las cinco de la tarde, el whisky en el club tradicional, un refugio en que los hombres todavía se reconocen y se sienten vivir frente al anonimato del mundo, y la infinita variedad de la cerveza inglesa que tiene alma... el poeta más grande de todos los tiempos... el inmortal Shakespeare, cuyas obras son mi lectura favorita y de quien un gran escritor argentino dijo... Y ahora a lo nuestro; cada obra de arte, cada poema, cada palabra diría yo...". Cuando se dirigían a la sala de recepción, su mujer le comentó: "Ay, esa referencia a la vulgar cerveza no fue muy feliz. Estás envejeciendo".

El profesor farfulló algunas palabras incomprensibles que tal vez no fueran más que algunas de los idiomas que conocía, o la misma palabra en distintos idiomas, y con su viejo portafolio de cuero flojo que colgaba de su mano como las arrugas de su papada —en el que, gracias a la increíble tecnología moderna, ya se encontraban la foto de su mujer al pie de la famosa torre que enviaría a Enrique, un amigo, en la Argentina—, las campanas de la torre resonando en su cabeza, entró en la sala con la cara sombría. Ese día la comida y la bebida le cayeron mal.

...Sí, allí empezó todo, creo que ésa fue la primera señal de esta maldita enfermedad.

Mientras la Comunidad Europea era una realidad armónica en plena marcha (salvo alguna que otra pelea de gatos), él ya se sentía cansado como el siglo. Casi no le quedaban energías para, con la excusa de que tenía que buscar en alguna biblioteca un dato "importantísimo" para su libro, dejar a su mujer en el hotel o mandarla de compras mientras se tomaba un respiro, y si era posible, tirarse una canita al aire. En algunos países de la Comunidad, a precio módico, esas oportunidades no faltaban con las variaciones que se pudiera imaginar, especialmente en Ámsterdam. Allí, ya despegado de su mujer, antes de meterse en el barrio de las lámparas rojas encendidas las 24 horas, entró en un bar para comer algo y mandarse un trago para darse ánimos. En el menú, además de marihuana, figuraba hachís de diferentes orígenes. Gastó lamentablemente su tiempo libre en "¿Lo pido?", "¿No lo pido?", "¿Lo fumo o no lo fumo?".

...La Comunidad me complicó la vida, veía una cosa y decía otra. Sí, el Hungarito tenía razón. Cuando empiecen a llorar de nuevo por la miseria, la próxima guerra europea será por el precio de un kilo de tomates o de aceitunas. Todos nadaban en el mismo pantano del mercado pero yo tenía que encontrar y destacar las diferencias de un país con el otro, entre tomates y aceitunas italianos y españoles.

Sala de conferencias de la Universidad de Roma. Mesa, micrófono, jarra y vaso. Presentación. Aplausos.

El Doctor Palmatieri, traje y corbata oscuros, anteojos cuyos cristales habían engrosado con los años, avanza y sube al estrado. Deposita la carpeta con energía, casi se diría que la tira (recordó lo que le había dicho su mujer: "Ay, por Dios, no vayas a nombrar la grapa o la mortadela. Sería ordinario"), la abre, revuelve las hojas, cierra la carpeta sin haber sacado ninguna. Pálido, la mano detrás de la nuca, mira al auditorio como perdido, buscando. Sentada en el borde de la butaca, como lista para ponerse de pie, su mujer lo observa con una sonrisa que en ese momento parece estar inclinada hacia una dulce ironía vengativa.

El Doctor Palmatieri la ve y reacciona. Otra vez –ya es una costumbre en él– farfulla unas palabras incomprensibles. Empieza:

"Es un honor para mí, un gran honor estar en un país que pertenece a la Comunidad y que lleva el bello nombre de Italia, cuya historia, en línea directa, la más antigua de la Comunidad, se remonta a siglos antes de Cristo... Horacio y Juvenal... Petrarca y Dante, los más grandes poetas de todos los tiempos... poetas sin los que la literatura de Occidente... y a quienes releo... Roma, la ciudad eterna... los espaguetis... el dorado sol del Mediterráneo... sus playas con mujeres sin falsos pudores, sin corpiños, bronceadas, frescas, jóvenes, bueno, algunas un poco gordas, pero el apetito... epa, me perdí, ¿dije todo eso?... la alegría de vivir... al generoso y cálido vino italiano... (Aplausos)...Señores, ¿qué nos trae por aquí?... Cada palabra...".

Ese día, durante la recepción, para lograr un poco de alivio y bienestar con rapidez, al estilo asimilado de la cultura polaca o la húngara, el Doctor Palmatieri, utilizó el recurso del "acelerador": de un golpe se bajó una copa de grapa reserva de 60 grados. Casi al instante, en vez del calorcito agradable y el alivio en músculos y nervios que solían recorrerle de la cabeza a los pies, un dolor y un ardor infernal en el estómago lo obligaron a doblarse. Mientras lo llevaban entre gritos y pedidos de auxilio, en su cabeza resonando las campanas de la Basílica de San Pedro, no soltó la cartera. Allí se encontraba una foto de su mujer con un pañuelo en la cabeza; detrás, como fondo, La Piedad.

...Me distraje, no seguí el método, así nunca voy a llegar a ningún lado a pesar de haber recorrido el mundo y viajado más que Marco Polo... Pero, ¿realmente me distraje o el dolor, ese maldito dolor agudo y punzante vuelve, y al volver, me llevó a Roma? Hay que terminar con él, sí, terminar con todo, *enough is enough*, como lo decidí allá, en el Norte.

2. El regreso del hijo pródigo

Si hubo una ida, pudo haber un regreso.
Desde Ottawa.

Querido Enrique:
Basta. Pero basta. No aguanto más dar vueltas por el mundo como un turco mercachifle. Ya está decidido. Mi mujer no quiere pero yo sí. Quemo las naves y me vuelvo antes de que sea tarde. No quiero morir aquí ni esperar la jubilación completa para morir en vida. Me quedan muchas cosas importantes por hacer. Vuelvo y no me importa cómo está el país, mi patria. Llevo dólares y aunque la jubilación anticipada que voy a recibir va a ser modesta, viviendo con humildad en mi departamentito de Buenos Aires me va a alcanzar y sobrar. Mi mujer, que está al tanto de todos los precios de todas las cosas en todas las capitales del mundo (aunque no tenga la plata para comprar todo lo que devora con los ojos), me dice que no, que me hago ilusiones y que vamos a vivir en la miseria. Sí, creo que ella, pobrecita, para quien comprar y gastar es respirar y vivir, sufrirá mucho.
No, no quiero morir aquí entre gente extraña o entre emigrados pedantes, fanfarrones, sin ambiciones nobles, demasiado argentinos. Qué decir de los colegas mediocres que me rodean entre quienes no encuentro estímulo, sólo sonrisitas burlonas. Ni hablar de las feministas con sus miradas de Gorgonas, cada vez más prepotentes. Quiero morir entre los míos. De día y de noche, cada vez me persiguen más las imágenes de mi tierra y de mi ciudad natal, Catamarca, las imágenes de mi infancia, ese cielo limpio, ese sol cálido, esos amaneceres en los que uno vuelve a vivir, atardeceres y anocheceres sin brujas, únicos en el mundo. Mi mujer dice que son nostalgias de viejo chocho y que, en realidad, extraño a mi mamá y sus ravioles. ¿Y qué?, le respondo. Lo cierto es que no hay cementerios en el mundo como los de Catamarca para descansar eternamente y tampoco hay campanas

electrónicas sino verdaderas, que cuando tocan uno siente que la paz desciende sobre su alma. A pesar de los costos bajos de aquí, cuando me muera, no quiero ser embalsamado ni maquillado como una señorita de 15 a la que preparan para su presentación en sociedad, quiero volver al polvo del que vine. Allí el progreso no va a llegar nunca y no vendrán los bulldozers para arrojarnos de nuestro lecho sagrado.

Creo que con mi presencia allí y con las cartas que guardaste como fiel amigo, el único que tengo y a quien le puedo contar todo, con mis consejos y guía, te va a ser más fácil trabajar en mi biografía. Nunca me volviste a hablar concretamente sobre el tema pero recordá que la idea original fue tuya. Sabés que soy modesto y que no me interesa tanto mi biografía como la de aquellos pioneros que, como mis antepasados que forjaron la patria, la quisieron, lucharon por ella y terminaron sus vidas en el extranjero, olvidados y abandonados. Te informo: la beca que pedí para vos tiene grandes posibilidades. Para facilitarte la tarea, además del televisor, del estéreo que nunca uso, de mis libros —que por suerte no tengo muchos (ya te hablé de la biblioteca de la Universidad de aquí; tiene más libros sobre la Argentina que todas las de allá juntas— y del material para terminar mi libro, llevo también una computadora de alta velocidad (no te imaginás lo que me costó conseguirla), para facilitar tu tarea. A mí me va a sobrar con la Notebook, cargada con todas las informaciones y los datos para terminar mi libro. Es una joya que los va a dejar con la boca abierta.

No, no tengo miedo de volver. Ya no me importan los altibajos de nuestra economía, inflaciones e inestabilidades. El amor y el deseo están más allá de esas nimiedades. Por otra parte, llevo conmigo la carta de reconocimiento por mi trayectoria internacional y la oferta del instituto para ingresar como investigador full-time. La acepté por fax y también mandé una carta certificada. La verdad, el sueldo no es gran cosa, pero ya sabés que soy modesto y algo es siempre algo. Lo más importante es encontrar un lugar, un estrado al que subir y que te vean. De paso, te lo recuerdo, podrías pispiar por la facultad y ver si existe alguna posibilidad de algún cursillo o dos o, aunque sea, dos o tres conferencias. Si tus influencias no bastan, velo al que entre amigos y con afecto respetuoso llamamos El Caudillo. Es un gran tipo, amigo y compañero de los años gloriosos de la facultad. Le informé sobre el descubrimiento de valiosísimos documentos sobre Rosas pero no me respondió. De cualquier manera, con mi presencia allí nos va a ser más fácil operar.

Sí, basta. Quemo las naves. El Húngaro, de quien ya te hablé en otras anteriores y con quien, después de un episodio desagradable que nos mantuvo separados años, me volví a reencontrar y que, cuándo no, se las da de "gran escritor" (como si ya no tuviéramos bastantes, y de poetas ni hablar), dice que no soy capaz de actos heroicos de esa naturaleza, dice que no me va a creer ni cuando vea mi casa ardiendo y a mí bailando enloquecido alrededor de las llamas. Ya me tiene un poco harto. Totalmente alcoholizado, no sé cómo va a terminar la "gran novela" que dice estar escribiendo sobre la muerte o la palabra, ni él lo sabe, y de la que yo sería el personaje principal.

Por lo que pudiera pasar, mi mujer no quiso vender nuestra casa aquí. Más que nada por ella, metimos los muebles en un depósito (cuesta un ojo de la cara; los de allí no saben, creen que aquí todo es fácil y que yo nado en oro líquido), y la alquilamos. Con el alquiler pagamos los impuestos y podremos cubrir otros gastos, como los del departamento que tenemos allá. Hasta puede que nos sobre algo, si es que mi mujer, infectada por la peste del feminismo, reclamando sus derechos, no lo gasta en trapitos. Para colmo, para tener siempre razón, también está infectada por el relativismo enfermizo actual (no todos somos iguales, no sé por qué si a vos te gusta, me tiene que gustar a mí, nada es blanco o negro, etc.), que hace la convivencia cotidiana bastante difícil. Por suerte, en Buenos Aires, con el clima cálido durante casi todo el año, me serán fáciles las escapadas.

No mucho más por ahora. Es bueno tener amigos que lo comprendan a uno. Para decirte la verdad, no tengo otro. El Húngaro no hace otra cosa que cargarme y burlarse de mí. Mis hijos me quieren, es verdad, pero ya están en otra y adaptados a este mundo, con dolor los doy casi por perdidos. Todavía no sé cómo vamos a hacer, pero pensamos venir a verlos cada tanto, o ellos, con el poder del dólar, podrán visitarnos cuando quieran.

Para terminar: estoy seguro de que esta maldita úlcera que me tiene a mal traer, que me impide trabajar en mi libro sobre "La palabra", y que en Roma casi me cuesta la vida por el derrame (hasta escribí mi testamento), allá, en mi tierra, con el afecto de los amigos, se me va a curar sola y podré terminar mi obra.

Y ahora sí, nada más, sólo un gran abrazo a mi entrañable amigo y más querido discípulo.

Ricardo I. Palmatieri

P.D. Casi me olvido. Dos cosas más. Una: saliendo de aquí en invierno, llegaremos allí en verano. Ya me veo sentado en un bar de Buenos Aires y, a través de la ventana, contemplando el paso cadencioso de las mujeres argentinas que, créeme, son únicas en el mundo. La segunda: ¿cómo anda Graciela? Hace añales que no la veo. Saludala de mi parte.

3. Ausencia, empatía y dolor

Un aula que oficia de sala de conferencias en la Facultad de Filosofía y Letras, Universidad de Buenos Aires. Paredes descascaradas, puchos y papeles de propaganda en el suelo. Poco público; charlan y fuman. El conferenciante se demora. Más de uno consulta el reloj y, como si viviera en otro lugar, comenta: "Esto sólo sucede en este país".

Por fin, alguien sube al estrado. Trata de hablar.

"Señoras y señores... (golpea las palmas, el escritorio). SEÑORAS Y SEÑORES, POR FAVOR... escuchen... silencio por favor... Lamento comunicarles que el distinguido e ilustre profesor de trayectoria internacional, Doctor Ricardo Ignacio Palmatieri, tuvo que ser internado con urgencia en un sanatorio. Su estado es estacionario. Les ruego que sepan disculpar, la conferencia tendrá que ser suspendida hasta que el Doctor... hasta nuevo aviso. Gracias."

Una ola de alivio recorre el aula. Nadie pregunta qué le pasó "al distinguido e ilustre profesor de trayectoria internacional". Saben que todos son mortales y le puede tocar al mejor.

El hombre que trajo la noticia y que tendría que haber guiado y presentado al profesor Palmatieri, pegado a una pared, con la cabeza gacha, esperó a que el aula se vaciara como si fuera para un recreo de la primaria. Se llama Enrique Ricchi, ex discípulo y amigo del profesor.

El aula quedó desierta. Resonaron sus pasos al acercarse al estrado. Se detuvo y apoyó la planta del pie sobre el borde. En un solo suspiro concentró su cansancio y el alivio un poco incierto. Cansancio por el trabajo que le costó conseguir el aula para la conferencia y organizarla. Cuántas veces escuchó: "¿El Doctor Palmatieri? ¿Y quién es ese tipo?", "¿Quién lo conoce?" No, no lo conocían ni querían conocerlo aunque fuera la reencarnación de Cristo. Y el alivio: con esta internación, ¿terminarían las dudas, incertidumbres y ambigüedades de décadas y de una vez por todas ambos descansarían en paz, separados por un muro infranqueable?

La acidez le llegó hasta la garganta. Todavía no había cenado. Bajó el pie del borde del estrado y se encaminó hacia la puerta. Antes de pasarla se detuvo, giró la cabeza, miró la mesa, la silla vacía mientras un aletear de cuervo y un graznido agorero le llegaban como un eco: "Nunca más".

No, no era cuestión de cena. Era otra cosa. En la calle se preguntó qué le diría a su ex maestro durante su visita al sanatorio.

...Y yo que creía que había pasado todo, que me había curado. Me ocurrió lo mismo que en Roma. Enrique me dijo que todos los asistentes se mostraron "hondamente preocupados" y que preguntaron qué me había pasado. Lo dudo, aquí a nadie le importo un cuerno, ni yo ni nadie. Este mundo ya no es el mismo que dejé. ¿O sigue siendo el mismo y yo formaba parte de él pero no lo sabía o nunca lo quise saber? Ilusiones, la vida es una carrera detrás de la ilusión. ¿Quién lo dijo? ¿Importa? Nada gané hasta ahora y ahora sólo perderé el mundo que nunca tuve. No, gané, sí, el dolor, este maldito dolor, insoportable, cada vez más insoportable, atroz, que me impide pensar, me contrae y me obliga a cerrar los ojos... Lo haría con gusto para siempre si no fuera por el dolor que me recuerda que estoy vivo. ¿Por qué no hacen algo? ¿Dónde está ese maldito matasanos? *Stupid idiot*. Ay, me muero. ¿Dónde está? Con lo que cuesta este sanatorio, ¿no hubiéramos podido elegir uno más barato y tal vez mejor? No, ella quería éste, en Palermo Chico, "total, el seguro lo paga igual". Puede ser, pero se olvida de lo que cuesta el seguro y lo pago yo... Ohhh, otra vez el dolor, oleadas de dolor. ¿Para esto volví? Volver, ¿volver no habrá agravado mi úlcera? Capaz, espero que no sea... Uhhhh ¡qué puntada!, me arrastra, me lleva. *This is enough*. ¿Hasta cuándo? Un castigo, un castigo por mis pecados... ¿Qué pecados?, si vos sos incapaz de un pecado, de un pecado serio, digo, no, me decía el Húngaro, ese resentido. Quizá la soberbia, volver con el aura del Norte y probar quién soy. ¿¡Yo soberbio!? El deseo, el anhelo de afecto, el deseo de morir entre los míos, en la tierra que nací, ¿es soberbia? Recuperar lo perdido, lo que me correspondía por derecho, porque me echaron, ¿es soberbia? Ayy... la puntada... no puedo pensar... Ese ruido, un trac-trac-trac... *What is that?* Parece un sonajero como de huesos, se acerca, se detiene a mi lado, me toman el brazo, ¿será mi amada esposa? ¿Ella? No, tampoco quiero que ella... me frotan con algodón, la enfermera... la aguja, cuidado, despacio... el líquido fluye, me inunda... corre por mi sangre, mi cuerpo, alivio, puedo abrir los ojos. Ah, ahí está el matasanos, me observa como si me tomara la medida para el cajón... el líquido sigue fluyendo, floto... *this is good, really good*... ahora comprendo a los drogadictos, ja, hubiera tenido que empezar antes... Hermoso... me dobla el brazo, el algodón, trac-trac-trac... se aleja.

4. Diálogo y estadísticas

—¿Se siente mejor?

Sí, el matasanos de siempre, satisfecho y gordinflón, el que subido a un pedestal manda este análisis, aquel otro, como si yo fuera Rockefeller por haber vivido en el Norte. ¿Qué quiere ahora? ¿Viene a anunciarme alguna buena nueva o a ordenar otro análisis? Total, no paga él... Pero me siento mucho mejor, el dolor se aleja más, me abandona, sus hilos me sueltan y floto, un *high* que le dicen. Ahora sí puedo pensar. Vamos, seamos valientes, soy cristiano y católico, confesémonos, sí, algún pecado, el original no, estoy bautizado... Volví no sólo para recuperar lo perdido, morir entre los míos. Hubo otra razón, un hartazgo, una insatisfacción que me aplastaba, me deprimía, una soledad... salvo el Húngaro, pero ése era un salvaje: "Me podés vestir, pero no creo que sea un amigo al que quieras sacar a pasear"... Sí, me harté de todo, de mis colegas de la universidad, de las feministas hambrientas, de sus miserias, sin amor ni respeto ni deseo por nada grande, sagrado; de los distinguidísimos emigrados argentinos, todos doctores, hablando mal de la Argentina, "País donde ni papel higiénico hay"... Minicortes integradas por profesionales incapaces de valorarme y respetarme, hablando de sus autos, de sus casas, de sus viajes, a mí, que recorrí el mundo. Me hacían doler el estómago, como me duele ahora. Sí, allí comenzó todo... ¿O fue en Roma? El ataque fue feroz, con la hemorragia casi se me va la vida... Sí, profesionales macaneadores, incapaces de tomar en cuenta mi posición. Ninguno tuvo el reconocimiento que tuve yo, y por escrito. Volverás como triunfador y serás millones, decía el otro. ¡La carta!... ¡¡dónde está la carta?!

—Veo que se siente mejor.

—¡La carta! ¡Dios! ¡El disquete!

—Perdón, ¿qué carta?, ¿qué disquete?

—Yo no puedo, en el portafolio, démelo... por favor... en el placard, con mi currículum y el...

El testamento, mi último recurso, mi última voluntad para trascender a... Y la carta que reconoce mi trayectoria internacional y me ofrece el puesto de investigador *full–time* con un buen salario para las compras de... Sí, firmada y sellada por el eminente y emérito Doctor Antonio Rodríguez, un viejo compañero de la facultad, un amigazo. Cuando llegué ya no estaba en el mismo puesto y había ascendido (por no decir trepado porque como a todo argentino, garras con las que aferrarse y patas para pisar cabezas no le faltaban). Y se hizo el burro, me dio explicaciones traídas de los pelos: "Vos sabés cómo es esto mejor que yo", "Todo es política y acomodo", "Cuando la firmé, las circunstancias eran otras y el salami lo cortaba yo", "Mirá, no está todo perdido, andá a ver a Buscaglia de mi parte y explicale la situación". Y yo, como un idiota, arrastrado por la ilusión, fui veinte veces. Llegaba a la oficina de Buscaglia. La secretaria: "Lo siento, el Doctor Buscaglia hoy no recibe. Tiene que pedir cita". "Por favor, dígale que vengo de parte del Doctor Antonio Rodríguez." "Mire, no insista, sus órdenes son terminantes." Y me iba para volver al otro día: "Bueno, otra vez no pidió cita. Voy a ver si lo atiende, ¿de parte de quién me había dicho?" "De parte del Doctor Ricardo Ignacio Palmatieri." "Perdón, ¿no me había dicho otro nombre?" "Ah sí, el Doctor Antonio Rodríguez." "Bien, ¿y por qué asunto es?" "Bueno, mire, me nombraron... aquí tengo la carta." Y por fin, un día me recibió. Le mostré la carta. La lee y dice: "Pero Doctor, esta carta no es más que un ofrecimiento. ¿Dónde está la ratificación?" "¿Ratificación? ¿Qué es, un convenio internacional? Aquí tengo la copia del fax y el recibo de la carta certificada con los que acepté el ofrecimiento." "Lo lamento. Estoy seguro de que en mis archivos no hay nada. Ni siquiera un expediente vacío. Pero haré todo lo posible para solucionar el asunto. Apenas tenga algo, le aviso"... Y sigo esperando...

—Lo siento, no encuentro el portafolio.

—¡¿Cómo?! ¿Cómo no lo encuentra?

—No está. Si me permite sugerirlo, quizá lo haya retirado su esposa para cuidarlo. Porque...

Para cuidarlo, ja, más bien para adelantar la tarea, aliviarla después de mí... Ella siempre fue muy previsora... Mi portafolio, mi querido portafolio que me acompañó toda la vida, viejo y gastado como yo y del que ella se avergonzaba: "Ay, es horrible. No sé por qué no te comprás uno nuevo, más elegante, así como ropa de cortes más modernos. Rígido y duro, parecés un pastor protestante. Y con ese pelo corto, mi Dios, parecés un prusiano". Sí, muy previsora. Cuando salíamos de viaje preparaba sus valijas con dos o tres días de anticipación. Pero las mías, de tanto preguntarme "Ay, ¿esto lo llevás? No creo que te haga falta. Ay, ¿y esto también? Ya no se usa más. Mejor si te comprás...". Harto y podrido, terminaba por hacerlas yo. Ella siempre pegada a mí, como una sombra. Tenía que inventar excusas para poder respirar, estar un poco solo y poder hacer mis cosas. Me acuerdo en Ámsterdam: "Hungarito, ¿ya te conté lo de Ámsterdam?" "Cinco veces. Ya se convirtió en una epopeya. Además, ¿qué querés que te diga? ¿Realmente querés estar solo?" Pero, ¿dónde estoy? Por un momento creí estar sentado frente a él en una taberna, allá en Ottawa. Y no, estoy en un sanatorio, frente a un matasanos que parece haberme dicho algo y ahora me observa como a un bicharraco. Debo estar bonito, flaco, puro hueso. ¿Cuándo me miré al espejo por última vez?, ¿ayer?, ¿anteayer?, ¿hace una semana? Completamente pelado, una calavera, mis ojos hundidos bailando en sus cavernas como planetas en la lejanía... Visualice, sonría en todo momento, usted es la persona más importante en este mundo...

—¿Me comprendió?

—Perdón, no.

—Se lo repito: para cuidarlo. Porque si bien éste es un sanatorio privado y el personal de confianza, uno nunca sabe...

Explicaciones, siempre y nada más que explicaciones. Todos explican, los políticos, los traficantes de droga y hasta los que mataron a su madre. Puro humo. Vamos al grano.

—Doctor... ¿qué me dieron?

—Morfina. Y ya actúa; sus pupilas contraídas como cabezas de aguja así lo prueban. Se debe sentir mejor.

Otro científico sin sentimientos, y me dice cómo me debo sentir, cómo me debo vestir, cortarme el pelo...

—¿Desea algo más?

Y sonríe, gordito lleno de salud, yo te voy a borrar esa sonrisa, te voy a probar, por algo pago...

—Me siento bien, muy bien. *Wonderful. Fantastic.* Pero, dígame: ¿voy a salir de ésta? Oí unos tracs, como un sonajero que... que anunciaba la muerte.

—Perdón, no comprendo.

—Un ruido a... a lata... trac... trac...

—Ah, debió ser la caja de instrumental de la enfermera. Mientras la oiga, no se preocupe. Veo que conserva el humor, un buen síntoma. ¿Algo más?

No me responde, está nervioso, consulta el reloj, quiere rajar a tomarse un cafecito. Aquí todos se la pasan tomando cafecitos en vez de trabajar, qué país. Se sonríe, gordito satisfecho y ufano. Voy a borrarte la sonrisa, a hacer valer mi dinero.

—Acláreme, acláreme si ésta es la definitiva.

—¿A usted qué le parece?

—¡...!

—Perdón, ¿qué dijo? Lo siento, no lo entendí.

—Ni entendería, je je, es una palabra, la palabra. Pero nada de retórica, las cosas claras. ¿Cómo qué me parece? Usted es el médico, no yo.

—Su opinión es muy importante. Entre morir y dejarse

morir hay una gran diferencia. ¿A qué se dedica usted?

¿Qué quiere éste? ¿Por qué da vueltas y no responde? ¿Acaso no sabe quién soy? ¿No se lo habrá dicho mi mujer? Imposible: ella, que vive de mi prestigio, cabalgando sobre mi espalda y espoleándome. La oigo: "¿Cómo no lo sabe? Es famoso internacionalmente. Un gran académico. Hemos recorrido el mundo juntos. Tengo muchos *souvenirs* increíbles. Y fotos. Si quiere...". ¡Cuidado!, en esto, como en todo aquí, hay trampa. Me quiere distraer, escapar de su responsabilidad. No lo voy a dejar, no.

—Lo único que falta es que me diga que no colaboro y que si muero es mi culpa. Doctor, claramente, sin vueltas: ¿qué tengo?

Vacila, debe ser grave.

—Bueno, confieso que no sé cómo hablarle. En un primer momento, porque al principio no lo atendí yo, escuchando a su esposa, creí que eran ingleses... por lo rubia, su acento y la cantidad de palabras inglesas que usaba...

—Se tiñe.

—Perdón, no...

—Ella se tiñe el pelo. Con un producto "Amiga, hágaselo usted misma". Eso dice, pero sospecho que va a la peluquería.

—Ah... luego, cuando empecé a cuidarlo en el postoperatorio lo oía murmurar en sueños, emitir palabras en inglés y otras que no comprendía. Bueno, no sé... ¿Usted es argentino, verdad?

—Qué pregunta. A mí, nada menos que a mí, quien... ¡Un insulto!

—Oh, no. Perdone, no es mi intención insultarlo. Es para saber cómo tratarlo.

—No comprendo.

—Claro. Si usted fuera inglés inglés, le diría ta ta ta, usted tiene esto o aquello, prepare su testamento. Muy al estilo directo, liso y llano, de allá, del Norte. Pero aquí somos más delicados, ¿le decimos o no la verdad al enfermo? O, no sé, retorcidos, tenemos que elaborar la muerte y hablamos de ella como realización o forma de expresión, de morir con dignidad.

—¡Ja!, morir con dignidad... con las botas puestas, como los generalotes en las Malvinas, los que me echaron.

—No dije tanto. Ni quise...

—¡Una sanata!

—¿Qué quiere que le diga? Es probable.

Se sonríe, se burla, pero no se olvida de mirar su reloj. Otro argentino con blebleta que sabe perfectamente cómo es en el Norte mejor que yo, que viví allá como treinta años. Un matasanos dándome lecciones.

—Doctor... no se gaste. Conozco el asunto de la muerte. Leí muchos libros sobre el tema, *Ars Moriendi*, subtítulo, "Orientación para el caballero cabal", Caxton, 1491; *Arte y oficio de saber morir bien*, Westminster Press... Para nombrarle unos pocos. ¿Quiere que le aconseje alguno?

—Se lo agradezco. Hice muchos cursos sobre el tema. Estoy al día con la muerte.

—Con la muerte, ¿moderna o posmoderna?, ¿o una muerte personalizada?

—Usted es un bromista.

—Sí, cursillos, como los del Norte. Oh, pobre Argentina, tierra fértil para todas las estupideces del mundo. Como los de allá, creen que van a arreglar todo con cursillos de una semana, o películas educacionales, todo lo que no arreglaron durante una vida ni van a arreglar.

—Eso de arreglar... no sé, lo que sí sé es que las investigaciones sobre el cáncer están muy avanzadas.

Sobre el cáncer... ¿Y las investigaciones sobre la vida, qué? Pero cáncer, me está diciendo algo... ¿o mentirá?, aquí todos mienten. Yo... yo floto, no me importa.

—Gracias. Si me está diciendo que tengo cáncer... gracias...

no sabía que lo tenía.

—Lo sabía o lo sospechaba. Es una ilusión creer que se puede ocultar la verdad al enfermo. En la mayoría de los casos el enfermo "lee" y descifra cada uno de los actos, las palabras o los silencios de la familia, del profesional y de los que lo asisten.

Ahora pretende hablar en serio, como un funebrero que recita el versito del dolor. La verborragia argentina imparable, cada oración una conferencia... Sin embargo, no comprendo, no me espanta la idea. Es más, me atrae como promesa de descanso de una vez por todas. Terminar una lucha que nunca supe para qué libraba. Una búsqueda incesante sin saber de qué. Como la palabra que coleccioné en 4.300 idiomas pero nunca me atreví a gritarla como corresponde... Sí, morir, "una nueva experiencia vital", como diría el Húngaro con su ironía y veneno. Descansar. Pero vamos al grano:

—Concluyamos, ¿cuándo moriré? ¿Hoy o mañana?

—O dentro de una semana o un año. En algunos casos de cáncer puedo dictar sentencia como Dios, día y hora, pero en su caso, no lo sé. Demasiadas veces hice llamar al cura para la extremaunción y al mes me cruzaba en el pasillo con el supuesto moribundo. La medicina moderna hace milagros. Según los análisis, el tratamiento quimioterapéutico que le aplicamos...

—¿¡Qué!? ¿Quimioterapéutico? Yo no sabía, esas inyecciones que no sabía...

—A pedido de su esposa, que quiere que hagamos todo lo posible. Y los análisis... pero, ¿quiere dormir?

—No. Me siento muy bien.

—Es la morfina o el clásico mejoramiento súbito antes de... Bueno, como le decía, estamos haciendo todo lo posible. Dos análisis por día que indican un retroceso de la enfermedad y esta mañana lo llevamos a rayos. Pero, vuelvo a preguntarle: ¿quiere dormir?

—No tengo sueño. Pero si quiere ir a tomar su cafecito...

—Como cierra los ojos.

—Es... es el cansancio. Su discurso hiede a oficial. Mi experiencia, ja, haciendo todo lo posible... Me lo dijeron muchas veces, cuando me echaron de la universidad aquí, y protesté. Y luego en otros países. Cuando volví con la carta, por pasillos y corredores, reclamaba y esperaba... todo lo posible... Nunca pasa nada. Lo conozco, en todas partes y en todo es lo mismo. Todo lo posible, un versito. Se lo puedo traducir a ocho idiomas, inglés, francés, ruso, ah, hasta en húngaro... un amigo... con quien la usé... Por favor, doctor, concluyamos.

—Concluyamos, como pide. Según las estadísticas, tiene un 50% de posibilidades de sobrevivir.

—Ja... estadísticas... el 50%. Y dígame, ya que hizo tantos cursillos, ¿de qué lado estoy yo en ese 50%? Eso de andar haciendo malabarismos con las estadísticas no me parece...

—Buen provecho.

5. El hombre, su soledad y las sensibilidades

...Y cuándo no, se rajó. 50 por ciento. Lo único que faltaba era que me dijese que la muerte es algo muy popular o que se vende mucho o que se usa o está de moda. Farfulló algo de buen provecho y se fue. Deben ser cerca de las 12, pronto escucharé las campanas. Si las oigo, claro, ¿quién dijo que la civilización ha muerto y el ser humano ha quedado desamparado, desde que por el barullo no se escuchan las campanas en las ciudades? Sólo en Catamarca. O en mi cabeza. Matasanos mal educado, buen provecho a mí, que no puedo comer desde hace tres semanas, qué falta de tacto. Rayos, ja, ¿cuánto cuesta cada aplicación? Y mañana, otra vez, aunque esté muerto. Total ni me voy a dar cuenta, los cadáveres no se quejan y las facturas no hablan. Éste también debe recitar el versito de la vocación y el sacrificio mientras se frota las manos pensando en su cuenta bancaria. ¡Que no sabe quién soy!, vaya descaro. Mi mujer lo habrá dejado de cama contándole quién soy, sí, de cama, como me deja a mí o a cualquiera cuando se larga a hablar. La veo con un vestido siempre juvenil, ridículo para su edad, fumando, alzando la mano con el cigarrillo como la estatua de la Libertad la antorcha. La veo y la oigo: "Dígame, doctor, aquí, en este sanatorio, ¿tienen todo lo que tienen los sanatorios allá en Canadá?" "¿Todo qué, señora?" "¿Cómo explicarle para que comprenda? Todos los aparatos, todos los adelantos. Yo aquí, por ejemplo, en mi pequeño departamento, no tengo lavaplatos ni lavarropas ni secarropas, pierdo un tiempo increíble llevando la ropa a la lavandería. ¡Para qué hablar de una cocina de microondas o un *food processor*, una maravilla que hace de todo, corta las verduras, amasa, mezcla, bate, y cosas que ni se imagina, doctor! ¿Qué le decía? Ah, sí, no los tengo como allá, en mi hermosa casa en Rockliffe Park, de..., no me acuerdo *how many square feet*, tres o cuatro mil, creo. Y aquí vivo en la estrechez. ¿Comprende?" "Ay, yo no sé qué pasa en este país. Allá, doctor, hay papel higiénico hasta en el baño más ordinario. Y aquí ni en los baños del sanatorio, con lo caro que cuesta. Pero yo, ¿sabe?, aprendí, siempre ando con Kleenex en mi cartera y que sirve para todo". Como me dijo el Húngaro, cuando hablé de la lista de inconvenientes que ponía mi mujer para regresar y le mencioné el papel higiénico: "No te quejés de tu mujer. Ella sabe vivir. Limpiarse el culo con un papel sedoso es uno de los derechos humanos básicos". Jo jo jo, ése también era bueno para hablar, húngaro argentino, más argentino que húngaro, más argentino que los argentinos; cada oración una conferencia, o un cuento o un ensayo filosófico. O una novela que decía estar escribiendo sobre mí, más verdadera que cualquier biografía. Hum, por la manera en que estoy pensando, ¿no será así? ¿No estará metido en mi cabeza y escribiendo lo que pienso? ¿O dictando, aunque yo esté muerto? No. Pensar siempre pensaba pero no me atrevía a gritar la palabra, una sola, y eso el Húngaro lo sabía. ¡Basta del Húngaro! ¿En qué estaba? *That is the question...* Pero, ¡estoy pensando en inglés! El maldito matasanos creyó que yo era inglés. Yo, un patriota que no piensa más que en su patria y su destino... las palabras "patria", "patriota", ¿todavía tienen sentido? Mi patria ¿pensó en mí? Tendría que pensar en mi otra patria, la eterna. "Volver, Ilustre, no es el gran viaje. Deberías ir pensando en el otro y preparar tu currículum para presentarte ante San Pedro. Ese sí que será un viaje, Ilustre: interestelar." ¿Ya habrá llegado la hora para ese viaje? *That is the...* El 50 por ciento. Qué imbecilidad, ya no saben hablar y como no tienen qué decir, escupen cifras y porcentajes. Hum, ¿qué dijo el matasanos?: el enfermo lee y descifra cada uno de los actos del otro... No está mal: veamos, mi mujer viene, se sienta, me observa. A veces frunce la nariz y husmea con su olfato agudizado por la práctica de buscar ofertas, como si yo apestara. Por ahí, con las dificultades que tengo para ir al baño... las manipulaciones con el papagayo y... no, mejor no recordarlo. Haga o no haga su inspección nasal, nunca deja de decirme: "Hoy te veo mucho mejor". Casi una orden: "Lázaro, levántate y anda". Como si la enfermedad fuera mi culpa y no me decidiera a curarme, para embromarla, para impedirle mirar vidrieras de la calle Santa Fe o visitar el Patio Bullrich. Cuando me muera dirá que exageré, pero en el ataúd me va a poder vestir con un traje a la moda, una camisa rosada y una corbata de colores. De mi pelo corto no va a tener que preocuparse; seguirá creciendo en el más allá y por fin, de acuerdo con sus deseos, voy a tener un corte moderno. Me habla y no le respondo. Al final suspira y me reprocha: "Vos siempre igual. Lo que es el diálogo y la comunicación para vos... Una se preocupa inútilmente". Palabras de revistas femeninas. Con dialoguitos y comunicaciones a mí, que me pasé la vida dialogando y comunicando en vez de golpear la mesa o romper cabezas... Y no aguanta, se pone nerviosa, necesita hablar, hablar, tapar el vacío... gira en la silla, a la derecha y a la izquierda, como si tuviera hormigas en el traste, se pone de pie buscando con quién hablar... No, no con quién sino a quién, al médico, a la mucama, a la enfermera, al cura con sayo blanco, un fantasma que ronda buscando clientes para la salvación con la energía de un diablo para la perdición. Cada vez que asoma la nariz por la puerta ella se le tira encima para hablarle, no sé de qué; no creo que sea de sus pecados, ella lo hace todo bien, mejor que nadie. Seguro que le habla de la calidad y del precio de la tela de su sotana o de su corte anticuado, o de una liquidación de hostias... Y lo espanta y me quedo sin la ayuda espiritual. Pero, ¿la necesito? Toda mi vida, todos los domingos fui a misa. Cuando iba a Catamarca, jamás me olvidaba del corazón de Fray Mamerto Esquiú. ¿No iré más? Me confesaba con el viejo cura, hasta que un día el pobre anciano, en el confesionario... Sí, también en Canadá iba a

misa cada domingo, lejos de todos, de los emigrados insoportables, de ella, solo, para encontrarme con Dios. Me sentía
bien, en paz, puro, y durante la misa me confesaba con Él.
Pero no sé, con los años, los malditos inviernos, algo se fue
apagando... Y ahora, aunque el cura ronde con un poco de
prepotencia, igual me gustaría hablarle serenamente, preguntarle: Padre, ¿dónde está lo que perdí? O creo que lo perdí,
¿lo tuve alguna vez? ¿No será que me pasé buscando toda mi
vida lo que nunca tuve? Pero ella lo espanta y a falta de cura
cuchichea con quien sea, al pie de la cama, detrás de la puerta abierta, como si yo no la oyera. "Ay, doctor, ¿televisor a
colores?, ¿mi esposo le pidió un televisor a colores? Lo único
que faltaba: según leí, produce cáncer y hace daño a la vista.
En Canadá tenemos uno hermoso con una pantalla grande y
un filtro especial que no creo que tengan aquí. ¿Cómo dice?
¿Uno en blanco y negro? Pero doctor, si no ve, no ve nada.
Dejó los anteojos en casa o los perdió durante la internación.
¿Que lo vio leyendo? Oh, no me parece que sea nada nuevo,
debe repasar su currículum, que conoce de memoria, o el
famoso papelito en el que quiere seguir creyendo. Además,
no creo que el seguro cubra los gastos de un televisor. Déjelo,
ya tenemos bastantes problemas. El de la habitación privada,
por ejemplo. Aunque desocupada, aquí hay otra cama y una
vive con el temor de que en cualquier momento... Hay una
cama vacía. Estoy harta de este país. Cuando uno en Canadá
dice *Private room, is private,* no como acá. Perdón, no sé si
comprende, quiero decir 'Privada habitación'... Ay, doctor,
me vuelvo loca. No, no se lo diga, siempre exagera. No le
hable de... es muy sugestionable y quién sabe si...".

Dios mío, qué cansado estoy, qué ganas de dormir, de morir. Por lo menos estoy solo y tranquilo, sin el matasanos, sin
ella. Le anunció a la enfermera: "M'hijita, por favor, cuídelo,
porque voy a estar ausente, y si una no está, nunca se sabe.
Tome, aquí tiene unos pesitos. No sé cuándo vuelvo. En un

vuelo directo de *New York* llegan mi hijo y mi hija que viven en Canadá. Tengo que ir a buscarlos a Ezeiza. Voy a salir temprano porque los transportes, en este país, son un desastre. Ay, cómo extraño mi auto de allá. Sí, tengo que ir, porque si no estoy se van a poner nerviosos. Son tan sensibles". Sensibles, son muy sensibles, parece que por exceso de sensibilidad están todos ausentes... el Caudillo... Enrique... hasta ese charlatán de Danilo que se cree un gran genio con su queridita Beatriz... leer y descifrar... Si no descifré la vida, no sé cómo voy a descifrar la muerte. Pero tratemos, sigamos leyendo en los ojos de los vivos, en sus actitudes. Por ejemplo, hoy el Caudillo no vino, y cuando viene, está nervioso, se le nota... ése es otro argentino, se las da de hombre de mundo, de gaucho, pero nunca me hizo ningún favor concreto, nada más que gestos y palabras. Cómo se puso cuando le pedí que me hiciera el discurso de despedida en el cementerio... Y Enrique está nervioso, no sabe qué decir, le echa miradas a la puerta, se quiere rajar. Sí, me debo estar muriendo y los moribundos apestan... por lo menos tiene la delicadeza de no apretarse la nariz como haría el Húngaro. ¿Qué pensar de Enrique? A veces creo que macanea como todos. Nunca va a escribir mi biografía ni ocuparse de mis cosas. Hoy (¿o fue ayer?) cuando vino y le hablé de eso, todo nervioso, molesto, dijo: "Más adelante hablaremos. Por ahora ocupate de vos mismo y curate". Y cuando le pregunté por Graciela se puso pálido. Todos igual, todos lo mismo. Espero que esta tarde vaya al Tortoni y si ni eso hace...

6. Una tierna y pequeña caravana

Hace algunas décadas, a principios del verano, el Doctor Ricardo Ignacio Palmatieri, desde Washington, capital de los Estados Unidos, llegó a la ciudad de Ottawa, capital de Canadá. Como no había aterrizado en el aeropuerto internacional de Ottawa, mal podía esperarlo la alfombra roja sobre la que todo ser humano con una ambición sana sueña caminar un día. Como ese privilegio lo alcanzan pocos, la mayoría de los que viajan la desenrollan en su cabeza mientras bajan del avión. Aunque recorrería el mundo como personaje de fama internacional, ése sería el destino del profesor Palmatieri: imaginar una alfombra roja que en sus pesadillas se estiraba tanto que nunca lograba recorrerla y menos llegar a un destino que jamás pudo definir. La vida se le iría en la tarea.

El profesor había hecho el viaje en un poderoso Mercury Marquis de ocho cilindros. Ya sea por los comentarios de su mujer o por el barullo y las peleas de sus hijos que viajaban en el asiento trasero, vio más de una vez delante de él, mucho más ancho que el que ponen al pie del avión, un camino rojo, intenso, tanto que sus lentes se teñían de ese color.

Durante el viaje, el profesor Palmatieri, que no era de carácter violento, quizá fácilmente irritable, había refunfuñado y mordido palabras y palabrotas. Si el auto se desviaba, o si aceleraba demasiado sin darse cuenta, exclamaba Maldito Mercury. Inés, su mujer, para calmarlo o para viajar tranquila, o ambas cosas, trataba de apaciguarlo con frases como "Ponete contento. Salvo los ricos, en la Argentina muy pocos tienen un auto así, y vos tampoco lo podrías comprar", que lo irritaban más. Se olvidaba de la firmeza con la que se había opuesto a la compra del Mercury por viejo y fuera de moda. Hubiera preferido uno más coqueto, en armonía con los tiempos modernos y sus colores.

La marca del auto, la cilindrada y el modelo pueden definir el carácter y el alma de su propietario, como la conducta, la raza y el tamaño de un perro los de su amo.

Tal vez no fuera el caso del Doctor Palmatieri. Si bien no era un alma fuera de lo común, la situación por la que estaba pasando no era normal. Muchas veces su espíritu trataba de codearse con las grandes cosas de la vida sin conseguirlo, o con resultados magros. No se daba cuenta de que hacía tiempo que las grandes cosas habían desaparecido y su alma se complicaba con pequeñeces que infectaban el mundo. En su caso podía hablarse de un universo interior confundido, al que la compra del Mercury no correspondería como la de un perro a un alma simple y normal. El ser humano es débil, y no se puede descartar su posible satisfacción por poseer un auto como a una bella mujer. O gracias a una máquina tan potente, como herramienta de dominio, con un vago sentimiento de roce social, identificarse con la nación más poderosa del mundo, la única que fabrica autos así.

Pero el Doctor Palmatieri, por más que admirara los Estados Unidos, no pertenecía a esa nación. Después de haber acampado por una corta estadía, había pasado de largo como un integrante de una caravana de gitanos, aunque sin disfrutar de la libertad infinita que se dice que ellos tienen. La compra de ese auto se debió a "necesidades y obligaciones utilitarias". Luego de muchas consultas, de comparar precios y leer informes en defensa del consumidor, compró el Mercury de ocho cilindros, de segunda mano, baratísimo. A la larga compensaría ampliamente los desembolsos en el mantenimiento de un auto tan grande. En el mundo del derroche, donde la obsesión poco señorial es comprar lo más barato para ahorrar y poder comprar más, no lo manejaba "como un loco", apretando el acelerador hasta el fondo para tener la sensación de estar volando y compensar las carencias de la vida, entre las que se podía nombrar la consustanciación con el poder.

El profesor manejaba siguiendo las normas establecidas por quienes publican estudios para una vida más barata, más feliz, más fácil y, en pequeños folletos que se llaman "literatura sobre el tema", dan ejemplos sencillos, al alcance de todos. En el caso de los autos de ocho cilindros, en vez de hundir el acelerador mientras la aguja del indicador de nafta pega un salto anunciando el futuro tanque vacío, había que imaginarse una botella de cerveza parada sobre el techo del auto, arrancar y, con la botella in mente, acelerar serena y lentamente para evitar que se volcara.

El viaje de 12 o 13 horas desde Washington a Ottawa estuvo plenamente justificado. Los pasajes en avión para los cuatro habrían costado mucho más que la nafta para el Mercury. Y viajar con el Mercury tuvo otra ventaja: además de las valijas y de los valiosos manuscritos de su futuro gran libro, sin el peligro de que se rompieran, pudo traer unos diez retratos, pequeños y grandes, de notables forjadores de la República Argentina en todos sus aspectos: cultural, militar y político. Los había hecho enmarcar en los Estados Unidos con el afán de tener siempre presentes a los modelos y rodearse de una gran familia a la que creía o quería pertenecer. Los muebles, algunos libros (su amada y bien provista biblioteca privada había quedado en la Argentina) y una enciclopedia, los había despachado aparte.

Es probable que hubiera viajado pensando que de una oscura posición de profesor en la Universidad de Maryland, llegaba como *chairman* del Departamento de Español de la Universidad de Ottawa, y con promesas de posiciones más altas.

Para el cumplimiento de las promesas no faltarían muchos "haberse hecho todo lo posible". Su capacidad para el manejo del cinismo y los trucos necesarios para triunfar en una democracia en la que todos son iguales, era limitada. Sus mañas en *Public Relations* eran pobres. O quizá su propia vanidad despreciaba las vanidades humanas. Se limitaba a enviar tarjetas de Navidad incluyendo el Año Nuevo y a un "tome y traiga" de turco mercachifle bien claro y especificado, favor por favor, que si bien le haría recorrer el mundo en vuelos de gran altura (la alfombra roja siempre en su cabeza), no necesariamente lo elevaría a alturas mayores.

En el último alto en el camino, en la cafetería de una estación de servicio, mientras sus hijos reclamaban un McDonald's, hizo un cuidadoso estudio del plano de la capital, trazó con un marcador rojo el itinerario y con una cruz el destino final. Le dio el plano a su mujer y le pidió que, para orientarlo, se fijara en las calles que pasaban. Ah, y que, por favor, se ahorrara comentarios turísticos tales como "Muy bonito", "Qué interesante", incluyendo los ohs y los ahs. Su mujer lo miró fijo y, sin dejar de pensarlo, se contuvo para decir: "Vos siempre igual".

Era verano en un país de días largos en esa estación. Sin embargo, ya anochecía cuando entraron en la ciudad. Una sombra cubría la cara del profesor; tanto podía ser la de los edificios y los árboles detrás de los que se ocultaba el sol, o la de una amargura y una rara debilidad que brotaran súbitamente.

No era el momento de hacer el balance pero la vida, impulsada por ese mecanismo desconocido de la mente, se lo reclamaba. No fue un balance largo, meditado. Apenas flashes de episodios, sonidos, hasta olores del pasado, preguntas breves pero esenciales, a las que nunca encontró respuestas, y temía que no las encontraría jamás. Los flashes que venían del futuro no lo animaban y se oscurecían en una oscuridad mayor. Volvía a su cabeza, algunas veces con rabia, otras deprimiéndolo, la injusticia que se había cometido con él: por haber golpeado la mesa y gritado la palabra en defensa de un amigo lo habían echado de su puesto de profesor de la Universidad de Buenos Aires. Era probable que fuera por eso, o así lo quería creer —era lo más heroico—, pero también que la influencia de otros profesores con el apoyo de los militares, con denuncias anónimas, la venganza de un maricón, sospechas, envidias por supuesto que fue conseguido de una manera rara o sospechosa, fueran los verdaderos motivos. Nunca sabría exactamente cuáles pero, por una necesidad interior no muy clara, con el tiempo, el motivo se concentró en esa palabra que no debió haber gritado. De ahí en adelante tendría que tener cuidado. Cada vez que la furia u otras injusticias lo tentaran a gritarla de nuevo dudaría, y el momento oportuno pasaría, o tal vez la gritara en otro idioma de los tantos que conocía. La injusticia le había dejado una sed infinita de justicia, de un ideal. Añoranza por la patria querida, que más bien parecía el deseo del regreso al útero materno. Regresar se convertiría en una obsesión, una meta, una venganza, una victoria.

"Wakley. Doblá a la derecha hasta una calle que se llama Bank." La voz de su mujer, con la pronunciación afectada de los nombres ingleses, le llegaba de lejos, sin que se diera cuenta de que era él quien estaba alejado.

Suspiró. Zarandeado por los cuatro vientos, con los años, sin que supiera de dónde venía o por qué, la sombra terminaría por envolverlo y atraparlo. Un día, sentado en la terraza de un bar o en una plaza, con un bastón entre las piernas, observando a los niños que jugaban, extrañado comentaría: "Y así pasa una vida".

"Doblá en la siguiente. Debe estar en esa calle. Sí, allí veo el motel. La verdad es que no parece gran cosa." Efectivamente, el punto final era un modesto motel elegido por el precio donde vivieron unos días. El departamento que ya había alquilado cerca de la Universidad resultó muy chico para el gusto de su mujer. Y hubo más inconvenientes y gastos inesperados: muebles y cortinas, durante su traslado a Ottawa, como por arte de magia habían envejecido hasta el horror quedando "fuera de moda", mucho más que el Mercury. Como en todo matrimonio normal, hubo una discusión sobre los gastos que el profesor, por cansancio o porque no era lo esencial de la vida, perdió. Su mujer argumentaba que dado que él era tan avaro, ella –que siempre había sido una abnegada ama de casa, a su servicio y al de sus hijos–, de una vez por todas, terminaría su título de "licenciada en letras" –que, con las universidades del norte a mano, completaría con facilidad– y trabajaría como toda "mujer moderna" para no tener que "escuchar esas cosas" y con "mi dinero" comprarse lo que le diera la gana.

Dejando de lado frases típicas acuñadas probablemente por los griegos o los romanos utilizadas en las discusiones matrimoniales –"Vos siempre igual", "Vos siempre lo mismo"–, el argumento de su mujer, también utilizado muchas veces, especialmente desde que habían dejado la Argentina, tuvo un efecto contundente. Ni el profesor podría explicar por qué. El temor que sentía al escucharlo (¿o tal vez era inseguridad?), lo debilitaba. Ella nunca trabajaría. Seguiría siendo una perfecta ama de casa pero, eso sí, moderna, cada vez más moderna y más culta –como si su futuro título ya circulara por su sangre y aflorara por todos sus poros– a medida que pasaran los años. Una vez percibidos sus efectos, quedaría como una amenaza permanente. Para probarse que le era indiferente o no la tomaba en serio, el profesor le solía espetar: "Y, ¿cuándo vas a empezar a trabajar?" para descargar su rabia y calmarse, sin por eso lograr la famosa paz interior.

Sea como fuere, igual que los de ubicación, todos los gastos del porvenir no serían considerados ni como dinero del profesor, ni como anticipos ni préstamos temporarios a cuenta de lo que ella fuera a ganar, sino como bien común.

7. Autoestima y cálculos

Dios mío, Dios mío, qué cansado estoy, cuánto sufro, ay, los dolores atroces, horribles y espantosos que siento, ayúdame... No, mi Dios, a vos no te puedo engañar, como me dijo el Húngaro, finjo, juego, me quejo, lloro y me engaño, engaño hasta a mi propia sombra. No, a vos no, ningún dolor, ni rabia, ningún sentimiento que tome cuerpo... nada... sólo un bienestar vago, ligero, como si flotara a la deriva, como una barca desvencijada que viene del pasado cargada con mis males y desgracias, mis sueños incumplidos, deseos, cobardías y... Dios mío, ayúdame a olvidar, a dormir, ¿o duermo y estoy soñando? ¿O estaré muerto? ¿Quién me responde? Nadie, nadie responde, durmamos para olvidar. Sí, durmamos, pero, ay, la procesión está adentro, una comparsa, un carnaval y yo a la cabeza, el rey del carnaval. Un rey con corona de cartón. No, un poco más de respeto, de autoestima. Maldito matasanos, que si soy inglés o argentino, que quién soy. No sólo tengo una procesión sino al mundo entero adentro. Y sin duda que soy un hombre de valor. Y con la simplicidad norteamericana, puedo probarlo. En la escala del uno al diez, según mi línea de crédito, mi tarjeta dorada de American Express, la más poderosa del mundo, mi salario, del que los impuestos se devoran más de la mitad, estoy... sí, por lo menos estoy en el nueve, si no más. Ja, moco de pavo. "¿No es así, Hungarito? Te ignorarán pero uno tiene su valor, qué embromar." "No te ufanes tanto, Ilustre –decía el Venenoso–, si te ignoran, no existís. Pero aquí, gracias a la democracia, a los derechos humanos, cualquier monito parece un ser humano, único y particular; basta con que sepa encender la televisión y comprar alguna banana. Y el costo para ponerlo en marcha y hacerlo funcionar...", "¿Al televisor?" "No, al monito, al costo del aparente ser humano. Vos hablabas de valor. Su costo, repito, por lo menos para hacerlo hablar, según los estudios, educarlo y cuidarlo, su costo a los contribuyentes anda alrededor de un millón de dólares, mirá si tiene valor. Claro que en tu caso, sumando al millón tus propiedades, con la American Express dorada que esgrimís a cada rato...". Y el maldito largaba su veneno arruinándome el placer. Pero, ay, lamentablemente, algo de razón tenía. Yo sabía... lo supe siempre, me lo decía una voz en mi cabeza, un eco del alma, que en eso de esgrimir la tarjeta, hablar horas sobre su importancia, ventajas y desventajas, hay algo profundamente vulgar, fanfarrón, ni que la hubieran inventado los argentinos, sí, hasta diría de triste y deplorable. Es ser a través del plástico, convertirse en plástico. Y yo soy mucho más, un verdadero humanista que lleva al mundo entero adentro. Si consideramos mis viajes, los aplausos que coseché... Veamos, visualicemos... ¿eh?... ¿qué pasa?... ¿dónde estoy?... ¿quién?...

—¿Lo despierto?

—No... síí... me despertó... me interrumpió...

—Tengo que tomarle la temperatura, la presión y sacarle sangre para un análisis. Orden del doctor.

—¡Sangre! ¿Más sangre? Si ya no me queda... su doctor es un mosquito... por no decir un vampiro. ¡Dígale a su... doctor que se vaya a...!

—Perdón, no lo comprendí. ¿Le duele algo?

Nunca me voy a atrever a decirla de nuevo como corresponde; me debilitaron, me anularon... nunca...

—Nada... nada... por favor...

—Déjeme tomarle la presión. Es por su bien.

—Señorita... por favor... por favor... estoy muy ocupado, tengo muchas cosas que hacer...

—Como quiera. ¿No necesita nada?

—No, gracias. Ah, sí... ¿no... sabe si regresó mi mujer?

—Lo siento, no la conozco. Aquí no hay nadie.

—¿No la conoce?... Tiene suerte... Gracias. Puede irse...

Ni morir tranquilo me dejan, si es que estoy muriendo,

claro, el cincuenta por ciento. Hablar así de la muerte, que es una cosa seria. A ver, además de "leer" en los actos de los otros, se olvidó de mencionar otros síntomas, señales ya clásicas... minutos antes de su muerte, el enfermo revisa su vida entera... ¿o era en los últimos instantes, segundos? Por decirlo... digamos un minuto... pero, ¿ya empezó?... supongamos que el reloj empieza a marcar ahora... trac-trac-trac... no, no, eso no era el reloj... tic... así... tac tic tac tic... no, no, no, va demasiado rápido y es poco solemne... a la manera clásica... ding... dong... eso es, Londres, el Big Ben, dong, Roma, la Basílica de San Pedro, ding... dong, Madrid, dong, Barcelona, las campanas doblan, me entierran... No, no estaba en eso, estaba en visualizar; el hombre de nueve puntos sube al estrado... Aplausos, Tokio... aplausos... las campanas del convento budista, ding, dong, ding, dong, no, demasiado breves y rápidas... aplausos, cada vez que ponía el pie sobre el estrado y sonaban los aplausos, el placer de recorrer el auditorio con la mirada, y... y... maldito sea, encontrarme con su sonrisita sobradora, "Yo conozco a ese hombre mejor que ustedes. Y si se dejara el pelo un poquitito más largo y usara trajes un poco más claritos y de corte más moderno"... Esperar que los aplausos se acallaran... y... y otra vez, siempre lo mismo, darles el dulce con sus grandes escritores, decirles que son el centro del mundo, mencionarles sus bebidas y comidas, más aplausos... y empezar, "Señores, cada obra de arte, cada novela, cada cuento, cada palabra es un vehículo, una barca que del pasado viene flotando como yo, hacia... hacia... ¿dónde? cargada con el pensamiento de hombres que nacieron, sufrieron, padecieron y que murieron... penetramos en la mente..." Me lo sabía de memoria, como una tonada infantil, ya no necesitaba ni consultar los papeles, sólo fingir que lo hacía... y el que hablaba ya no era yo... no, era otro... No, no servía de nada, de nada... ni me interesaba, peor, me reprochaba, me sentía culpable por abusar y a la vez los despreciaba, me despreciaba a mí mismo, me sentía un *venditor verborum*, y en eso me convertí, un mercader, un mercachifle de las palabras con el mundo metido adentro, ja, nada más que palabras, puras palabras, no soy más que un relleno de palabras, como otros de música o alcohol... palabras, voces que resuenan adentro, voces que no son mías. Buscaba la voz, la palabra que fuera mía... palabras, infinitas palabras... como los políticos, para decir esto y lo contrario hablaba con palabras sobre las palabras, palabras que me envenenaron. A veces creía volverme loco. Buscaba la palabra y me convertí en un depósito de palabras para todo uso y ocasión, ninguna la verdadera. Buscaba, así como buscaba al Húngaro para hablarle de la vida, de Graciela, la única, el único dolor verdadero, ella, ¿sabrá que estoy gravemente enfermo? Sí, buscaba al Húngaro, lo llamaba, pero él nunca, siempre era yo... Y ahora, después de tantos años, también se me metió adentro y casi se convirtió en personaje principal de esta maldita procesión, de la que, indisciplinado, prepotente e irrespetuoso, salta de la fila y agita las manos para llamar la atención como esos tontos frente a las cámaras de televisión... Sí, lo llamaba y lo buscaba, preguntándome siempre por qué lo hacía. Borracho, alcohólico, a veces no podía hablar por los ataques de tos, por el cigarrillo. Tratando de hablar o farfullando sobre lo esencial... más joven que yo, parecía más viejo con sus ojos enrojecidos... capaz que drogadicto, más de una vez me ofreció marihuana, que se tuvo que rajar del país, quién sabe en qué estuvo metido... sin dinero, divorciado, fracasado, dando vueltas con su librito de cuentos como si hubiera escrito el Quijote... Y su famosa Gran Novela sobre mí, la muerte y la palabra, escribiéndola en secreto, como yo mi libro, la mejor manera de no escribir nada, si lo sabré... hablaba mal de los otros escritores, ¿y de quién no? No se salvaba nadie, un resentido, un auténtico resentido de pies a cabeza... Muchas veces no tenía plata y tenía que pagar yo, abusaba, se lo decía y se reía: "Si me querés ver, no hay otra manera. No me llamés más y listo. Claro que, desgraciadamente, me tenés que pasar material para la novela, tu biografía de ficción". Y yo lo volvía a llamar... y de nuevo...

8. De los millones, un ejemplar

Agosto. Los tulipanes que hacían famosa y pintoresca la ciudad de Ottawa se habían marchitado. No quedaban más que los de las postales. No importaba, rebrotarían y se los vería el año próximo. El resto del verano, muy breve, otras flores también se fueron muriendo. A finales de septiembre, las hojas de los árboles se cargaron con intensos matices de rojo, lila, amarillo cera, que el profesor, de traje y corbata, observaba a través de la ventana de su amplia y confortable oficina de la Universidad (él la llamaba "mi despacho"):

—Qué colores intensos. Me hacen recordar la escuela impresionista.

El comentario iba dirigido al personaje que –sentado un poco despatarrado frente al escritorio, con la campera, un poco calurosa para la época, abierta sobre una remera con cuello de tortuga y un librito en su regazo– liaba un cigarrillo con los labios entreabiertos por los que asomaba la lengua; la contrajo y la removió para decir:

—A pesar de los cantitos sobre su belleza que se repiten cada año mientras se olvidan de la vida, a mí no, a mí me hacen recordar el tecnicolor de Hollywood. En este país hasta el triste otoño, ideal para meditar sobre la fugacidad y la brevedad de la vida, es hipócrita y se viste de alegres colores. Me da náuseas, y cada año más.

El profesor, con una sonrisa, se apartó de la ventana.

—¿Te sale más barato liar que comprarlos hechos?

—Nunca saqué el cálculo ni se me ocurrió hacerlo. Sencillamente, así me parece que fumo tabaco en vez de bosta entubada.

El profesor acentuó la sonrisa con el aire de quien encuentra una debilidad en el otro, una falta de previsión o vaya a saber exactamente qué; las conjeturas podrían extenderse hasta la incapacidad de vivir o no saber vivir en el mundo que nos fue dado. Esos pensamientos le trajeron un poco de alegría a su propia alma, un suave y sutil sentimiento de superioridad. A principios de septiembre, antes del comienzo de los cursos, en un encuentro informal del Departamento de Español en el que estuvieron presentes los profesores titulares con voto, el personal administrativo y los profesores a tiempo parcial, con voz pero sin voto, el decano presentó al nuevo *chairman* del Departamento, el Doctor Palmatieri. Cuando el decano se retiró, el profesor Palmatieri, después de calmar los ánimos y las inquietudes que surgen ante lo nuevo, respondió a las preguntas generales y, para caer simpático, contó, muy brevemente, su viaje desde Washington a Ottawa en el Mercury con la técnica de la botella sobre el techo para ahorrar nafta. Todos (incluidas las feministas) sonrieron y lo felicitaron por su ingenio. Todos menos uno: el que, sentado en un rincón, lo miraba como si fuera un imbécil.

El personaje que lo había mirado terminó de liar el cigarrillo y lo encendió. Era aquel a quien el Doctor Palmatieri llamó el Húngaro, o a veces, cariñosamente, el Hungarito. Si realmente había nacido en Hungría no tiene mucha importancia; lo cierto es que había dejado la Argentina y había llegado a Canadá varios años antes que el profesor.

Si el profesor tuviera que trazar su biografía, pese a que lo trató durante décadas, se vería en figurillas. Juntando algunas cosas que le había largado, podría decir, por ejemplo, que se había casado con una francesa del Québec, madre soltera. Lo había hecho (es posible, pero no seguro) para poder quedarse en Canadá, o por la plata que ella parecía tener. Al hijo que venía con la madre le sumó dos más, hijo e hija. Muy pocas veces hablaba de sus hijos. Si los mencionaba, el profesor podía escuchar comentarios como éstos: "Bien educados, guiados, hubieran podido llegar a ser algo así como seres humanos". Cuando lo conoció ya había publicado un libro de cuentos con poco éxito. Trabajaba desde hacía tiempo como profesor de español a tiempo parcial, sin voto pero con mucha labia y veneno. Con la llegada del Doctor Palmatieri quedó bajo sus órdenes. El profesor se preguntaría muchas veces si ese personaje, de ojos pardos, la cara llena de arrugas, su figura encorvada, envejecido prematuramente, no sería uno de los tantos que dan vueltas por este mundo con el aire de quien piensa "un día sabrán quién soy yo", cuando publiquen su Gran obra, la que revolucionará el mundo que caería de rodillas frente a ellos. En realidad, esta observación pertenecía al Húngaro mismo, quien la había aplicado no sólo a sí mismo, a los escritores y a los académicos, sino a los argentinos en general y a los porteños en especial. El profesor era académico, argentino, porteño a medias y trabajaba en una Gran obra.

Si hubo amistad entre ellos, o simple complementariedad como en los matrimonios fracasados pero mutuamente dependientes, quizá nunca se llegue a saber. Lo cierto es que se volvieron prácticamente imprescindibles el uno al otro, y esta historia no sería posible sin esta relación. A pesar de haberlo mirado como un imbécil en el primer encuentro, al profesor le caería simpático en los sucesivos; le gustarían su soltura, su manera de hablar largando un veneno al que él no se atrevía, con el pucho siempre colgándole de la boca, los bigotes negros caídos, no de húsar sino de gaucho que había perdido la pampa y su caballo para galopar hacia un destino.

Ese día, después del segundo o tercer encuentro, en el que decidieron tutearse, el Húngaro había ido a visitarlo para manifestarle su preocupación por los rumores que corrían sobre los cortes del presupuesto y la cancelación de cursos. Para entrar en tema, como preámbulo y problema universal, le había señalado que el mundo, sin que la humanidad dormida se percatara de ello, por el derroche y sus infinitos pecados, mojado, se encogía por el derretimiento de los polos. Temía no tener trabajo en el próximo semestre. Y si esto se llegara a producir frente a su propia esposa, una profesional, la balanza de pagos que equilibraba el amor en su matrimonio sufriría una variación tan brusca que, catapultado por la diferencia, saldría volando por la ventana por inútil e improductivo, y a pesar de sus huevos, que ni siquiera serían útiles como los de la gallina.

El profesor, con seriedad y asintiendo de vez en cuando con la cabeza, había escuchado la exposición sentado detrás del escritorio. Cuando el Húngaro terminó de hablar, el profesor se puso de pie, dio unos pasos hasta la ventana, giró, se vistió con una sonrisa muy porteña y, con el codo sobre la repisa, lo calmó diciéndole que allí él era el *chairman*, lo cual –si bien no lo dijo– significaba que él decidía, que no se preocupara, que ya se vería, que no había que abrir el paraguas antes de que...

Observando al profesor acodado sobre la repisa, el Húngaro no hizo ningún comentario, ni siquiera le dio las gracias, cosa que el profesor consideró un defecto crónico en él. Un día, como a un hijo, muy suavemente, le advirtió que con esa actitud no se avanzaba por la vida y menos aun diciendo siempre lo que se le ocurriera. Le respondió que ante observaciones tan sabias no le quedaba otra salida que darle la razón, la más absoluta razón, toda la razón del mundo. El profesor nunca supo explicarse por qué se había sentido tan perturbado, confuso, entre furioso e incómodo, y sólo atinó a pensar: "Nunca hay que tratar de enderezar lo que ya viene torcido".

En esa oportunidad, afuera los árboles disfrazados de colores, tal vez al Húngaro se le haya ocurrido pensar que el profesor, en la postura "un día sabrán quién soy yo", aunque su tono fuera amable, casi paternal, muy argentino, le había hablado como si estuviera en un estrado. Sólo comentó:

—Para no decir lo que se me ocurre, me muerdo la lengua tantas veces que la tengo hinchada y sangrando. La vida es dura, profesor. Nunca encuentro la palabra justa, que debería ser una sola y cuando hablo, emito demasiadas.

Había sacado el paquete de tabaco y, pensativo, se puso a liar un cigarrillo. Hubo un silencio prolongado. Quizá después del comentario del Húngaro el profesor esperara otro, más de acuerdo con sus expectativas, de agradecimiento. No lo hubo.

El profesor miró por la ventana, suspiró, y lanzó la frase sobre los impresionistas.

Una vez que el Húngaro pronunció la suya sobre Hollywood y el otoño, el profesor lo invitó a tomar un café. Durante el recorrido, siempre con el pucho colgándole de la boca, el Húngaro le entregó el librito que había tenido en su regazo: era el de los cuentos de los que era autor. El comentario del profesor, "Muchas gracias. Claro que hubiera sido mejor que me lo hubieras dado en mi...", no se completó. Sin embargo, dejó traslucir una ligera irritación ante otra carga entre las muchas que ya tenía: tener que acarrear el librito a su despacho y encima leerlo, y para no herir susceptibilidades, sin poder decir la verdad, tener que alabarlo. O, como ya lo había experimentado con otros escritores de pacotilla, o algún libro de un académico, sin leerlo, como era lo único que buscaban, alabarlo.

El profesor tenía poco tiempo y la cafetería para los estudiantes estaba a mano. Cuando entraron, el Húngaro señaló las mesas roñosas, el suelo lleno de papeles:

—Una cafetería de autoservicio para abaratar los costos y, por supuesto, la vida. No sabés qué es lo que apesta más a papas fritas, si la cafetería o los estudiantes. De cualquier manera, no tiene importancia. Aquí, cualquier cerdito, futuro consumidor, simulando, puede pasar por ser humano. Basta creer que la basura que comen en platos de plástico es comida y el café repugnante que, gracias a la globalización, inundó al mundo como "café estilo americano". Es más, cuando terminen sus carreras y se conviertan en triunfadores manejando un auto último modelo con desodorante, recordarán con cariño y hasta extrañarán este chiquero que asociarán a sus *good old days*.

El profesor, con una sonrisa indulgente, le señaló:

—Parece que, incluyendo el paisaje, no querés a nadie. Cómo te gusta exagerar. Se ve que sos un escritor, un verdadero fabulador. Éstos también son seres humanos.

—No me cabe duda. Echarán de sus casas a sus hijos pero amarán con pasión a sus perros y se preocuparán por la supervivencia de las ballenas sin dejar de usar algún veneno para limpiar que las mate.

Este día, en la cola para pagar, el Húngaro dijo:

—Permitime. *Public Relations* –e insistió en pagar.

El profesor habrá considerado el comentario como una humorada y aceptó. Después de aprovisionarse con lo que el Húngaro llamaba "elementos de laboratorio y pruebas categóricas e irrefutables de la democracia y la libertad en que vivimos" (tapas de plástico para las tazas, sobrecitos de azúcar blanco o marrón o edulcorante, crema o leche al 3%, 2%, 1%, en minúsculos pocillos también de plástico, pajitas para revolver el preparado emético, y finalmente, delgadas servilletas blancas, símbolos de la higiene), buscaron una mesa. Antes de sentarse el profesor revisó cuidadosamente la silla y limpió la parte de la mesa que le tocaba con la servilleta, que se arrugó y casi desapareció en la tarea. Tras una última y minuciosa inspección el profesor se sentó.

El Húngaro, con el codo sobre la mesa y la mejilla sobre la palma, lo observaba. El profesor, para prever cualquier accidente, empujó a un costado el librito; con cuidado, quitó la tapa de plástico de la taza y la dejó boca arriba para no ensuciar la mesa; echó la leche y el azúcar y revolvió todo con la pajita. Como si catara un vino, con solemnidad, probó el café y pareció encontrarlo bueno, o por lo menos aceptable. El otro sonrió: "Un pensamiento positivo y optimista. Debés ser un hombre feliz".

Quizá porque era nuevo en esa Universidad, porque el tuteo había derribado barreras formales, porque siendo los dos argentinos se había creado una complicidad, o por curiosidad natural, el Doctor Palmatieri le preguntó por los otros profesores del Departamento de Español. El Húngaro los definió como víboras en un nido de víboras que se olvidaban de la tarea más importante: profesar, enseñar, guiar y orientar a los estudiantes, su legendaria misión en esta tierra. "Esto se explica fácilmente –aclaró– ya que no saben nada de literatura y modestamente, según me parece, menos de la vida. Cosa muy humana por cierto, ya que con la autoestima y el narcisismo en auge, tienen más tiempo para ocuparse de sí mismos y envidiar a los otros, y, además de manguear guita para viajar adonde nadie los necesita, convertirse en traductores, en poetas, en escritores, ordeñan la vaca canadiense para publicar sus libros estúpidos que nadie lee. En resumen, son esos hombres orquesta de circo o de plaza pública".

El Doctor Palmatieri le señaló:

—Vengo de otra universidad. En todas partes es igual, Hungarito.

El Húngaro lo miró.

—Un sentimiento cristiano o de tontos: el consuelo con el mal de otros.

—¿Y vos, como escritor, no ordeñás la vaca?

—No me vendría mal. Pero para mí la canilla está cerrada. En los 360 grados de la circunferencia de la tierra no conseguiría una sola carta de recomendación.

Y poniéndose a liar otro cigarrillo, siguió. Dentro de ese nido de víboras había otro en el que empollaban sus huevos las profesoras feministas, nido que había bautizado Sibilina Aspidillero, que no sólo albergaba áspides, sino Cornejas y Cuervas. De ese nido formaba parte una a tiempo parcial, la Viborita, que cuando uno se acercaba para hablarle debía mantenerse prudentemente a distancia ya que, como las otras, ávidas de machos, insatisfechas, se retorcía de la cabeza a los pies y hacía temer que, intencionalmente, o siguiendo el impulso incontrolable de sus retorcimientos, le hincaría los colmillos a uno en cualquier segundo. Mencionó a la Chilena, un buen pedazo de carne, hasta tentadora, pero no se sabía si por fiebre uterina o por la liberación sexual en boga, con placer pagaba los favores con un trueque en especias. Quizá porque estaba un poco gastada, a los jovencitos les hacía el servicio gratuitamente. El profesor hizo algunas preguntas aclaratorias sobre ella.

Mientras seguía volteando muñecos, sólo paraba la lengua para pasarla por el papel del cigarrillo. Súbitamente, como cansado de echar tanto bleque, con un rictus amargo, cayó en un mutismo total.

Como si lo tocara una brisa fría quién sabe de dónde, quizá de la boca de una tumba abierta, el profesor se estremeció y se puso blanco.

—¿Te pasa algo, Ricardo? ¿Te sentís bien?

El profesor vaciló; la voz, cavernosa, le tembló cuando dijo:

—No, nada, por un momento... no sé, como si soñara. Y me pregunto para qué...

El rictus se transformó en una sonrisa suave:

—Oh, sí, no por nada la vida es sueño. Preguntas... Sí, a veces me pregunto si no estaremos viviendo la vida que nos regalaron después de muertos, y vivimos la muerte a la espera de la resurrección y, obsesionados, seguimos buscando lo esencial.

El profesor suspiró; amagó colocar los codos sobre la mesa para preguntar: "¿Y qué es lo esencial?", cosa que le interesaba profundamente, pero al darse cuenta de que a pesar de haberla limpiado, la mesa estaba demasiado sucia, el gesto quedó a mitad de camino y la pregunta no fue formulada.

Quizás el Húngaro, para definirlo, se habría mandado algún cuento sufí o del budismo zen que hablara de tejer una alfombra y perderse en la tarea como si fuera el centro del universo. De paso, impedir que la mente, buscando el Nirvana, lo esencial, Dios quizá, se llenara de porquerías, de trastos inservibles, de vasos y platos de plástico, de la resaca de toda una época de la humanidad. O de una simple botella de cerveza sobre el techo de un auto.

O de palabras inútiles, montones de palabras, como lo pensaría más adelante el profesor mismo, quizás en este mismo momento, allá lejos, en un sanatorio, con los ojos cerrados, recordando su pasado, ¿lejos?, ¿o aquí al lado? La cafetería, con los ruidos que se alejaban, parecía flotar, elevarse, y las imágenes las percibía como figuras estampadas en una película. Antes de que se alejara y se perdiera, se aferró de lo único sólido que tenía a mano: la montaña de informaciones venenosas que le había pasado el Húngaro, chismes sobre mujeres, especialmente la Chilena, un ancla más sólida que la verborragia de ese resentido que tenía delante. Un esfuerzo y, sin haber averiguado lo que era lo esencial, para escapar de un vacío amenazante, el profesor recuperó de golpe su aire de Doctor y utilizó su recurso habitual para librarse de las personas o escaparse de situaciones incómodas; miró su reloj y exclamó: "Oh, mi Dios. Se me hace tardísimo". Alegando infinitos compromisos, mil cosas de las que ocuparse, ninguna bien definida, entre ellas, una llamada telefónica de su mujer, se paró bruscamente y, dándole la mano, se despidió del Húngaro hasta otro momento.

El profesor ya se acercaba a la puerta de salida; el Húngaro seguía en el mismo lugar mirando el vaso con el café que había calificado de repugnante: no había bebido una sola gota. Pero, ¿cuál sería su sentimiento al descubrir su librito de cuentos olvidado al lado del vaso de plástico vacío del profesor?

9. Invitación o intentos de domesticación

...Ese día fue la primera vez que lo llamé Hungarito y, él a mí, Ilustre. Lo mío era por simpatía, hasta cariñoso, pero lo de él, no supe qué pensar, si era una cargada o qué; su estilo era un poco apaisanado, exagerado, muy argentino, venenoso. No lo querían mucho en la Universidad, y lo que dijo de las feministas resultó verdad: siempre parecían querer morder, especialmente a él... Olvidarme su libro, qué horror, herir la vanidad de un escritor, crearme un enemigo más, como si no tuviera bastantes, y nada menos que él, con esa lengua... Sin embargo, no tardó en vengarse: lo dejó en mi casillero con una nota: "Siempre digo que el mundo es un caos, pero me equivoco. Los académicos son tan coherentes como los agregados culturales de las embajadas: no leen". A pesar de todo, me caía simpático, sentía alguna debilidad, como por un hijo bobo, descarriado. Siempre andando solo. Claro, ¿quién querría escucharlo si escupía más veneno que la Viborita? Por eso, y un poco para calmarlo por lo del libro, lo invité a cenar un peceto al horno, mi plato favorito, que mi mujer prepara como los dioses. ¡Cómo disfruté de su visita! Mi parte sádica o lo que fuere... Mi mujer, con un "No es muy grande pero es coqueto. Tiene mucha luz", le mostró el departamento en su primera visita (luego llamó a eso "la presentación y el engrandecimiento verbal de la vida peque-ñoburguesa o la animación de lo inanimado"). Siguiéndola y entrechocando sus tacos como un militar del imperio austro-húngaro, se inclinaba y decía: "Encantado señor baño, ¿en qué puedo servirle? El inodoro, ¿tiene alguna dificultad por el paso del volumen de los subproductos de calidad del Primer Mundo? ¿O, educado, cumple bien su tarea agradeciéndolo con eructos, glu-glu-glu?" "Encantado señora cocina, ¿le dio mucho trabajo cocinar el peceto? Sus elementos, ¿funcionan de acuerdo a lo planificado y comprado?" "Mucho gusto, señoras cortinas, qué bonitas y delicadas sois, ese toque de intimidad que dais es notable", mientras las cortinas parecían arrugarse como la cara de mi mujer. Ante la cantidad de retratos de personajes de aquellos patriotas que forjaron mi patria: "Es una verdadera galería de próceres. Siento la presencia muerta, perdón, viva de la Nación". Le señalé una foto de mi familia, mis padres y mis hermanos, incluido yo. Se confundió o pareció confundirse; la cara se le ensombreció, se mordió los labios mientras la miraba y me miraba a mí. "Una foto de estudio. ¿Todos vivos?" "No, mi madre murió hace poco y mi hermano mayor también. Sólo queda mi padre, un hermano y yo que soy el menor." Asintió varias veces y dijo con una sonrisa irónica: "Prueba irrefutable de que somos mortales." La única vez que lo vi sonreír con ternura fue cuando le presenté a mis hijos, Tití y Toto. Les acarició la cabeza y dijo: "¿Qué tal, futuros triunfadores? ¿Ya aprendieron lo que es la ética del trabajo? ¿Ya conocen el delicioso sabor de las hamburguesas McDonald's con ketchup? Aunque algunos las llamen hostias del Primer Mundo, son como una droga. Lo sé por mis hijos". Le puse la botella de whisky sobre la mesita, "Lo compré especialmente para vos. Una gran reserva canadiense". Mi mujer, desconfiada y molesta, con la cara fruncida, le echaba ojeadas como a un bicho raro, yo le hacía alguna pregunta o lanzaba algún comentario.

—Éste es un país increíble, Hungarito, me fascina... bilingüe, inglés y francés, qué digo, multilingüe y multicultural...

—Sí, fascinante, alegre, con un colorido de razas más variado que el de los árboles en otoño. Una Babel moderna en la que, como en un manicomio, nadie se entiende y todos se odian, pero eso sí, de acuerdo con la ley, con amabilidad y tolerancia bajo la amenaza de palos. Sí, multicultural, un escenario por el que podés pasear, devorar vida y cultura universal en restaurantes chinos, africanos, japoneses, árabes, somalíes, coreanos, en los que podés comer bichos raros que pasearán por tus tripas.

—Ay, m'hijito, qué difícil que hablás. Cómo complicás las cosas –intervino mi mujer sentándose.

—Vamos, es un país rico con gran futuro.

—Psé, un futuro del que todos hablan y del que galopan detrás mientras se aleja como la zanahoria delante de la nariz del burro.

—Sin embargo, aquí todos tienen capacidad adquisitiva.

—Hablás como un economista de la escuela de Harvard. Capacidad, no me cabe duda, la tienen todos. Pero plata, no sé. Lo que sí sé es que hasta el desocupado más miserable se pasea con un folleto que le explica sus derechos humanos. Aquí la bienaventurada mayoría muere sin haber visto el famoso billete de mil dólares.

—Por algo será –mi mujer.

—Oh sí, no quieren trabajar.

—Sin embargo, tenés que reconocer que aquí hay más recursos, más libros en las bibliotecas... más elementos.

—Libros que nadie lee. Sólo los manuales para saber quiénes son, para hacer el amor que no hacen, cocinar cosas que no cocinan, manuales para una vida sana, higiénica, mejor y más larga que no saben para qué van a vivir. Sí, elementos y recursos. Me basta pensar en la variedad de pastas dentífricas, cepillos de dientes de diseños especiales, anatómicos, hilos dentales para quitar las placas, herramientas de goma para un masaje profundo de las encías, líquidos desinfectantes, etcétera. En fin, todos los componentes de un *kit* para una dentadura perfecta. Con la consigna "Guerra a los microbios y a las placas", como si fuera una invasión de otro planeta, se fundan asociaciones que llaman Familias, ya que la verdadera familia desapareció, para compartir e intercambiar ideas sobre la protección de la dentadura, la dieta completa con el objetivo, un sentido de la vida, de lograr la dentadura ejemplar para comer esa dieta.

—Ay, me confundís. Hablás como si fuera una novedad. Eso ya lo vimos en Estados Unidos. Además, no veo por qué una no se va a ocupar de su dentadura como corresponde.

—Ayyy, sí querida, pero, cosa curiosa, los dientes se te pudren igual y los dentistas forman la segunda raza más rica del país después de los médicos. Y los caníbales siguen teniendo la dentadura más sana a pesar de que no comen más misioneros. Pero lo peor es que sin saber por qué, al final te asaltan las ganas de hacer buches y gárgaras con ácido nítrico.

—Un poco más caro que Estados Unidos, donde vivimos, pero sabiéndose cuidar y calcular...

—Sí, por eso una tiene que andar corriendo desesperada detrás de las ofertas. *Thanks God,* por ejemplo, hoy in The Bay, caminando, encontré una blusa que, bueno, de seda no era —y se puso de pie para servir la cena pero siguió hablando desde la cocina—. No, no era de seda, pero tenía unos botoncitos de cerámica de muy buen gusto y por su calidad y precio...

El Hungarito, sentado en el sillón, liaba cigarrillo tras cigarrillo, se metía trago tras trago. Nuestros hijos ya en la cama, sentados a la mesa, mi mujer anunció la cena, la sirvió y nos sentamos a la mesa, "Encantado señor peceto, luce bonito, redondo y dorado". Mi mujer empezó a hablar de cómo lo preparaba, y él: "Muy rico, muy rico, riquísimo". "Ay, y si el horno fuera un poco mejor." Cambié de tema:

—En algunos aspectos, es muy diferente de Estados Unidos, de Washington, por ejemplo. Ottawa es una ciudad segura. Aquí no hay miedo en las calles y te podés pasear a cualquier hora.

—Es verdad, por las calles. Pero resulta que aquí no hay ciudad. O sí, desde las 9, cuando llegan los honestos ciudadanos que con su profunda ética de trabajo hacen marchar este mundo, hasta las 17, hora en que desaparecen en sus cuevas de los suburbios y el resto, los fantasmas o ánimas en pena, se los llevan los cuatro vientos. Y desapareció la ciudad. Gracias a Dios, quedan abiertas algunas tabernas para los seres vivos como yo.

—Ay, qué criticón que sos. Muchas veces paseé por el centro y lo encontré encantador, especialmente la parte del mercado con músicos y con juglares que me hacen recordar las escenas de la Edad Media.

—Comprendo, el mundo ha sido creado para vos y ellos están allí para tu solaz. Pero si querés que el espectáculo continúe, tenés que darles unos centavitos para comprar la droga que los hace funcionar.

—Qué querés que te diga. Sos un amargado. A vos no te gusta nada.

El Húngaro la miró con sus ojos enrojecidos, el cigarrillo en una mano y el vaso de vino en la otra:

—¿¡Querés que te diga lo que me gusta!? ¿Querés...?

—Hungarito, calmate. No me vas a decir que aquí no hay una auténtica libertad y democracia, muy distinta de la nuestra.

—Oh, sí. Y es más, son tantas las opiniones que terminás en la parálisis y la muerte en vida acunado por la ley. Porque ojo, a no sacar los pies del plato.

—Ay, esto es increíble, qué cosas dice.

—Perdoname Hungarito, no te entiendo. ¿Qué querés decir?

—Claro, no te podés enojar por nada y menos golpear la mesa o un mostrador para despertar a los dormidos, lo llamarán rebelión, intolerancia o violencia. Y aparecerá la policía para recordarte que esta vida es hermosa y sólo hay que saber vivirla escuchando el bello trinar de los pajaritos.

—Ay, a mííí, la violencia me horroriza.

—Sigo sin entender, Hungarito.

—Ponelo así. Si ves un rengo por la calle, jamás te atrevas a llamarlo rengo o tullido, su renguera no es más que tu punto de vista y su vaivén se debe al girar defectuoso de la tierra. O si te colgás de un árbol, van a decir que fue tu elección o que exageraste.

Me reí. Ese día se fue completamente borracho de casa, casi no podía caminar. A mi mujer le resultó irritante. "Es un snob que no te escucha." "Se cree el dueño de la verdad." Para decir la verdad, la irritación de mi cara mitad no me dejó de causar cierto placer. Pero mi mujer dio su opinión de ama de casa moderna, libre e independiente: "Estaría más tranquila si no lo invitaras, es un tipo deprimente". Por eso le dije que mi casa estaba siempre abierta para él. Pero nunca vino.

10. Meditaciones en el despacho

El hombre es la medida de todas las cosas; así, el tiempo, sin poder detenerlo, sólo medirlo, pasa arrastrándolo con él. El otoño avanzaba hacia el invierno y la noche más larga del año. Los gansos salvajes y otras aves, sin que el profesor se diera cuenta, se habían ido a lugares más cálidos. Él no los vio pero sí su mujer. O se enteró por una foto que ilustraba un artículo del diario local, *The Citizen*. La foto: debajo de un cielo infinito, una V gigante, la formación de las aves.

Tal vez la foto fuera la misma que la del año pasado retocada a mano (todavía no existían las técnicas digitales, colores nuevos y mejorados), de todas formas marcaba la regularidad de las estaciones. Su mujer, después de haberle hablado del "increíble otoño con su paisaje que parece un cuadro impresionista como fondo para el vuelo de los gansos" (frase que, como si ella le hubiera robado la idea de "impresionista", irritó al profesor), y un poco en contradicción con lo anterior, agregó: "Ay, qué tristeza, pero es una tristeza serena. Volverán en primavera. ¿Te acordás de ese hermoso poema 'Volverán las oscuras golondrinas, volverán'?" El profesor, aunque no estuviera para poemas, se acordaba.

Finalmente, un atardecer sopló el viento con violencia y a través de la ventana de su despacho vio cómo las hojas volaban como fragmentos de su vida. El paisaje impresionista se había esfumado. Trató de seguir trabajando pero el ulular del viento, como lo oye en este momento en el sanatorio, se lo impidió.

¿Lo recuerda ahora, en el momento presente de la historia después del primer año, o lo habrá pensado en cada otoño de los años, que sumaron décadas, que pasó en el Norte, en su despacho, frente a la ventana? Lo cierto es que su mujer, señalando unas macetas del balcón, le había dicho: "Ay, en un departamento tan chico no podemos tener plantas y flores como tiene todo el mundo, apenas estas violetitas africanas que compré en un *special*". Y agregó: "Tampoco podemos recibir visitas como corresponde", a pesar de que más de una vez, al regresar a su casa para almorzar o por cualquier otra razón, había encontrado a la Viborita retorciéndose o a la Chilena mostrando estratégicamente sus muslos o a ambas achicando el espacio. Se habían conocido en un *party* de la Universidad y a la velocidad de la luz encontraron cosas en común. Y el otro le había comentado: "Ilustre, la cosa en común sos vos, el poder de decisión. Claro que eso no quiere decir que vas a tener un harén".

El departamento no era tan chico como decía su mujer, pero no lo suficientemente grande como para que el profesor tuviera su estudio. Por eso, para eludir un ahogo por las quejas, el tema compras, las ofertas y los gritos de sus hijos, después de sus clases y tareas como *chairman* prefería quedarse en su despacho, trabajando, ordenando, dando vueltas, o con el codo apoyado sobre la repisa de la ventana, como estaba en ese momento.

El profesor trata de pensar en algo concreto: su libro. Pero los pensamientos, por más concretos que sean, se escapan por la tangente, y sin detenerse nunca, como demonios, buscados o no, lo invaden otros. Por una de las puertas de su mente se escapó el libro y entró el Húngaro, quien cada tanto pasaba por su despacho y dejaba caer sus huevitos de cobra. A veces, después de la desaparición temprana del sol, lo solía invitar a tomar un trago para combatir las brujas del otoño asegurándole que las de invierno serían peores. No estaría mal que apareciera.

De golpe las violetas africanas se apelotonaron en su cabeza formando un paisaje. Las sacudió pero no desaparecieron. Sin atreverse a confesarlo, un poco celoso de las violetas, que parecían tener más importancia y cuidado en su casa que él, pensó que la invasión se debía a sus dudas acerca de esas flores. Había que exorcizarlas. Bien, violetas, del francés *violette* y del latín *viola*, ¿o del italiano? Lo que le intrigaba era la palabra "africanas". Decidió consultar su querida enciclopedia Espasa de siete tomos, que lo acompañaba desde sus años de bachillerato y a los que, por no haber nada nuevo bajo el sol, nunca había actualizado con sus suplementos.

Hombre metódico, que busca lo esencial con ojo y mente avizores, empezó por la A, y cuando llegó a la V se preguntó por qué diablos buscaba la palabra "visita".

Dio una vuelta completa alrededor de su escritorio y volvió a la ventana. Afuera había oscurecido. Salvo las luces que iluminaban las ramas peladas de los árboles, la iglesia, los estudiantes que iban y venían, no había otra novedad más que los días más cortos y cada vez más fríos. El país entero esperaba la primera nevada que confirmaría la llegada del invierno y aseguraría una Navidad blanca, tradicional, querida por todos. Su mujer, con el diario local en la mano, buscando ofertas, le hablaba de la necesidad de prepararse para las Navidades como todo el mundo. "Sí, Ilustre, tu mujer tiene razón. Como todo el mundo, hay que prepararse antes, gastar mucho, llegar a Nochebuena con la lengua afuera." "¿Y vos no te prepararás?" "Oh, sí, me aseguro el elixir bendito por los días en que los templos de abastecimiento están cerrados."

"Visita, visita", la palabra, como si fuera un eco, rebotaba dentro del cráneo del profesor. "Visita, visita", ah, por fin lo recordó. Ante la imposibilidad de recibir visitas en casa como corresponde, irían ellos a otra. Nada más ni nada menos que a la del rey de la Corte de los Emigrados, donde el doctor sería presentado en sociedad como *primus inter pares*, sobre cuyos cortesanos, el Húngaro escupió más veneno que una manada de cobras.

Volvió a la ventana: allí podía pensar mejor.

El profesor sonrió. Pobre Húngaro, no lo quieren, no. Ese muchacho va por mal camino. Ignora y desconoce lo que es socializar. Una necesidad humana básica. "Doctor, la gente se divide en dos categorías: los nutricios y los tóxicos. Estos últimos son mayoría." "Y vos sos el tóxico *primus*. Por algo no te invitan más." "Es probable. De algo tengo que orgullecerme."

El profesor, acodado en la ventana, siguió sonriendo. Esta vez pensó en su mujer, en Inesita, en su talento, su capacidad adaptativa y organizativa para, en este caso, encontrar un escenario en el que estrenar y lucir sus vestidos. Y lo había encontrado gracias a la Chilena, que la había presentado a la esposa de un destacado neurocirujano, a la que el Húngaro llamaba Ave de Rapiña no sólo por su nariz ganchuda, sus ojos saltones y dilatados detrás de sus gruesos anteojos, sino por su voracidad: durante las visitas al departamento del profesor, tal vez por temor a un futuro de vacas flacas, con buen sentido común, devoraba y abrevaba todo lo que le ponían delante. Ni hablar de los cigarrillos que se fumaba dejando vacío el paquete de la mujer del profesor. A su marido, el Venenoso lo había bautizado El Destapa Cráneos del Dorado, pero se había olvidado de preguntarle por qué.

No sin una ligera inquietud, el profesor, siempre acodado en la ventana, se proyectó hacia el futuro, hacia el viernes, el día del *party*. Suspiró; no, no sería como en Buenos Aires, con los viejos amigos, los mismos intereses comunes, la generosidad sin límites, ni siquiera el club del barrio en el que vivía, uno de esos clubes sobre los que se escribieron tantas páginas sentimentales, nostálgicas y bonitas, uno de los pocos lugares en los que los seres humanos todavía se reconocen. Nunca se había hecho socio de ninguno, ni siquiera visitado, sólo había leído algunos cuentos y tomado nota de dos o tres puntos por si un día se le ocurría escribir acerca de un tema tan humano. Ya vería, no lo recibirían con una alfombra roja frente a la puerta, pero sería algo, un lugar en el mundo en el que sería reconocido como en el club. De todas maneras, por ser un ser especial, su soledad era diferente, era la soledad eterna del hombre pensante.

Satisfecho por su propio martirologio, una especie de llamado para realizar grandes cosas, se reconcilió con el mundo y se sintió casi feliz por la visita que harían. La casa a la que iría se había convertido en un castillo donde recibiría el espaldarazo que lo armaría caballero, algo inconcebible sin una alfombra roja. Sería la graduación para ingresar a una corte que, como toda corte, era de personajes selectos, la crema de la crema, que con el paso de los años se convertirían en integrantes de su procesión interior, que cada tanto, allá lejos, se ponía en marcha en su cabeza como proyectados en una pantalla, chatos, sin relieve.

11. La corte de los milagros

La noche de "La presentación en sociedad del Gran Profesor", antes de bajar al garaje del subsuelo –en uno de cuyos recovecos esperaba el Mercury que entraba allí con no poca dificultad, lo que era un motivo más de discordia: "Te dije que compráramos uno más chico"–, ya completamente vestida y lista, la mujer del profesor miró por la ventana los copos de la primera nevada del año. Esta vez no hubo un "Ay", tan habitual en ella, sino un profundo suspiro y una frase con un toque romántico: "Nieva, qué hermoso. Es como si nevara para embellecernos la noche".

El profesor esperaba con una mano en la manija de la puerta del departamento abierta y, en la otra, una bolsa de papel con una leyenda que formaba parte de una campaña de educación de las tantas que se hacen inútilmente, sobre el alcohol en este caso: *"If you drink, don't drive"*. Adentro una botella de vino francés, algún *Château* Gran Reserva que, por supuesto, no había comprado él sino su mujer "Para que no crean que somos unos cualquiera". Ni el motivo señalado por su mujer impidió que el profesor sintiera su peso como si contuviera oro y lanzara un reproche. Como el vino ya estaba comprado, nada se podía hacer, pero, además de reprochar el gasto, pudo decir: "Sí, nieva para nosotros, mejor dicho, para tu alma sensible que sabe apreciar las cosas. Pero vamos de una vez".

Y su mujer, tomando una carterita primorosa sobre cuyo cierre había comentado "Ay, si no es oro verdadero, prefiero un cromado sencillito. Odio las cosas doradas que son falsas", dio unos pasos y, sin mirarlo, atravesó la puerta.

El profesor siguió a su mujer observando el brillo del cierre cromado de esa carterita minúscula cuyo precio le hacía recordar el del platino.

En general, en casa del profesor siempre había un ambiente un poco cargado, y esa noche se había cargado más que nunca. Cuando había aparecido la *baby-sitter*, una hermosa rubia de 18 años, con una blusa escotada y unos vaqueros ajustados que nada dejaban de moldear, el profesor exclamó: "Uy, mamita, cómo me gustaría que me cuidaras a mí". "Sí, para darte la mamadera y el chupete", retrucó su mujer. Hubo otros motivos: su esposa, que en los Estados Unidos había adoptado por prácticos y modernos los *pantyhouses* que lo irritaban por el blindaje que creaban cuando le venían las ganas de acceder allí y (sin contar las negociaciones y convenios susurrados) convertían el amor en una lucha de titanes. Pero esa noche observó pasmado que ella había seleccionado cuidadosamente la ropa interior como si fuera a ver a un amante. Frente al espejo del tocador, a partir de una bombacha y un corpiño dignos de un negocio de artículos eróticos, se fue vistiendo delante de sus narices, ignorándolo como la esposa de un esclavista ignora al esclavo pues se supone que no tiene sentimientos ni deseos. Él se estaba ajustando la corbata en el momento en que ella se abrochaba el anticuado portaligas a la cadera. Superando la tentación de ajustarse con fuerza la corbata hasta quedar sin aire para terminar de una vez, su deseo ya espoleado por la *baby-sitter*, con la respiración entrecortada, sólo atinó a decir: "Pero... ¿qué...? ¿Adónde crees que...? Vos nunca..., No me tenés en..., Y pensar que cuando...".

El profesor todavía no conocía las técnicas de visualización, pero, para decir la verdad, en este caso no las necesitaba. Quizá sólo un poco de imaginación para pensar que ésa no era su mujer sino –ya con el portaligas puesto y abrochándose las medias negras con las ligas– la mujer que siempre había deseado, deseaba y desearía. Ella se enfundó con la enagua y su cuerpo onduló para que se deslizara más fácilmente; cuando el ruedo de la enagua cubrió la bombacha y llegó al límite, rebotó al instante dibujando un triángulo breve que, ahora sí, hizo trabajar la imaginación del profesor con la que, deseo y rabia, rabia y deseo, dio los primeros pasos de las técnicas de visualización. El salvaje que había en él y que nunca se había manifestado se vio a sí mismo empujándola, venciéndola, derrotándola sobre la cama para sentirse hombre de una vez por todas. El temblor de sus piernas o la formación de toda una vida le impidieron hacerlo.

En el Mercury, la calefacción prendida, los comentarios sobre la belleza y la serenidad que creaba la nieve que caía como en una película de dibujos animados fueron ignorados por el profesor. Quizás estuviera atontado por el Chanel N° 5 que emanaba de su mujer, así como por sus contorsiones, un poco infantiles, mientras entonaba *"Oh! Jingle bells, jingle bells, jingle all the way"*. Para no perderse por las calles sobre las que veía la nieve roja, cada tanto, rechinaba los dientes y "Porrr favor, mirá el plano".

Antes de encontrar el caserón del cirujano ubicado en el llamado "Triángulo de oro" —una de las zonas más caras de Ottawa después de Rockliffe Park—, el profesor tuvo una profunda satisfacción. Luego de estacionar casi frente a una casa impresionante, por la falta de previsión de su mujer, que todo lo prevenía, tuvo que caminar sin galochas y sus zapatos se hundieron en la hermosa y serena nieve como de película y le mojaron hasta los dedos del pie. La satisfacción fue suficiente para que los colores volvieran a su lugar: en el caminito de entrada al caserón no había alfombra roja y la nieve era blanca.

En el hall de entrada fueron recibidos por "Ave de Rapiña". Y mientras el profesor se sacaba el sobretodo y su mujer se limpiaba los zapatos con el *Kleenex* que siempre llevaba en su cartera, el Ave, al mejor estilo canadiense con toques latinos les dijo: "Oh, muy bien, les felicito por haberlo logrado. ¿Les fue difícil encontrar la casa? ¿Algo nuevo?". Y con un "Peero, no se hubieran molestado" y la rapidez de un hábil fullero sacó la botella de la bolsa, la miró como una experta y volvió a guardarla. Luego, como quien recibe a santos, abrió los brazos para darles los besos de bienvenida y graznó: "¿Qué tal? ¿Cómo están? Ay, qué contenta estoy de que estén aquí. ¿Y los chicos? ¿Bien?" Smack smack, besos matizados con aliento a alcohol y aroma de tabaco. "Pasen, pasen."

Y pasaron.

El "ohhh" de su mujer fue absolutamente sincero y ningún desliz delató su envidia franca. En cambio el profesor –quien todavía ignoraba qué materiales usaban los arquitectos de ese mundo para crear las ilusiones de grandeza y nobleza de cartón–, ante ese espacio que daba la sensación de ser el salón de un castillo que desafiaría el paso de los siglos, pero que se llevaría el soplido de un lobo muerto de hambre, se dijo: "Tendría que haberle hecho caso a mi padre y estudiar medicina".

Cuadros en las paredes, un combinado, muebles "primorosos y delicados", como de colección. Un piano de cola tapado con una funda, cosa que al profesor le pareció de pésimo gusto, de pequeño burgués.

"Ustedes son los primeros –gorjeó el Ave–. Vengan, como mi marido está ocupado preparando una operación, mientras termina, voy a aprovechar para mostrarles la casa."

Recorrían el magnífico caserón. Aunque tuvo ganas de decirlo: "Encantado, señor inodoro... Encantado, adorable señora sauna...", no lo hizo. Su mujer hizo el trabajo por él: "¡Muy lindo!" "¡Qué maravilla!", exclamaciones que salieron de un costado de su boca retorcida como disparos de fusil hasta entrar en un terreno más humano: "¿Cuánto te costó?" "¡¿Tanto?!" Cuando terminaron, las ideas en la cabeza del profesor fueron desplazadas por cuatro baños, seis dormitorios, la sala familiar, un pequeño pero coqueto jardín de invierno ("Ay, nosotros apenas tenemos lugar para algunas violetitas"), la sombra de una sirvienta latina que acostaba a los hijos del Ave y el fabuloso escritorio labrado del despacho de su marido. Éste, en aras de la presentación, fue interrumpido sin consideración en su importante tarea vislumbrada sobre el escritorio: papeles llenos de cuentas, sobre los que Destapa Cráneos, como quien no quiere la cosa, para cuidar la fachada, más que poner, arrastró un voluminoso libro abierto del tamaño de una Biblia de la Edad Media en el que se veía un corte anatómico de un cráneo ventilando el cerebro. Dos potencias se encontraron: "Encantado Doctor", "Encantado Doctor". Y antes de salir del estudio, el eminente Destapa Cráneos tuvo la gentileza de mostrarle su *hobby*, una colección de caracoles marinos en un mueble de vidrio que parecía blindado. Éste es de las islas Fiji, ése de Hawai, aquel otro de Australia, éste de Tasmania. Una minivuelta alrededor mundo.

De regreso del minitour, en el living, el Ave de Rapiña con un *Help yourself* y con: "Los demás llegarán de un momento a otro", los dejó para echar un vistazo para ver si todo andaba bien.

Mientras la mujer del profesor daba vueltas por el inmenso living husmeando y evaluando cada sillón, mesita, cenicero y se metía en los rincones para hacer lo mismo con lámparas y jarrones, el profesor, siguiendo el consejo del Ave, decidió ayudarse a sí mismo.

Aunque no fuera un experto en el tema de las proporciones, tendría alguna idea. En su mente se había formado una correlación elemental: en el bargueño frente al cual se encontraba, iluminado por dentro como el nicho de una virgen, debería haber bebidas proporcionales a la magnificencia del caserón. Sin embargo, el famoso Chivas Regal, o un Etiqueta Negra de 12 años, brillaban por su ausencia. De algún coñac XO ni hablar. Encontraría un Tres Plumas con suerte. Una botella de Tía María y dos de otros licores ordinarios, de huevo y de menta, de padres desconocidos. Tampoco se debía hablar de un Drambuie o un Chartreuse. Una botella de vino; la alzó: un tinto búlgaro. Del vino francés que había traído, ni sombra.

No sólo revisó a fondo el bargueño, sino que abrió puertitas que podrían cerrar huecos auxiliares donde hubiera reservas: nada. De una botella de diseño vulgar y común, con una etiqueta azul con la marca Begg, en un vaso bastante alejado de los que se usaban para esa bebida noble, sobre dos cubitos de hielo, se sirvió una dosis. Unos giros al vaso, un sorbo y el sabor más rasposo que el de un aguardiente le inundó la boca. Por si algún día el Destapa Cráneos o el Ave de Rapiña les devolvían la visita, tomó nota de la marca: Begg. Como no encontró agua ni soda para enjuagarse la boca, se metió un cubito y lo revolvía con la lengua cuando:

—¿Qué tal? ¿Bueno el whisky?

El reencuentro con el Destapa Cráneos del Dorado, que había terminado su tarea y apareció a su lado, fue más fácil y ligero. El profesor se preguntó cómo decirle que el whisky era un líquido de la cloaca y dijo:

—Excelente, ¿cuánto te costó?

El anfitrión tenía una cara que destilaba preocupación. El profesor, pensando que tenía algún paciente grave o estaba frente a una operación casi imposible, se arrepintió de su pregunta.

—Sinceramente no lo sé –respondió el Destapa Cráneos–. De esas banalidades se encarga mi mujer. Estoy preocupado por otra cosa –terminó con tono dolorido.

El profesor sabía que la vida de cada ser humano detrás de la fachada era un misterio, a veces un abismo de conflictos, como la suya; le preguntó con empatía:

—¿Algo grave?

—Sí, ¿te lo podés imaginar? Cinco mil dólares por una estúpida raspadura.

Y se quedó callado. El profesor consideró esa información una manifestación de confianza, y en aras de una futura amistad le dio pie para continuar con un sincero:

—No te comprendo.

El cirujano se metamorfoseó y dijo con furia:

—Es indignante. Todavía no lo puedo creer. Si estuviéramos en la Argentina, vaya y pase, pero aquí, es casi increíble. Algún vándalo rayó mi Porsche Dorado que me costó doscientos mil doloroskis y el arreglo me va a costar cinco mil —y sus labios temblequearon para contener con dificultad una sonrisita de satisfacción.

Además del impacto, como a quien se le revela el significado de un texto sagrado, la mente del profesor se iluminó con la comprensión del sobrenombre puesto por el Venenoso.

El Destapa Cráneos se dio un golpe en la frente.

—Mi Dios, casi me olvido. Tengo que llamar al hospital para ver cómo va un paciente. Perdoname, ahora vuelvo.

Y, cumplida la tarea de informar, desapareció detrás de la otra para informarse. El profesor, una vez más en su vida, se quedó solo. Mientras su mujer y el Ave charlaban en la lejanía, se volvió hacia el bargueño, oasis para su alma. Las opciones seguían siendo las mismas: "Bebo o no bebo del Begg, o abro la botella del vino búlgaro". Buscó un sacacorchos. Y ya estaba por empezar la tarea cuando un timbrazo violento resonó en el salón. No eran las trompetas de ningún arcángel, pero en el acto dejó la herramienta como si estuviera cometiendo un pecado.

—Ay, esa muchacha. Le dije que pusiera las campanas —graznó el Ave.

—¿Cómo? —preguntó Inesita.

—Sí, querida, tenemos un llamador programable: timbre, campanas y hasta música, la Quinta Sinfonía de Beethoven. Pero corro a atender.

Llegaron varios. Luego de sacarse las galochas o las botas para ponerse los zapatos, muchos besuqueos, hubo un pequeño desfile de presentaciones de personajes que ahora forman parte de la procesión, pero muchos sin rostro, como simples siluetas. Y como si todos conocieran el paño, los que traían vino no se lo entregaban al Ave, sino que lo depositaban en el bargueño, bajo la mirada del profesor, que estrechaba manos y apenas registraba nombres, distraído por las botellas que con un suave toc, maná del cielo, se multiplicaban sobre la tabla del bargueño, al ritmo de las presentaciones: Anna Gaudio, agente financiera, doctor Peter Roster, *chairman* del Departamento de Español de la Universidad de Carleton, Doctor Juan Salcedo, cardiólogo, y otros profesionales de la salud. El profesor preparó el sacacorchos. Vinos de Hungría, más de Bulgaria, Rumania, hasta una botella del Líbano, vinos que confirmaron definitivamente la astucia de las visitas que conocían el paño. Y con serias dudas y temor ante lo desconocido, empezó a alzar las botellas pera estudiarlas, dejarlas y volver a repetir las maniobras.

Ya era la tercera vez que alzaba la misma botella cuando se acercó otra visita: su fachada era impecable; en su corte de pelo, peinado y bigotes no se podría haber encontrado ni una hebra fuera de lugar. El traje, sin una arruga, con la raya de su pantalón podrías cortar fiambre. También era profesor en una universidad rival. Cuando se presentó al Doctor Palmatieri, más que apretar la mano, le bombeó el antebrazo con un humorístico y canchero:

—*Welcome to Canada*. Miguel Ángel Giella Buenos Aires. Para lo que me precises. Esperá que te doy mi tarjeta.

Era de Buenos Aires y no de la Argentina. Al profesor no le cupo ninguna duda: un auténtico porteño que, en tres segundos, con movimientos angulares y precisos, extrajo una billetera en forma de libreta y la abrió. Algo así como irritado, "¿Dónde se habrán metido, si yo antes de salir...?", buscó la tarjeta y le dio tiempo al profesor para que, con los ojos dilatados, pasara revista a las tarjetas de plástico que como pruebas de la calidad del porteño y su derecho indiscutible a una existencia destacada asomaban sus cantos del lado izquierdo en orden ascendente y fácilmente reconocible: American Express dorado; Visa dorada... y por fin apareció la tarjeta de presentación. El porteño, como dando tiempo al disfrute de ambos ante tanta riqueza potencial, cerró la cartera lentamente, la guardó con parsimonia y sacando pechito:

—Tomá. Si no estoy en un congreso o dando una conferencia o en un curso en alguna *University* gringa como *visiting professor*, en casa o mi despacho en la Uni, me vas a encontrar.

Le dio las gracias y el profesor pospuso para otro momento su propia biografía. Total, tarde o temprano, el otro y el universo, sabrían quién era.

El porteño echó una mirada de experto en el corto desfile de vinos exóticos.

—A ver qué clase de quebrachos tenemos por aquí.

El profesor hubiera jurado que, si eligió el búlgaro, fue por pura casualidad. Le pidió el sacacorchos y con movimientos que envidiaría un barman profesional, lo descorchó con un plop sonoro.

—Buen sonido. Creo haber elegido bien –olió el corcho–; así es. No es malo pero tendrían que haberlo abierto hace una hora para ventilarlo un poco.

Servido el vino, chocaron las copas. El porteño chasqueó la lengua.

—Efectivamente, tal como lo dije: una hora de ventilación por lo menos.

Y con un *Keep in touch* desapareció del horizonte. Dejó al profesor con una extraña frustración y, lo pensó en ese momento o ahora en el sanatorio, recuerda las palabras del Húngaro cuando le contó el encuentro: "Es muy simple, fuiste un espejo en el que lució su fachada y la ensayó convirtiendo un vino berreta en un *Château*".

Se escucharon unos graznidos: "Oh, Dios, casi me olvido. Mercedes Sosa. Acabo de recibir su casete de Buenos Aires. Será ideal para crear ambiente."

Los parlantes del estéreo volcaron los primeros compases de *Duerme negrito*. "Es un concierto grabado en vivo que la Negra dio en el Colón frente al general Lanusse", explicó el Ave. "Yo, qué querés que te diga. A mí no me importa que la Negra sea comunista. Tiene un fuueerzza al cantar que no hay otra igual. Te diría que es lo mejorcito que tenemos. Además, eso de comunista, hay que ver. No sé quién me comentó que hace sus compras en las galerías Lafayette. Un lujo que no me doy yo y mirá que mi marido gana...", y aquí se calló.

El estéreo volcó un aplauso atronador para la Negra quien lo agradeció efusivamente, lo mismo que la presencia del público al que le ofrecía su corazón. En ese instante sonó un campanazo tan fuerte que, si los aplausos no habían logrado despertar al negrito, lo habría hecho el campanazo. El profesor vació la copa y la depositó en el bargueño para dar una vuelta.

El ambiente, además de la de la Negra, a quien nadie le prestaba atención, se animaba con las voces de los que fueron llegando. Se encontró con un eminente psicoanalista, el doctor Carlos Featherstone, que en vez de vino, había traído una cajita elegante. Muy alto, cara mofletuda, sonrosada, saludable, afeitada al ras o tal vez imberbe, entalcado (el Tártaro lo había bautizado "Bebé Gigante") y con una colonia delicada que emanaba de él, creaba un aura embriagadora a su alrededor, quizás un antecedente de la aromaterapia. Angosto de hombros, ancho de caderas, su traste parecía una pantalla de radar, deformación profesional de todo psicoanalista que se pasa escuchando doce horas por día a los pacientes que, sin conocer a Aristóteles, confesaban sus pecados en un monólogo catártico a quien, ya aburrido de escuchar siempre lo mismo, se echaba una siestita.

¿Y qué tal te sentís? –le preguntó al profesor con una dulce y tierna sonrisa cuando fueron presentados.

Frente a un psicoanalista que conoce al ser humano con toda la porquería que contiene, así como a la del mundo, aunque sea de oídas, el profesor no se vio obligado a fingir y le respondió con toda franqueza:

—Regular, un poco desorientado.

El Bebé Gigante abrió la cajita, sacó un bombón que se metió en la boca y comentó masticando:

—Me imagino, no es fácil emigrar, adaptarse a esta sociedad más cruel de lo que parece, integrarse, hacer relaciones, encontrar nuevos amigos...

Sin completar la lista, abrió la boca y se metió otro bombón.

Pero al profesor no le cabía duda que con un personaje como ése, por más bombones que se tragara, se imponía una conversación más seria y fructífera:

—Decime, en este mundo tan distinto del nuestro, los traumas y los conflictos psicológicos de los pacientes, ¿son los mismos que los de nuestra querida y maltratada Argentina, con tantos muertos y desaparecidos?

—Bueno, no sé qué tienen que ver los muertos y desaparecidos. Los conflictos psicológicos, ¿qué otros pueden ser, viejo? El Papá Freud tiene valor universal.

—¿Y se curan?

—No empecés a delirar, eso de curarse no sé. ¿Hay alguien que se cure y sea normal? Podemos hablar de grados de curación, de funcionalidad, de ajuste a la sociedad.

—¿Y cómo lo medís?

Como si nunca se le hubiera ocurrido, el Bebé pensó un rato y por fin dijo:

—Por el grado de autoestima y el éxito. Para darte un ejemplo práctico de 1 a 10: el que llegó a tener una tarjeta American Express Dorada llegó a la cumbre. En escala descendente los de Visa, Master, hasta las tarjetas de algún supermercado que sólo hacen número sin tener peso, no son más que pobres gatos. (Bombón a la boca.)

Aquí el profesor tuvo un ligero mareo y tragó saliva: por una cuestión de práctica y por la insistencia de su mujer, que le había hablado de sus ventajas para operar en el mundo moderno, había sacado una Master Card cuya posesión no costaba un centavo. Juró *in pectore* que, con su posición actual, había llegado el momento de estar a la altura del Bebé Gigante o de cualquiera de los que estaban allí, como el porteño tarjeteado, quien, por las que le había visto, había llegado a la cumbre.

Con algunos copos sobre la cabeza llegó la pareja Trifaró, médico de renombre y profesor de la Universidad de Ottawa. Sonaron los *smack* y *chuic* y fueron presentados al profesor que casi pierde el equilibrio cuando la señora Trifaró se precipitó y tomándolo del antebrazo, compitió con la Negra:

—Ayer llegamos de Fiji. De las maravillosas islas Fiji. Ni se imaginan lo que son las islas Fiji. Pasamos tres días maravillosos. Oh, las Fiji. Son unas islas increíbles, alejadas del mundo. Qué paz, qué tranquilidad. Te las recomiendo con toda mi alma.

El profesor se sintió atrapado. Por un lado, tuvo la sensación de que fue utilizado como un micrófono en el que se apoyó la señora para anunciar su experiencia feliz; por el otro, como la oreja en las que debían volcarse todas las maravillas de las islas junto con el mar que las rodeaba. Zafarse y alejarse fue una de sus hazañas históricas.

Y mientras la Negra seguía cantando dando las gracias y muchas gracias cálidas a su público, la puerta de entrada se abrió nuevamente para dar paso al broche de oro de la fiesta. Si no traía copos de nieve en sus cabellos era porque probablemente al entrar en contacto con su calva los copos se derretían en el acto dejando pequeñas manchas de agua. No así a su mujer, que venía abriendo camino al personaje que parecía arrastrar un pedestal.

No sólo ensombreció a los que estaban allí sino a los por venir. Era un gran investigador de prestigio internacional, reconocido por sus descubrimientos. Pero lo era realmente, no al estilo argentino de "un día sabrán quién soy". Como ocurre con todos los grandes investigadores que luchan en el anonimato por el bien de la humanidad, nadie sabía qué investigaba ni cuáles eran sus descubrimientos, pero todos sabían que había recibido una mención del Gobernador General de Canadá y que era candidato al Premio Nobel. Y como buen argentino, ya se comportaba como si se lo hubieran otorgado.

Ésa fue la impresión que tuvo el profesor cuando, con un bufido que tanto podía ser de agotamiento como de esfuerzo, el premiado, en el centro del living, pareció subir al pedestal que arrastraba en vez de caer en un sillón y exclamó: "¡Whisky!" En el acto su esposa le alcanzó un vaso de whisky bien lleno que sirvió de una petaca de metal que traía con ellos. Modesto y tímido por naturaleza como todo gran investigador, la bebida lo desinhibiría, y con la lengua trabada por el alcohol diría cosas incomprensibles aunque los que estuvieran cerca lo escucharían como a un profeta poseso. Al tercer vaso sus ojos se cerrarían para una siestita.

Y bajo las sombras del pedestal, el investigador allá arriba, si faltaba la crema para la torta (más bien para el profesor), no tardó en aparecer con gritos y exclamaciones que probablemente significaran alegría, alegría, reina la alegría, llegué yo: la Chilena.

Los allí reunidos no eran muchos, no, pero, nadadores de todas las aguas, satisfechos de sí mismos, flotaban felices en el Techo del Mundo. Afuera nevaba y adentro ronroneaban, si no la estufa, los ventiladores que empujaban el aire caliente de la calefacción. Porque alguien apagó el estéreo o porque se había terminado la cinta, nadie tuvo la oportunidad de participar de la invitación de la Negra de entonar, "todos juntos", la *Canción con todos*.

El profesor volvió al bargueño y, ya destapados, iba probando los distintos vinos, buscando el que menos le hiciera arder el estómago.

Como por arte de magia, a la altura de su pecho apareció una bandeja que traía una muchacha: galletitas saladas con cubitos de queso. Tomó una, que se le disolvió en la boca como comida para hadas. Algo de eso debía ser: corrió detrás de la bandeja pero estaba vacía por el paso de una marabunta invisible.

El hueco de su estómago amenazaba convertirse en un vacío que podía llegar a devorarlo a él mismo. Buscó a su mujer, siempre ansiosa de novedades, el cigarrillo alzado, estatua de la Libertad, a quien interceptó en su carrera de un grupo a otro.

—Che, Inés, vos que estás al tanto de todos los chimentos de este mundo, ¿habrá algo así como una cena?

El profesor mismo se dio cuenta de que su comentario previo a la pregunta tenía un toque de ironía y se preparó para el contraataque. Sin embargo, tal vez porque el nivel de alcohol que su mujer tenía en la sangre le abría el alma a la alegría de vivir, ella entrecerró los ojos ligeramente enrojecidos, sonrió –si no con amor, con indulgencia y lástima– y le respondió con acento suave y dulce:

—Ay, Ricardo, vos siempre igual. Nunca sabés dónde estás. ¿No sabés que aquí se cena a las cinco y media o seis? Todo el mundo lo sabe.

El "todo el mundo" o "lo más popular" o "usted es el primero que se queja" son garrotazos espirituales por excelencia de la época del *marketing*. Pero, dicho en su honor, el profesor aguantó muy bien el garrotazo y retrucó:

—¿Por qué no me lo dijiste?

—Justamente por eso, porque todo el mundo lo sabe. Y si no me equivoco, vos también. Aquí es lo mismo que en Estados Unidos.

El cerebro del profesor crujió y su dientes rechinaron:

—¿Y vos comiste?

—Ay, ¿no sabés que estoy a dieta?

Ah, sí, la dieta. La barca que venía del pasado cargada de palabras, en su caso estaba cargada de verduras. Lo estaba en ese momento y lo estaría en el futuro. Ella agregó:

—Lo que realmente me interesa es ampliar nuestro círculo de amistades y saber cómo los vamos a invitar a nuestro pequeño departamento.

El profesor iba a sugerir que tiraran las violetas a la basura para hacer lugar, pero no tuvo tiempo: su mujer desapareció de su campo visual y, en el horizonte, en línea recta, sentada en un *puf,* las rodillas más arriba que su cintura, gracias a un tajo en la pollera, vio la parte interna de los muslos de la Chilena. A pesar de la distancia, ésta percibió la mirada del profesor; en su honor y fingiendo equilibrarse, entrelazó las manos alrededor de una de sus rodillas y la alzó para permitir que la mirada abarcara superficies más amplias. La falta de una barca apropiada le impidió llegar a fondo, un destino cargado de deseo que perseguiría por mucho tiempo.

Quedarse allí como un papanatas contemplando las maniobras de la Chilena como si fuera un adolescente no era algo que pudiera llamarse decoro. Antes de terminar siendo él el contemplado y pensando que, después de todo, la Chilena tendría que pasar muchas veces por su despacho en el que ejercía el poder, distraído por los pensamientos y las visiones del presente y del futuro, dio un paso para alejarse y tropezó con el Bebé Gigante. Prácticamente se quedó en el mismo lugar desde donde podía observar los ejercicios gimnásticos sobre el *puf.* El Bebé, que estaba a punto de meterse un bombón en la boca, le preguntó:

—¿Y, como te sentís en la fiestita?

—Bastante bien. ¿Y vos?

—Si no fuera porque la avaricia me persigue, bastante bien.

—¿La avaricia? No conozco a ese Dios en ninguna mitología.

El profesor, a la espera de algún paso de cancán de la Chilena, se distrajo mientras el Bebé empezó a hablar de la legendaria avaricia de los psicoanalistas (que no era tan legendaria) y los problemas que le causaba para tirar lo que fuera.

—¿Comprendés mi drama?

No lo comprendió, pero el profesor algo de cancha tenía. Había registrado la frase "tirar lo que fuera" y en vez de pedir que le repitiera todo lo que se había perdido, le dijo:

—Perdoname. No te comprendo bien. ¿Podrías explicar mejor eso de "tirar lo que fuera" con algún ejemplo?

—Mirá, el problema es casi metafísico. El dolor que me causa "tirar lo que fuere" llegaba hasta el absurdo de padecer por un hueso de pollo pelado, sin mencionar las otras sobras.

—¿Y encontraste alguna solución?

—Bueno, la ropa la entregamos al Ejército de Salvación y la comida...

La llama fulgurante de un vestido que enfundaba a una mujer se interpuso entre ellos. El Bebé lanzó un "Hola" a Inesita, quien vivía con el temor de caerse fuera del mundo o de que "los machos" la dejaran de lado. Así que su "¿De qué están hablando?" resultó un poco brusco. El profesor la presentó. El Bebé, quizá para no repetirse y confesar ciertas debilidades ante una mujer, habló de adoptar un perrito de la Sociedad Humana, que con ese bello nombre se ocupaba de los animales. Un perrito ya vacunado, *free* de pulgas y enfermedades que podría alimentar con las sobras de la comida de su casa en vez de tirarlas a la basura. A los perros que no se adoptan los mandan a la cámara de gas como lo hicieron con los judíos. Pero, *believe or not*, no sólo le pedían garantías de buen trato y sensibilidad hacia los animales, sino diez dólares, y estaba estudiando seriamente el asunto. La mujer del profesor, con una dramatización tan lograda que hasta la famosísima y hoy completamente olvidada Sarah Bernhardt hubiera envidiado, exclamó:

—¡¡Quéééé barbaridad!! Y a mí con lo que me gustan los perros. Desgraciadamente, nuestro departamento es tan chico que no entraría ni un minúsculo canario.

Los ojos del profesor, como haciendo ejercicios contra el estrabismo, iban de su mujer a los muslos de la Chilena y de éstos a su mujer, hasta que, rechinando los dientes, quedaron clavados en ésta.

El futuro Premio Nobel, agotado en la lucha por el bien de la humanidad, dormía tan inmóvil y profundamente como una estatua en su pedestal. Era el sueño justo de un benefactor. Los demás, elixir bueno o malo, no dejaban de beber. Como se sabe desde el tiempo de los griegos, el alcohol abre los corazones, compensa carencias, desinhibe y une las almas en una hermandad temporaria, un poco delirante a veces, pero hermandad al fin.

Lo cierto es que la reunión subía en su animación casi exactamente en la misma proporción en que bajaba el elixir. Debido a la desinhibición y a los corazones abiertos, todos hablaban espontáneamente y gracias a que nadie escuchaba a nadie, ninguno se sentía ofendido. El profesor se quejaría toda la vida de las tonterías que se decían en esas reuniones en las que jamás lo supieron valorar como lo merecía. En su mente siempre fueron reuniones de fantasmas y siempre lo serían.

Nadie llegó a hablar de la Teoría General de la Relatividad y menos aún de la de los Campos Unificados. Tampoco de la hermosa metáfora de la caverna de Platón, ya que, con todo el confort, parecían estar en ella. Pero el profesor tenía amores y debilidades que, en la realidad, habían perimido hacía rato, pero él, como si escuchara un tango, los llevaba en su corazón, donde resonaban las palabras "patria", "tradición", "gloria de la nación". Es más, buscaba formas poéticas más acordes con los compases y menos gastadas ("tierra natal", "dulce querencia") que se deslizaban un poco hacia lo folklórico.

Así, en los temas de conversación que giraban según el rumbo de la mente de cada uno –islas Fiji o el último vuelo que había hecho, a qué precio, qué compañía y qué habían servido a bordo–, casi por accidente alguien mencionó la palabra "Argentina", un continente tan lejano, si no hundido, como la Atlántida.

Sí, Argentina, un país raro donde en aquel tiempo no había ni un papel higiénico decente. Una observación tan banal no le molestó al profesor, pero cuando se tocó el tema de los desaparecidos y los echados (el futuro Premio Nobel se despertó para decir como un oráculo: "No toquemos el tema, por algo habrá sido, algo habrán hecho, se la buscaron, no es para tanto, se exagera, quién sabe cuál es la verdad....", y los que estaban allí asentían), no aguantó más: rechinando los dientes, trituró la palabra en tres o cuatro idiomas, menos en el que habría sido comprendido.

Y aquí termina el episodio de la presentación en sociedad del profesor. Conoció a casi todos los personajes que lo acompañarían durante décadas y que no reconocerían su valor, como tampoco él reconocería el de ellos. Nunca pudo negarse categóricamente a no verlos. Hasta el perro cumple con la función de probar que existimos sobre esta tierra. Era triste pero era así, nunca le dejaron nada en el alma pero ahora forman parte de su procesión interior. Inspirado por las observaciones del Húngaro, concluyó que el hombre es una droga altamente tóxica para el hombre.

12. Si hay una procesión interior, antes tuvo que haber una exterior

Mes de diciembre, la noche más larga del año y las Navidades a un paso. El profesor, acodado en el marco de la ventana de su despacho, meditaba. Tema: entre una vida que se vive y la que se anhela vivir, se termina por no vivir ninguna.

Las clases habían terminado. El profesor, por fin, le había reconocido a su mujer que el departamento era chico. Esto le permitía eliminar un tema recurrente, cada vez más irritante, quedarse en el despacho para organizarse y empezar, de una vez por todas, su libro.

Su conciencia no estaba tan tranquila como lo hubiera deseado. Quedarse significaba poder dedicarse a su trabajo (maldito Húngaro, que se lo había señalado más de una vez y a quien últimamente acompañaba más a la taberna) y acortaba el tiempo en que estaba con su mujer. Lejos de los ideales que se cacarean sobre la vida del hogar y la familia (al fin y al cabo sus ideales), no era muy honesto ni sincero, no, no.

Con esa pequeña mancha en su alma, que anhelaba la pureza, continuó mirando a través de la ventana. Entre las sombras de los edificios o a veces bajo alguna luz, como una aparición, veía a algún alumno o alumna –probablemente hijo o hija de padres divorciados– echados de sus casas para que se hicieran por sí mismos y de paso aprendieran y experimentaran lo que es la libertad y la independencia. Alumnos que percibía como ajenos y distantes en sus cursos y que, tratando de vivir una vida feliz como la que se veía por televisión, la destrozaban. Alumnos, planetas lejanos, desconocidos hasta entre ellos. Muchos se quedaban en la época de las vacaciones de Navidad; nadie los esperaba en ninguna parte y tampoco tenían adónde ir (o no querrían), como no fuera a alguna taberna de los alrededores. Total, emborracharse en sus casas hasta la inconsciencia o en otro lugar, aunque los costos y gastos fueran diferentes, daba lo mismo. A pesar de saber por las lecturas, comentarios o explicaciones que eso era un fenómeno cultural típico del Norte, suspiró compadecido y tierno, quizá de sí mismo, como si no tuviera adonde ir.

Las ramas desnudas de los árboles se alzaban hacia el cielo rogando a Dios, que difícilmente escucharía. Al fondo, la silueta de la torre de una antigua iglesia de la antigua Universidad, donde decían misas en francés e inglés pero no en el idioma del profesor, cosa que, a pesar de su dominio de los dos idiomas, sentía como una imposición, una impertinencia. No le molestaba menos saber que los hermosos toques de campana que solía escuchar que lo remontaban a tiempos lejanos, los mejores de su infancia en Catamarca, eran grabaciones transmitidas por parlantes y programadas. La gran campana que veía en el campanario, inmóvil hasta cuando oía las campanadas, no era más que de utilería.

—No sé de qué te quejás, Ilustre. Al progreso insensato hay que darle sentido. El capellán o un monaguillo o algún chupacirios encargado de hacerla tocar, distraído no por la lectura del catecismo o la vida ejemplar de algún santo, sino porque hojea *Play Boy* con la lengua afuera, se puede olvidar fácilmente de la hora en que hay que ponerla en movimiento.

—Es, posible, pero ya no es una campana.

—No, pero se parece o simula serlo.

—Hungarito, no me entendés o no me querés entender.

Después de vaciar la jarra:

—Sí, te entiendo, mejor que vos a mí cuando protesto contra la música de esta taberna en la que tenemos que hablar a los gritos para oírnos. Vos hablás de la época en que las campanas se escuchaban hasta más allá del pueblo, y además de cantar la gloria a Dios, de convocar a los fieles a la iglesia para la oración, de acompañar a los muertos a la tumba, anunciaban invasiones, incendios o triunfos sobre el enemigo o el diablo. "Echar las campanas al vuelo" no es más que una frase bella cuyo significado casi nadie entiende. Olvidate y ahogalo con cerveza como yo. En cambio, escuchá las alarmas y sirenas de la policía o los bomberos que, para tu protección de buen burgués, te revientan los tímpanos.

Sobre la nieve sucia la luz se reflejaba con un brillo opaco, señal de que estaba congelada por la temperatura baja, quizás hasta 20 grados bajo cero. Sin embargo, una ráfaga de viento, además de agitar las manos esqueléticas del árbol, desplazó un tenue polvillo blanco, arena de un desierto del mismo color. El profesor apreció más el calor que subía de la estufa y lo confortaba, lo calmaba y adormecía mientras pensaba y hasta envidiaba a los osos polares. Suspiró. Ni siquiera podía fantasear a sus anchas la vida que anhelaba vivir. Quizá porque lo esté haciendo en este momento en el sanatorio, es decir, que piense o recuerde lo que pensó y recordó frente a la ventana esa noche; en ambos casos lo que con una puntada de dolor le invadía la mente ya era pasado: el amor que existió alguna vez y que pudo haber sido, pero él había...

Una irritación súbita le recorrió el cuerpo; se apartó de la ventana y se puso a caminar por el despacho. Sin darse cuenta, eludía el escritorio en el que se encontraban sus manuscritos para el próximo libro. Pero tantas vueltas dio que al encontrarse frente a los manuscritos sintió que algo se le rompía por dentro. Un escalofrío de pies a cabeza y otro suspiro, profundo, que lo alivió un poco. Todavía no, todavía le faltaba algo más para continuar trabajando: otro libro, alguna información, la máquina eléctrica que no sólo borrara automáticamente, sino que tuviera memoria, etcétera. Aunque teóricamente supiera que la vida era breve, en la práctica le parecía que le sobraba tiempo. De una manera o de otra ya sabrían quién era. Resuelto el problema más importante, siguió observando el escritorio: cerca de los manuscritos, unos folletos muy interesantes que recibía gratuitamente por correo del banco más poderoso de Canadá, el Royal Bank, en el que tenía su cuenta (era como pertenecer a una hermandad si se tenía dinero). Una agenda que ordenaba su vida y trazaba su futuro. Un cuaderno con espiral para tomar notas y apuntes sobre las ideas que se le iban ocurriendo; parte del cuaderno estaba destinado a la lista de las tareas cotidianas, que eran tantas que no cabían en el recuadro de la agenda. Había una pila de sobres con tarjetas de Navidad que había terminado de escribir esa tarde. Sólo les faltaban las estampillas, pero utilizaría el correo de la Universidad para ahorrarse algunas rupias.

Algo andaba mal; ni ese ahorro posible gracias a su poder lo puso de buen humor. Como quien se escapa volvió a la ventana, más que para contemplar la oscuridad poblada de fantasmas y brujas, para sentir el calor de la estufa. A esa hora y a esa altura del año, en Buenos Aires y en Catamarca, era verano y pleno día. Y (fuera verdad o no) a esa hora solía empezar la vida verdadera: el encuentro con los amigos, la visita a las librerías. Bah, quizá fueran cuestiones de su ritmo circadiano, roto y trastornado por la emigración. Miró la hora: las cinco de la tarde.

Entre el verano de allí abajo, lejano, y el invierno de aquí, el profesor, debido a una ligera sensación de esquizofrenia, se sintió patas para arriba. Sin embargo, él no se encontraba cabeza para abajo como los de allá. Todo lo contrario, estaba en el Primer Mundo. Se visualizó, cosa que le causó gracia y lo hizo sonreír, caminando sobre el Techo del Mundo, y por extensión, sobre algunas cabezas.

La sonrisa le duró poco.

Insatisfacción y angustia. La mente del profesor, como si fuera de violetas, se pobló de palabras que buscaban sus significados reales, entre ellos el anhelo del amor de una mujer que pareció existir alguna vez, una oportunidad que había desaprovechado. O se la había imaginado, una ilusión. No, fue... fue miedo a asumir y ahora... y ahora...

El profesor trataba de ordenar en su mente las palabras que significaban acontecimientos y que, rebeldes, eran un torbellino. Algo se acercaba y no era su muerte sino la Navidad, blanca, bella, bueno, eso de bella, con esa nieve sucia si no volvía a caer otra capa antes.

—Te voy a decir, Hungarito, que cuando nieva serenamente con grandes copos y los ruidos de la ciudad se van amortiguando, siento que la paz desciende sobre mi alma.

—A mí me pasa lo mismo hasta que salen las máquinas para limpiarla y hacen un ruido como para levantar a los muertos de sus tumbas.

Maldito Húngaro, para todo tenía una observación derrotista que le impedía ver el mundo como no era. Todos sus intentos por ayudarlo habían fracasado. Pero quería acercarse a él, darle un apoyo, especialmente cuando en la taberna el Húngaro diluía su veneno con cerveza y se volvía más blando.

—Hungarito, la manera en que hablás, te veo amargado, algo te fue mal en la vida...

—No sólo me fue, sino que me va y seguirá así.

—No te enojés por lo que te voy a decir, pero me parece que estás lleno de resentimiento.

—Ay, como diría tu mujercita, es verdad. Lamentablemente, no es un sentimiento valorado y aceptado como especular con las acciones de la fabricación de armas o de bombas de fósforo, acumular dinero, aplastar cabezas para triunfar. También podrías hablar de sana envidia. O saludable competencia.

—¿No será que te faltan ternura y compasión?

El Húngaro se mandó un trago. La jarra sonó sobre la mesa cuando la depositó.

—Mirá, no me hagas encular. Por lo menos soy tan tierno y compasivo como Su Majestad el Rey Juan Carlos el Bueno, quien, con elegancia majestuosa y excelente dicción, recuerda a los marginados y para no causarles traumas, para no desubicarlos, los deja donde están o, como el Papa, que recuerda a los pobres sin molestarlos. No hablemos de los amores por los animales en este mundo porque, porque... Oh, ternura y compasión, qué hipocresía.

Otras veces, luchando contra su propio deseo de volver a casa y la tentación de tomarse otro trago, convencerlo, o convencerse a sí mismo...

—Bueno, Hungarito, tengo que volver a casa. Decime: ¿tu mujer no te espera? ¿Vos no tenés deseos de volver a casa, estar con la familia, cenar todos juntos? Es una tarea hermosa ocuparse de ella.

—Y un deber, dicen los moralistas, los curas y los manuales de instrucciones para una familia feliz. El calor del hogar. No me hagas reír. Ya no hay familia, Ilustre. O sí, perdón, la familia Pepsi o General Motors o McDonald›s con calefacción central, en la que te podés pasar la vida pudriéndote lentamente, con una tarjeta colgada del cuello con tu nombre que de vez en cuando tendrás que mirar para saber quién sos.

—No me dijiste si tu mujer te esperaba.

El Húngaro, antes de ocultar su cara detrás de la jarra, le contestó con una sonrisa:

—Y a vos, ¿te espera?

—No parece hacer otra cosa.

La jarra volvió a la mesa.

—Parece. No está mal dicho. ¿Y eso te hace feliz?

El profesor:

—¿Feliz? No sé... Pero insisto, una auténtica comida casera...

—Es más barata. Comprendo.

El profesor lo dejaba solo en la taberna y volvía a casa con un malestar, sin saber si era por su casa, por su mujer o por la carga depresiva del Húngaro, un deprimido camino al fracaso o ya un fracasado con diploma en la materia.

Acodado en el marco de la ventana de su despacho, el profesor se preguntó si en vez de estar allí luchando contra imposibles e irrealizables, contra fantasmas desconocidos e indomables, no sería agradable volver a casa después de enfrentar el frío de afuera y en el calor del hogar relajarse con un trago de whisky, feliz por la tarea cumplida. Pero no, no se podía engañar, tan tonto no era: la tarea no estaba cumplida. Para aprovechar las breves vacaciones de Navidad se había quedado allí: quería organizarse, ordenar sus papeles y empezar a trabajar de una vez por todas.

El calor del hogar. Además del whisky, encontraría a sus hijos, quizá calmados por estar absorbidos por la pantalla del televisor; a su mujer, que por milagro, además de hablar de ternura, se habría metamorfoseado y la llevaría a la práctica. Así, satisfecho y comprensivo, podría escuchar sin irritarse el problema de las violetas, de las visitas que no podían recibir como correspondía a gente de su categoría... ¿Eso sería todo? Oh, no. Su mujer, mucho más coherente y asentada sobre esta tierra, siempre poéticamente consciente de la marcha de las estaciones (los gansos que se fueron, por ejemplo), de los cumpleaños, aniversarios, de las festividades de la cristiandad y el famoso secreto de la perdurabilidad de un matrimonio (tener siempre un tema sobre el que conversar), le hablaría con una dulce sonrisa sobre la Navidad, para la que faltaban pocos días. Como el profesor vivía un poco en el pasado, seguía la vieja consigna de la Municipalidad de Buenos Aires: "El silencio es salud".

Además de las compras le hablaría del problema del espacio para armar un árbol de Navidad "como corresponde". El profesor, un lingüista consumado, no habría podido definir el tamaño del árbol que se correspondería a esas dos palabras ni consultando su querida Espasa. Rompiendo su silencio saludable, recordándole su propia frase "lo más importante es el alma, lo que se lleva adentro y se siente", le sugirió un arbolito pequeño que simbólicamente encarnaría el alma, lo que se lleva adentro, lo que se siente, y que podría ubicarse hasta sobre el televisor. Después de mirarlo con ternura como a un

Gran profesor que vive en las nubes, ella le preguntaría: "¿Y dónde pondríamos el florero? ¿Y los regalos? Hay que hacer las compras como todo el mundo y estar *ready for Christmas*, como dicen aquí."

Un suspiro más, muy profundo que le oxigenó el cerebro y pensó: "Todo el mundo. Vaya manera de ser original. Como diría el Húngaro: uso vaqueros, como hamburguesas, tomo Coca-Cola, por lo tanto *ergo sum*. En fin, ¿vuelvo o no vuelvo?".

Sin embargo, tal vez por el calor de la estufa, que le hacía pensar en climas cálidos y reposeras en las playas, no pudo apartarse de la ventana. Se reprochó su pereza (algún nombre había que darle a la imposibilidad) y se consoló tratando de pensar, lo que también era un trabajo. ¿Pensar en qué? ¿No sería mejor dialogar y sacarle la punta al ovillo con alguien? ¿Con quién? ¿Con alguno de la corte de los emigrados que no le diría otra cosa que tenía la desorientación normal de todo recién llegado ante las infinitas posibilidades que le brindaba esa sociedad, "ya se te va a pasar, ya te vas a acostumbrar"? Extrañó un poco al Húngaro, a quien habría encontrado en la taberna y, preocupado por él y por sí mismo, de manera indirecta, le habría preguntado por qué, por primera vez en su vida, la Navidad lo deprimía tanto.

—Hungarito, ¿cómo pasás la Navidad? ¿Deprimido?

—De ninguna manera, la paso como todo ser humano sano y normal: borracho como una cuba. Eso sí, sin clavarle un cuchillo a nadie ni dedicarles un pensamiento piadoso a los niños pobres del mundo para sentirme bueno y compasivo hasta que corran mis lágrimas y caigan sobre el lechón. En el mundo del mercado, las lágrimas son las monedas más baratas, tanto que ni siquiera se cotizan en la pizarra de la Bolsa.

—Con vos no se puede hablar. ¿No te sentís solo?

—Aunque tenga el arbolito de Navidad a mis espaldas, mirando a mi familia desde otra dimensión, mamado como estoy, no.

—De esa manera, borracho, es horrible. ¿No será porque te falta un amigo?

—Aconsejame otra manera mejor. Además, ¿vos no sos un amigo?

—Bueno... sí, ya lo sabés, pero digo, ir a reuniones, charlar con la gente...

—Ah, eso técnicamente llamado socializar, compartir mis problemas. Es más fácil suicidarse acompañado que solo. ¿Con quién? ¿Con los emigrados éstos que arrastran la lengua por el piso para llegar delante del tronito del embajador de turno? Ay, no estar allí para echar DDT en el suelo.

En ese diálogo breve, recordado o imaginado con el codo sobre la repisa de una ventana, o allá lejos en un sanatorio, no hubo una respuesta que satisficiera al profesor. Tal vez porque en su alma se habría hecho carne una cita árabe del Húngaro ("Una explicación, Ilustre, es como una espada sin hoja en una batalla"), nunca había hecho la pregunta.

Se le ocurrió pensar que un comentario de doña María o doña Rosa, sus vecinas de la cálida y lejana Catamarca, en un encuentro casual al anochecer en la vereda que llevaba a su casa o frente a la casa misma, sería una explicación más que suficiente: "Ay, don Ricardo, las cosas no son como antes". O, refiriéndose específicamente a la Navidad: "Así es, don Ricardo, es como usted dice; las Navidades de ahora, con tanto barullo, con tanta musiquita, con tantas compras en los *Shopping Center*, no son como las de antes, ya no hay sentimiento".

Dudó un poco si doña Rosa o doña María pronunciarían el inglés correctamente, pero ése no era el caso: su respuesta era más que suficiente. Después de ese breve viaje a su ciudad natal, volvió a encontrarse en su despacho y para lo que se había quedado: organizar el montón de tareas que lo esperaba.

Sonó el teléfono,

Segundo ring. Todavía faltaban unos diez años de progreso para que aparecieran los teléfonos con pantallita donde se vería el número del que llamaba para darse el lujo de ignorarlo. En esta situación sólo valían antiguos dichos como: "Ante la duda, abstente". Por si fuera la llamada esperada, habría que atenderla.

Tercer ring. El profesor dio tres pasos y levantó el tubo.

—Hola.

—¿Sos vos? ¿Estás ahí?

En vez de contestar "No, no soy yo ni estoy aquí" o "Sí, soy yo pero estoy en la China", el profesor, como quien se desinfla, largó un débil "Sí...", propio del cansancio de alguien que se rinde.

—¿Te molesto? ¿Te interrumpo?

—¿Qué querés?

—¿Seguro que no te interrumpo?

La irritación del profesor se potenció y se sintió más vivo:

—Supongamos que ya lo hiciste. ¡¡Qué querés!?

—Ay, te noto irritado. Así no podemos hablar, comunicarnos. Nunca estás en casa.

—Ya te dije mil veces por qué. Y vos me dijiste que yo tenía mi despacho en la Universidad. Y también me juraste que no me llamarías, que no me interrumpirías. Y nunca dejás de hacerlo, como si fuera tu obligación o tu trabajo.

Silencio por algunos segundos.

—Es que tengo que saber a qué hora vas a volver a cenar o si te quedás con el Húngaro ése, "el gran escritor", dicho entre comillas.

—Hablás como si todas las noches me quedara con él, como si no te avisara cuando lo hago. Pero basta, que tengo que trabajar. ¡Decime de una vez por todas qué querés!

—Bueno, bueno, calmate. Como en este horno no puedo hacer el peceto como te gusta y siempre te quejás...

—¡Ya me lo dijiste!

—...pensé en unas costillitas de cerdo a la sartén. Pero para que estén justas, tengo que saber la hora en que vas a volver.

Además de gran académico cuya fama con los años, laboriosamente, sería internacional, era normal en él, como en la mayoría de los mortales, el placer de comer bien. Sin embargo, a pesar de no entender nada del arte culinario, tuvo una duda:

—¿Y para freír tres costillitas necesitás saber la hora? ¿No las podés hacer cuando esté?

—Pero Ricardo, siempre igual, no entendés, también tengo que hacer otras cosas. Quizá venga Miri por un ratito y la estoy esperando. Comprendé; no puedo estar siempre a tu... cuando se te...

Al lingüista que trabajaba con la palabra y con frases no le costó nada completar las últimas, más si entraban en la categoría de "frases hechas", por no decir, en su caso, de "las relaciones matrimoniales". Maldita Miri (que no era otra que la Chilena), en vez de... ahora que estaba solo en su despacho, bien podría...

—Además, sabés que Navidad está cerca y tengo que hacer mil cosas.

La última oración le llegó desde lejos, muy lejos. De tan lejos, que ni siquiera se le ocurrió que la suya sería escuchada:

—Sí, entre ellas gastar y gastar.

La que oyó la frase no respondió. Se limitó a lanzar un suspiro muy profundo y permanecer en un silencio más profundo aún. El tubo pegado a la oreja, el cable que salía del tubo y se metía en el teléfono, de allí otro cable que se adosaba a la pared y luego se conectaba con la línea de afuera. Cables que, a pesar de estar congelados por el frío, no dejaban de transmitir ese silencio que resumía una historia pasada, presente y futura como si realmente todo estuviera escrito.

Si la música (una canción melosa de Frank Sinatra o Bing Crosby) ya estaba allí o su mujer durante los que duró el silencio había subido el volumen de la radio de la cocina, nunca se sabrá. Pero al profesor se le ocurrió que la música, aunque se escuchara allí hasta las náuseas, no provenía del

Shopping Center. Como si quisiera asegurarse de que estaba en esta tierra y despierto, preguntó:

—¿Tenés puesta la radio?

—Ay sí, Ricardo. Y qué canciones hermosas. De nuestra época. Digo nomás, no somos tan viejos. Pero aquí se festeja la Navidad de otra manera, más intensamente, música por todas partes, hay más espíritu de Navidad, está en el aire.

Ya que estaba en el aire, el profesor dejó que siguiera flotando y continuó en silencio.

Su mujer no soportaba el silencio y como todo lo que asciende tiende a descender, el espíritu de Navidad bajó, la penetró con una buena dosis de dulzura, ternura y comprensión:

—¿Sabés Ricardo?, estuve pensando. Con una casa no sólo tendríamos espacio para recibir visitas como corresponde, una cocina como la gente para preparar el peceto como querés y que tanto te gusta, sino que también podrías tener tu estudio aislado para trabajar allí cuando y como se te ocurra. No me digas que no. Podemos comprarla, vos lo sabés. Y repito, no me digas que no.

El profesor –a quien en estos momentos de ternura podemos llamar Ricardo– no quiso o no pudo decir que no. Oleadas de sentimientos contradictorios, alegría y rabia, una sensación de entrega placentera y simultáneamente de derrota –como si viniera desde lejos y que ya no tenía remedio–, un dejo de tristeza subían y bajaban por su cuerpo. Las violetas africanas (la idea de preguntar si en una casa más grande estarían más cómodas fue apenas el asomo de un relámpago) una vez más se apelotonaron en su cabeza y se sintió mareado: necesitaba aire.

Rápidamente:

—¿Qué hora es?

—A ver. Cerca de las seis.

—Se me hace tardísimo. Todavía tengo una pila de papeles para ordenar. A las ocho estoy en casa.

Colgó con furia y gritó "Basta. A otra cosa".

Ni ese "basta" ni los otros que exclamaría en su vida le darían resultado para que de una vez por todas, definitiva y rotundamente, cambiaran su destino y su vida. Sin embargo, como señal de honestidad interior, *in pectore,* se preguntaría más de una vez: "Realmente, ¿sé lo que quiero?"

Entre las cosas que tal vez quisiera, uno de los motivos de su irritación, medida de su importancia (¿desde cuándo estaba en esa maldita ciudad?, desde agosto, y ahora era diciembre), era no haber recibido ninguna invitación de la Embajada. No, no importaba, ya sabrían quién era. Mejor así. Él no era como los otros emigrados que estaban dispuestos a codearse con los asesinos de su patria y representantes de quienes lo habían echado. Sin embargo, como prueba de dignidad, honor y pureza, no le hubiera disgustado rechazar una invitación.

Sin importarle que afuera hicieran diez o veinte grados bajo cero, tal vez aliviado por haber colgado el teléfono categóricamente, y mucho más por el categórico "basta" que había lanzado, tomó su querido portafolio, metió la agenda, los papeles, el cuaderno de apuntes, lo cerró, se sacó los zapatos, se puso las botas; echarpe, sobretodo, gorro y guantes, apagó la luz y salió al campus.

Ya en la calle, con menos frío del que había pensado, en vez de encaminarse a la iglesia calefaccionada donde de vez en cuando entraba para rezar y encontrarse con Dios, dirigió sus pasos hacia un cartel iluminado, "The Royal Oak II", una taberna pegada a la Universidad, para, con la ayuda de un scotch o una pinta de cerveza, encontrarse consigo mismo. Los tiempos en los que "uno mismo" estaba más de moda que Dios ya habían comenzado.

Aunque no le hubiera disgustado encontrarse con el Húngaro, era dudoso que lo encontrara en el "The Royal Oak II", lugar que detestaba tanto por la música demasiado fuerte como por los estudiantes que aullaban para probar que existen.

El profesor vaciló ante la puerta adornada con hierros forjados y vidrios de colores al estilo de las ventanas góticas de las iglesias. Era la primera vez que entraba sin compañía en una taberna; no era lo mismo que sentarse en un bar de Buenos Aires, un alto en el camino para tomar un café. No era únicamente eso. Por más que los tiempos hubieran cambiado y los profesores se democratizaran y fueran a beber con sus estudiantes a quienes consideraban sus clientes, un jefe de departamento entre estudiantes, no era algo digno de su categoría. Pero, por una vez, ¿qué podía pasar? Después de empujar la puerta, bajo un cielo raso de madera adornado con vigas, una decoración que imitaba a las auténticas tabernas de Inglaterra. Ruido y música pero menos estudiantes que los esperados. Ninguno se fijó en él. Buscó una mesa apartada. Miró la lista de bebidas; refunfuñar por los precios, pedir un wishky, bajarlo hasta la mitad, fue casi uno. Todavía no sabía que eso era un "acelerador", pero su efecto fue inmediato; las ruedas de su mente se pusieron en marcha, abrió su portafolio, sacó algunos papeles y, milagro, una sensación vívida, como si se encontrara frente al escritorio de su despacho, con la mente clara y sin bombardeos de palabras se puso a organizar su libro, sus tareas, su vida.

El ítem "Escribir las tarjetas de Navidad" (recordó que ya estaban listas y al lado de la pila de sus manuscritos) lo tachó con la satisfacción de la misión cumplida. "Enviar las tarjetas" lo subrayó como para no olvidarse, tarea de la secretaria. Cena de Año Nuevo, ¿con el Bebé Gigante o el Destapa Cráneos? Inesita prefería a Bebé, el profesor a ninguno. De todas maneras, hiciera lo que hiciese, ella tomaría la decisión y el vino, no más *Château* famosos, lo compraría él.

Terminó el whisky y pidió otro. Quizá debido al espíritu de Navidad, con una sonrisa triste recordó las pasadas y sus labios se movieron con la ondulación de su pensamiento: "Oh, sidra humilde y popular, ¿dónde estás?"

Volvió al portafolio: el cuaderno con las notas y apuntes sobre *La palabra*. Si fue el alcohol o el alivio, o una grata combinación de ambos lo que lo recorrió de pies a cabeza, no tenía importancia. Lo importante era que la pila de manuscritos, libros necesarios para el tema, no estaba delante de él. Un suave "toc" sobre la mesa le avisó que el whisky había llegado.

De la misma manera que ahora en el hospital, luego de un sorbo, y en su mente, en otra taberna y otra mesa, se puso a dialogar con el Húngaro. Le había hablado de otro libro, uno más luego de *La palabra*. Una biografía o una autobiografía, todavía no lo tenía bien claro ni definido, pero: "Los proyectos, las aspiraciones, Hungarito, son muy importantes para darle sentido a nuestra vida y vivirla con placer para proyectarnos en el futuro como si navegáramos en una barca en un mar sereno". "¿Vos hablás de esperanza?" "¡Exactamente! Por fin veo que me entendés." "La zanahoria delante del burro, Ilustre. Peor: en tu caso, muchas zanahorias, demasiadas. Al decir del romano cuyo nombre no me acuerdo, mi esperanza nunca va a cambiar la temperatura del día de mañana. Y un hermoso día la barca de Caronte, por un óbolo, te va a depositar en el Hades, donde pasarás el resto de tu muerte."

Maldito Húngaro. Con la cara medio avinagrada, echó una ojeada a las notas y apuntes de una conferencia sobre La palabra que estaba preparando desde hacía tiempo, y antes de que la cara se le avinagrara del todo, dejó el cuaderno sobre la mesa y atrapó el vaso. Hablando de vida, mejor dicho, su costo, ¿había puesto al día la libreta en la que anotaba los precios de los artículos de primera necesidad? El óbolo para la barca, hum, lo iba a tener que apartar. ¿Qué más? Ah, las cartas, todas respondidas, para eso era un as, tanto, que se las podría considerar sus obras completas. Cartas a los colegas de todo el mundo. Cartas de muchos pedigüeños de la Argentina, entre ellas las de un discípulo pidiendo trabajo o recomendaciones. Como si él fuera el rector de la Universidad y esto la Argentina, un país corrupto y de acomodados. Por escrito tuvo una invitación amable del decano, una orden al estilo británico, para que formara parte de algunas comisiones importantes. Explicando lo terriblemente ocupado que estaba, aceptó el honor. Antes de meter la carta en el sobre, la revisó y tuvo que reescribirla. Había escrito la frase "se me hace tardísimo".

La palma de la mano que se deslizó sobre su pecho, los dedos que hurgaron en el espacio entre dos botones y el beso carnoso que le estamparon en la nuca fueron simultáneos. El vaso quedó a mitad del camino a su boca y él mismo, duro.

La mano se apartó y ya frente a él, con el tapado de piel abierto, apareció la Chilena vestida con un conjunto jersey que, si bien no reproducía con exactitud las protuberancias de su femineidad, lograba sugerir abundancia.

—¿Solito? –preguntó con voz cargada de miel.

Unos segundos de tensión (la noche, una taberna, música, whisky, un tapado de piel abierto y dentro una mujer) pero, con la ayuda del alcohol que ya circulaba en su sangre, hombre de mundo, logró aflojarse.

—Sí, solito.

La Chilena, con maniobras de gran dama, como si el tapado fuera por lo menos de astracán (por su mujer sabía que era de conejo), se lo sacó, lo puso sobre el respaldo de una silla y sin pedir permiso se sentó en otra frente a él.

El profesor, un personaje importante en ese lugar, se vio en la obligación de justificarse.

—El aperitivo antes de la cena.

La Chilena sonrió comprensiva, ampliamente comprensiva.

—Te acompaño. ¿Con qué convidas?

Caballero de la vieja escuela, pensando en el precio más alto que había visto en la lista, contestó:

—Lo que quieras.

La Chilena pidió un vaso de vino. Él, su tercer whisky.

Para un jefe que no se animaba o no quería complicarse la vida con preguntas privadas ni incursionar en lo íntimo y una empleada que utilizaba muy bien el lenguaje del cuerpo, el tema común, entre un hipo y otro del profesor, fue el trabajo y la universidad.

El profesor (que se quitaba y volvía a ponerse los anteojos cada tanto como si, involuntariamente, quisiera mostrar que detrás de ellos había otro hombre, tal vez más joven y buen mozo), recorría y devoraba las superficies, tarea con la que ella colaboraba: cada tanto echaba los hombros ligeramente hacia atrás para aumentar el volumen de las superficies y sugerir que allí había algo más de lo que se veía.

El profesor sabía que su mujer esperaba a Miri pero no la interrogó. Sin embargo, estaba tentado de preguntarle por qué motivo estaba allí, para buscarse o encontrarse a sí misma. La pregunta abriría alguna puerta de su alma infinita e insondable de mujer, y acompañándola por allí, al final del camino, los dos habrían dado con un lugar de descanso en que las superficies, sin anteojos y sin jersey, se hubieran encontrado con la verdad desnuda.

Hay preguntas que se responden solas: apareció un personaje alto, joven, mucho más joven que él y que la Chilena misma; se detuvo junto a ella, se inclinó y le dio un beso carnoso y jugoso en la boca para luego arrastrar una silla y, sin pedir permiso, sentarse.

Pensamiento del profesor: "La juventud de hoy, mal educada e irrespetuosa". Sorpresa del profesor: no ser el único en el mundo.

Entre los comentarios venenosos del Húngaro, hubo uno sobre la Chilena: "Además de pagar fácilmente y en especias los favores, tiene debilidad por los imberbes a los que les da cursos intensivos".

El que había aparecido era un recién llegado, otro latinoamericano en busca de su destino en la Tierra de las Oportunidades. De qué país, el profesor no lo registró ni le preguntó. Recién llegado, necesitaría compañía, orientación, consuelo ante la soledad, tareas para una experta. No dio oportunidad a las presentaciones; impulsado por la furia, por el sentimiento de ser desplazado, el profesor farfulló: "Uy, Dios, se me hace tardísimo" y terminó de meter sus papeles en el portafolio y desaparecer.

Estaba tanteando la puerta de vidrio de colores buscando la manija cuando oyó a la moza:

—*Sir... excuse me...*

Se había olvidado de pagar. Pidió perdón; revisó la factura: sí, el vino estaba allí. Recordó la definición del Húngaro: el porteño es un tipo que considera a toda mujer un banco donde, cada tanto, deposita unas moneditas hasta formar un capital. Pagó con el consuelo de esa posibilidad.

Afuera, una nevada serena, con grandes copos. Indiferente a lo que había alabado poéticamente, el silencio que desciende sobre la ciudad con la nieve, rabiando por lo que había pasado, o porque no había pasado nada, el profesor seguía dejando huellas firmes pero un poco irregulares camino hacia su departamento. Enceguecido por los copos que se pegaban a sus anteojos, pasó frente a la iglesia sin hacerse la señal de la cruz.

Sin embargo, unos pocos metros más allá, algo pasó. Si todavía pudiéramos observar esas huellas de décadas atrás, veríamos que se habían detenido, volvían, giraban en círculo hasta cambiar el rumbo original y desaparecer.

El Húngaro, en el momento en que las huellas cambiaban de rumbo, estaba en otra taberna no muy lejana pero algo menos ruidosa, sentado frente a una jarra de cerveza (la tercera, el límite de su capital por esa noche). Tal vez liara un cigarrillo y a falta de profesor (que no le pagaría aunque estuviera presente), trataba de invocarlo entre las miles de ideas que le brotaban como fuegos artificiales: ideas sobre una novela.

Por los recuerdos del profesor ya sabemos que estaba escribiendo una novela sobre él, pero en algún momento la tuvo que empezar. Y antes, la idea de escribirla. Alzó la jarra con la cerveza oscura y se mandó un trago largo como para llenar todos los vasos comunicantes de su cerebro y encontrar la respuesta a una pregunta: "¿Es el profesor, Doctor Ricardo Ignacio Palmatieri un personaje suficientemente sólido y real como para ser el personaje principal de una novela, que al fin y al cabo es una fábula un poco larga?"

La respuesta era difícil. Lió un cigarrillo, lo prendió y vació la jarra. Llamó a la moza. Pagó y le dio una suculenta propina, digna de un aristócrata.

Campera de plumas, gorro, guantes. Salió a la calle dudando de su generosidad (o estupidez), ya que él necesitaba el dinero más que la moza.

La nieve seguía cayendo en hermosos copos serenos, suaves, como en un film de Walt Disney, comparación bastante adecuada si se tiene en cuenta que el Húngaro consideraba al mundo en que vivía un mundo de cine, transparente e inflamable como el celuloide.

Él también marcó sus huellas. Siguiéndolas, veríamos que las dirigía hacia la Universidad, al edificio donde estaba el despacho del profesor. No entró, no; dio la vuelta y desde afuera buscó la ventana del despacho: había luz.

Desechó la idea de encaramarse y pispiar por la ventana, que estaba demasiado alta. No había puntos de apoyo y todavía no se había amontonado suficiente nieve.

Parado allí, mientras la nieve se depositaba sobre su gorro de lana y sus hombros, las manos en el bolsillo de la campera, observando el recuadro de luz, se volvió a plantear la pregunta: "¿Es el profesor Doctor Ricardo Ignacio Palmatieri..?"

El Húngaro aspiraba el aire frío y limpio que penetraba en sus pulmones malparados. El oxígeno, llevado a su cerebro por la sangre, le ayudaría a tomar una decisión. "Veamos: es un personaje absolutamente fuera de moda. Esto lo confirma Inesita cada día: corte de pelo y ropa anticuados. Históricamente no tiene ningún calibre para que un escritor cabalgue sobre él, y menos una vida secreta con muchas porquerías para revelar. En vez de exiliarse por ser un auténtico revolucionario, se fue o vino aquí porque lo echaron a los patadones. Se le cae la baba por la Chilena y sus alumnas pero es incapaz de una pasión que le dé el impulso para atravesar las paredes de cartón de este mundo y llegar a sus camas. Ni a las de las feministas hambrientas que, para ahorrarle el trabajo, lo arrastrarían y lo tumbarían en la horizontal apenas vieran una señal. Prosigamos. Llamarlo 'cobarde' sería demasiado, 'medroso' o 'timorato' le encajaría bien. En otras palabras, blando y fofo como la humanidad entera. Es un personaje real sin siquiera llegar a ser creíble para una novela. Pero, ¿quién habla? ¿Y yo? ¿De qué soy capaz? De golpear la mesa, nada más. Hasta esa bella costumbre de Buenos Aires de rayar un auto de lujo cuyo propietario vendió a su madre para tenerlo, hoy me da miedo. En fin, sería casi como escribir mi autobiografía. Bah, vayámonos a casa antes de que... ¿eh?... ¿y eso?"

Le pareció oír unos "je... je... je". ¿Vendrían del despacho del profesor? ¿O los habría traído el viento? Las ventanas dobles del despacho le impidieron determinar con certeza el origen. Y ahora el ring de un teléfono. Otros "je... je.. je" más fuertes. El teléfono seguía sonando.

El teléfono calló.

Esa noche, con la nieve que caía serenamente, ya sea por falta o por exceso de alcohol, sin nadie que lo escuchara, pensó en un mini *delirium tremens* o en algo similar a una alucinación. Temblando por el frío o el miedo, sin haber tomado la decisión, se encaminó a la parada del autobús.

Quizás en un encuentro posterior en alguna de las tabernas de Ottawa el Húngaro le habrá preguntado al profesor qué diablos hacía en su oficina a esas horas de la noche, lejos de su familia, sin atender el teléfono y lanzando "je-je-jes". Tal vez el profesor se lo habrá contado y de allí, teniendo una punta –cualquiera es buena para comenzar una historia–, viendo una capacidad de rebelión en el profesor, decisión de por medio, para más adelante ubicarlo en el lugar que le correspondiera, el Húngaro escribiría lo siguiente:

"Y el misterio de la desaparición del profesor esa noche, mejor dicho, el cambio de la dirección de sus huellas, sin necesidad de baqueano o de indio experto en nieve, quedó resuelto. En un momento dado dejó de girar y pisando las mismas huellas que había trazado al ir, volvió a la taberna. Sin importarle si la Chilena todavía estaba allí, pidió un whisky en la barra y, como un cosaco, lo volcó entre pecho y espalda. Mientras pagaba, con la rapidez de un experto, hizo desaparecer en su bolsillo una o dos botellitas de ésas para coleccionistas que estaban en exhibición en el extremo de la barra."

"Las mismas huellas ya casi desaparecidas por la nieve que había seguido cayendo lo guiaron de regreso a su despacho. Dejó las botellitas sobre su escritorio, se quitó el sobretodo, y del último cajón de una serie de cuatro, cerrado con llave, sacó un paquete de cigarrillos y una carpeta con papeles rayados. Se sentó en su lugar habitual, abrió la carpeta, prendió un cigarrillo y tomó su lapicera fuente Parker del tintero, que no era otra cosa que una pieza de decoración comprada a un anticuario en Buenos Aires. Le echó una mirada al águila que coronaba el tintero que con las alas abiertas parecía tomar impulso para levantar vuelo. La miró, una pitada, y se puso a escribir. Ya con las alas desplegadas, siguió escribiendo y escribiendo, volando sobre campos de violetas africanas, buscando ninfas saltarinas entre colores impresionistas."

"Sus ojos brillaban de placer o por el alcohol, que para el caso es lo mismo. El 'je... je... je' que lanzó fue una expresión de ese placer o una manifestación de su ser que, por fin satisfecho, volando, retozaba en su salsa."

"Silencio. Sólo se escuchaba el suave deslizar de la pluma sobre el papel que fue interrumpido por el ring del teléfono. El doctor, miró su reloj. Las 20:15. El segundo 'je... je... je' fue más alegre, más espontáneo. Abrió la botellita, la vació, prendió otro cigarrillo y siguió escribiendo."

Y allá lejos en el sanatorio recuerda la llegada a su casa esa noche:

"Llegué como dos horas tarde. Apenas entré, Inesita se me vino encima. No vale la pena ni pensar en las cosas que me espetó. Son, como diría el Vándalo, reproches que figuran en todos los manuales. Pero esa noche bajé las costillitas de cerdo recalentadas con abundante vino mientras ellas seguía, seguía y volvía a la carga contra la fortaleza blindada que era yo en ese momento. Para no herirla más, me limitaba, cada tanto, después de tragar, a lanzar un je... je... je..."

13. Vuelven la vida y la alegría o los gansos

Además de girar sobre sí misma la tierra tiene otros movimientos, da vueltas alrededor del sol e inclina su eje según las estaciones. Y siempre al revés, allí abajo comenzó el otoño y aquí arriba la primavera. Si bien oficialmente, por calendario, la brisa primaveral empieza el 21 de marzo, en la práctica en Ottawa la palabra no adquiere sentido hasta comienzos de mayo, luego del deshielo, proceso en el que por mandato de la ley de la gravedad las aguas desaparecen por las alcantarillas. Es la época en que dos factores contribuían a la sensación de esquizofrenia permanente del profesor. Uno, el tecnológico: la calefacción cesa y el aire acondicionado se pone en acción. El aire frío, que con un ruido permanente e irritante penetraba por los ventiletes del cielo raso, desprendía una brisa polar que le helaba la sangre mientras anhelaba el calor de afuera. El otro es el renacimiento de la naturaleza. Los céspedes recuperan su color verde. Las hojas de las plantas y de los árboles vuelven a brotar. Sin embargo, el sello más típico es el crecimiento de los tulipanes en sus canteros. Por fin el profesor los pudo contemplar fuera de las postales, en la realidad. Fue el día en que el Húngaro entró en su despacho bailoteando (posiblemente con algunos tragos encima) y gritando: "Alegría, alegría, reina la alegría en los corazones. La naturaleza renace. Llegaron los pajaritos que pían y pronto llegarán los gansos. Brotaron los tulipanes y ahora viviremos borrachos de felicidad".

Inesita, que sabía disfrutar de las pequeñas cosas de la vida, fue la que más detalles observó durante ese renacimiento y, para compartirlos, no pudo dejar de señalarlos. Abrió las ventanas de su departamento y comentó a su pareja: "Pobres violetitas, por fin pueden respirar la brisa primaveral, un aire natural". El profesor gruñó: "En una casa grande, durante el invierno, ¿el aire sería natural? ¿Y qué del aire que necesito respirar yo?" Inesita, lamentándolo, se había perdido el vuelo majestuoso del regreso de los gansos, pero se enteró por la nota del diario local y la foto, esta vez con la V en sentido contrario. "Ay, Ricardo, traen esa alegría, ¿cómo te lo podría explicar? Espontánea, eso, que brota del alma de una. Eso es." Hubo más información para compartir: "¿Vos sabés, Ricardo, que el otro día, paseando con Miri a la orilla de Rideau, vi los patitos recién nacidos? Nadan detrás de la madre en fila india como en los dibujos animados y nos hacen sonreír. Cuando los vemos en la realidad no lo queremos creer".

El profesor, intrigado, avergonzado por no poder compartir y disfrutar tanta belleza, aliviaba su alma con el Húngaro. "Calmate, Ilustre. Si en el diario hubiera un argentino, te diría que no hizo otra cosa que dar vuelta la foto del año pasado: en vez del sur, este año apunta hacia el norte. En cuanto a los patitos en fila, me extraña que no saques conclusiones más profundas: el orden y la disciplina son las bases del dulce y suave fascismo en que vivimos. Hablemos de cosas más importantes: ¿qué curso voy a dar este verano?"

En la Universidad, por razones presupuestarias, se había cancelado un curso intensivo que solía dar el Húngaro. La Viborita, la profesora de mayor antigüedad después del Húngaro, no trabajó ese verano, pero por alguna razón el curso se lo dieron a la Chilena. Es fácil concluir que la balanza de pagos del magiar se desequilibró. No protestó ni golpeó la mesa pero, con un "Estaba escrito", no dejó de comentar que todas esas maniobras —en las que el profesor aparentemente no tenía nada que ver, sino una comisión de la que era miembro— le parecían tan naturales como el aire que por fin respiraban las violetas africanas.

El profesor, un verdadero sacrificio, no tomaría vacaciones ni se iría a otros lados para respirar aires más naturales aún. Se había jurado dedicar ese tiempo a ordenar definitivamente sus papeles. Y si no a terminar su libro, por lo menos a hacer un avance significativo. Para los pocos alumnos ya casi graduados que, salvo meterse en un futuro lejano e incierto, no tenían adónde ir y daban vueltas como sonámbulos, después de sesudos análisis con tufo a estudio de mercado, se creó un curso "especial". El profesor, que colaboró en su formación, un sacrificio más, aceptó darlo para engordar el chanchito de gastos generales. Todavía estaba lejos de de su anhelo de regreso tomara cuerpo. Sus visitas esporádicas por tristes fallecimientos, por razones sentimentales y administrativas a la Argentina y su ciudad natal, posponían ese anhelo. Por el momento, además del dinero que recibía de la Argentina regularmente, y que se sumaría a la posible indemnización que cobraría por el juicio a la Universidad de Buenos Aires por haberlo echado, podría comprar la casa para que las violetas respiraran mejor, recibir visitas con dignidad y, sobre todo, tener su despacho ideal: una verdadera torre de marfil.

Mientras el verano se terminaba de completar (algunas aves, plantas y flores que formaban parte del renacimiento sólo aparecerían a principios de junio), el Húngaro, sin trabajo, con más tiempo, cada tanto aparecía en el despacho del profesor, quien le señalaba cariñosamente:

—Andás dando vueltas como bola sin manija.

—Es que necesito respirar. Libre como los pájaros y no atado a las macetas como las violetas africanas, corro detrás del aire.

—¿Y esa carpeta? Nunca la vi antes.

—Igual que los grandes profes de la Universidad, los estadistas y los políticos, simulo que trabajo.

Una de las tantas veces que entró lo sorprendió embelesado o, como lo anotaría en la carpeta, "en éxtasis místico como un santo aunque no cataléptico: sus ojos no estaban en blanco". Con los dedos entrelazados, las palmas apoyadas sobre el escritorio, con una sonrisa beatífica, los ojos semicerrados, contemplaba una postal o la estampita de algún santo o santa apoyada contra su tintero. Al "¡Eh! ¿qué mirás?, ¿una mina en bolas?" del Húngaro, el profesor sólo respondió con un sobresalto. Borró la sonrisa, descruzó los dedos y se echó atrás en su sillón, cuyos resortes crujieron. ¿Decirle o no decirle la verdad al Húngaro? Para no herirlo, bien podía decirle que era una tarjeta, o la nota de un amigo muy querido, o unas líneas que le había mandado un antiguo amor, Graciela por ejemplo, de quien nunca le había hablado pero le hablaría. O ¡al diablo!, decirle la verdad, ya que, al fin y al cabo, el Húngaro se las buscaba.

Como no podía sacar pecho y dar un paso adelante, echó atrás los hombros (otra vez crujieron los resortes del sillón) y ya con el pecho afuera dijo:

—Recibí una invitación de la Embajada.

El Húngaro sonrió. Se sentó en una de las sillas. Abrió la carpeta y escribió algunas palabras. El profesor, un poco inquieto, le preguntó:

—¿Qué escribís?

El Húngaro replicó:

—El Ilustre profesor, Doctor Ricardo Ignacio Palmatieri, después de su presentación en sociedad, dio otro gran paso en su vida: recibió una anhelada invitación de la Embajada Argentina en Ottawa, lo que, sin duda, significa si no un acercamiento, un roce con el Poder, perdón, la Patria. Esto lo elevó a un estado místico y hasta le hizo arrancar una meditación filosófica: "Recibí una invitación: *ergo sum*". Punto.

Y cerró la carpeta.

—Je... je... je, sos incorregible, cada palabra una oración, cada oración una conferencia.

—Así es, Ilustre, con algo hay que rellenar el vacío. Pero vamos a lo esencial, la invitación. Supongo que es para el 25 de Mayo.

—¡¿Vos también la recibiste?!

—Para la Gloriosa Fiesta Patria la recibe todo el mundo,

excepto dos o tres Testigos de Jehová que no están dispuestos a matar por nuestra patria encarnada hoy en los milicos que, según contás, perdonándote la vida como no lo hicieron con muchos, te echaron a los patadas según contás. En resumen, como acto de protesta y armar un escándalo allí, ¿vas a ir?

Los resortes del sillón tocaron un concierto cuando el profesor se revolvió en él. Si no como un escolar que está aprendiendo las primeras letras del Himno Nacional, como un soldado obediente, se inclinó un poco y sacó pecho para casi declamar:

—Es una fiesta patria. Y la Patria es imperecedera.

—No está mal. Sólo te faltó ponerte de pie para decirlo y luego cantar el Himno.

Como si afuera se hubiera ocultado el sol, cuyos rayos entraban por la ventana, una sombra, tal vez la misma de siempre, le cubrió la cara y lo obligó a bajar la cabeza. Después de un rato volvió a levantarla. Los ojos de ambos se encontraron. Además de la sombra, ¿qué vio el Húngaro en esos ojos que lo obligaron a contraer la sonrisa y a callarse? El Húngaro se encontraba al comienzo de la novela y, por el momento, ninguna conjetura le pareció válida. Para no dañar la gallina de los huevos de oro, se contuvo para no decirle: "No te olvidés de llevar el paraguas. Recordá que todos los 25 de Mayo llueve".

La sombra y el silencio, como si los dos se estuvieran soñando mutuamente, seguían allí. Y antes de que se durmieran y se hundieran en el infinito para siempre, había que hacer algo.

Ambos, simultáneamente, buscaron sobre el escritorio y sus miradas se detuvieron sobre la tapa de una revista: una hermosa rubia en un bikini blanco que contrastaba con su piel dorada casi de etíope, con una pierna contraída y los muslos ligeramente separados, se estiraba perezosa sobre una reposera en la playa. Nada faltaba allí, ni la gaviota con las alas desplegadas sobre el mar color turquesa, las olas serenas sobre la arena casi blanca, un hermoso y musculoso nativo con "more", un taparrabos de fibras fáciles de separar, que inclinado de manera servicial le ofrecía a la rubia un coco con un agujero del que se asomaba una pajita (combinación feliz entre lo natural y las técnicas modernas). Si el coco contenía la leche original o estaba reforzado con unas gotas de gin, o si no era más que un vaso ingenioso y decorativo para un auténtico gin tonic, no tiene ninguna importancia. La decoración (o la imagen) se completaba con unas palmeras, una choza y en la puerta una nativa con los pechos al natural.

En letras mayúsculas, estilo cañas de bambú, ideales y sugestivas para promover China o Japón, el Húngaro leyó: "*The Fiji Islands*" y en letras más pequeñas: "*A Paradise to Discover*". Golpeteó con un dedo la tapa y preguntó:

—¿Pensás dar una vuelta por ahí? Mirá la mina que te espera. Para vos solito.

El profesor, como si volviera justamente de allí, un viaje largo y fatigoso, se despabiló y como un hombre que sabe vivir a ras del suelo a pesar de campear en las alturas, dijo en tono campechano, un poco parecido al del Bebé Gigante, a quien había visitado para conocer su colección de piedras:

—Quedan en culis mundi. El viaje te cuesta un huevo y la mitad del otro. Por otra parte, decime, ¿para qué diablos sirven las vacaciones relámpago?

—Para estar a la altura de tus pares, Ilustre. Mirá si te van a dar tema para hablar. Todo depende de tu capacidad creativa. Desde el precio del pasaje, la compañía, cómo subiste al avión, con o sin alfombra roja, el vuelo, lo que comiste y lo que bebiste, cómo te atendieron las azafatas o azafatos, etcétera, etcétera, etcétera. Ahora hablemos de cosas serias, ¿vamos a tomar un trago?

Muchas de estas miniconferencias dejaban mareado al profesor. No sabía qué responder y se lamentaba: "Hungarito, no me comprendés, nadie me comprende. A pesar de estar de vacaciones, no me queda tiempo para ocuparme de mi trabajo verdadero, el único que me interesa". Y, como siempre, se puso a buscar algo sobre el escritorio. Para toda persona educada, esa queja habría sido una invitación para que se mandara a mudar. Para el Húngaro no. Éste, con los ojos, lo acompañó en su búsqueda. Por fin lo encontró: un papel ligeramente acartonado y satinado. Lo alzó y se puso a estudiarlo. Era una de esas hojas que cuando se doblan y se pegan se convierten en sobres. El Húngaro inclinó la cabeza y leyó: "American Express". No alcanzó a leer la dirección, que, por otra parte, tampoco le interesaba ni era lo esencial. El profesor la arrojó en la bandeja colocada a un costado de su escritorio, en la que se podía leer *Out*.

El Húngaro abrió su carpeta y se puso a escribir.

—Y ahora, ¿qué escribís? ¿Qué mentira se te ocurrió?

El Húngaro escribió en voz alta:

—Y el profesor, con la solicitud de la American Express dorada, continuó su camino rumbo a la integración, al ajuste de la sociedad, hacia el Gran Sueño Americano que esperamos no le resulte una pesadilla.

Sí, el verano avanzaba. Los tulipanes se secaron y fueron reemplazados por otras flores que plantó la Comisión de la Capital de la Nación. En el departamento del profesor, respirando a pleno pulmón, las violetas africanas se multiplicaron de manera asombrosa, o, al decir del profesor, de manera patológica, amenazante, tanto que temió que no le dejaran lugar en su casa y, por extensión, en ninguna parte de este mundo. O para hacerlo más simple: que le quitaran el aire.

Pero el aire sobraba en Ottawa, que es una ciudad sin murallas, abierta a los cuatro vientos y que, según el Húngaro, el día menos pensado, gracias a las casas y edificios de cartón sería barrida de la faz de la tierra por un viento no previsto por los servicios meteorológicos o se quemaría como Sodoma y Gomorra.

—Pero, Hungarito, ¿por qué razón?, ¿cuál es su pecado?

—Su sola existencia.

Sí, aire. El profesor necesitaba aire, tanto, que parecía que ni el de la ciudad le alcanzaba. (Esta observación, por lo exagerada, bien podía provenir de los apuntes del Húngaro.) Cuando éste entraba en su despacho, además de una posible irritación por ver perturbado su trabajo, su aparición era una excusa excelente para interrumpir una tarea que nunca se atrevió a preguntar si realmente le interesaba. La perspectiva de un paseo o de tomar más aire lo dominaba. "Hungarito, vamos a dar una vuelta. El ruido de los ventiladores del aire acondicionado me vuelve loco y no me puedo concentrar para trabajar."

El lugar elegido, sin comentarlo y por mutuo acuerdo –lo sería por lo menos ese verano–, era la orilla del canal, donde lo que sobraba era precisamente el aire que llegaba empujado por los cuatro vientos mencionados. Salían y a los cinco minutos bajaban por el camino que, dando vueltas entre árboles, los dejaba en el paseo a las orillas del canal.

La primera vez que fueron allí, el profesor había preguntado por el origen del canal. Según el Húngaro, era una obra de ingeniería militar de los tiempos heroicos en los que todavía no se sabía que la Coca-Cola y las hamburguesas McDonald's eran herencia de la Magna Grecia. Se lo construyó en el siglo XIX para transportar armas y tropas que ayudarían a contener la invasión de los norteamericanos que a sangre y fuego querían, como era su costumbre, expandir su democracia y su libertad bienhechoras. Pero los canadienses, realistas retrógrados y puritanos, optaron por morir por el "Su Majestad". Murieron en vano. Sus descendientes, al enterarse de las cosas bonitas que había en la democracia y en la libertad –sexo diversificado, bisexuales, gays, lesbianas y todas esas cosas chanchas pero atractivas–, las abrazaron. Y aquí tenemos el canal para alegría de grandes y chicos. En invierno, para patinar. En verano para paseos en barcas que, por el río San Lorenzo, nos llevan hasta el estado de Florida, donde, lamentablemente, nunca se encontró la legendaria fuente de la juventud, aunque sí se construyó Disneyworld, que, a precios módicos y populares, nos infantiliza.

Se dijo que el profesor y el Húngaro bajaban a la orilla del canal. Bajar significaba la existencia de una cuesta que formaba un pequeño valle con una ladera de un hermoso césped recortado según la mejor tradición británica. El camino continuaba al pie de la ladera. Por allí paseaban desarticulándose las vértebras cervicales para poder disfrutar de la tersura dorada de las pieles de las mujeres que tomaban sol sobre el césped tradicional. El profesor lo hacía tratando de disimular. El Húngaro lo alentaba: "Dale, no seas cagón. Aprovechá ahora que tu jermu no está y todavía podés ver sin tener que acercar la nariz con los anteojos para poder ver algo. Juná bien y cargá el archivo de tu zabeca con esas bellas imágenes que quizá necesites más adelante como visualizaciones auxiliares para facilitarte la tarea cuando seas vejete".

Pocos hombres, muchas mujeres –la mayoría estudiantes–, no dejaban de despertar asociaciones.

—Me dijeron que en Gatineau, el lado francés, hay unos espectáculos de *strip-tease* que dan calambre.

—Es verdad, por aburrido tenés calambres.

—Hablemos en serio, ¿vos fuiste alguna vez? Dicen que algunos son infernales.

—Dos o tres veces. Pero eso de infernales... Más que olor a azufre, sentís un olor a perfume barato. Tampoco vi a Mefistófeles, y eso que fui a diferentes horas. O sí, demasiado infernales.

—Para no perder la costumbre hablás un poquito raro, señor Simplissimus.

—¿Te imaginás a Mefistófeles allí, emanando azufre en vez de perfume barato, golpeando el piso con sus pezuñas, incitándonos a beber y a perder la cabeza y a nosotros perderla, cantando a coro, bailando, gritando o corriendo detrás de las mujeres, luchando por ellas con espadas mientras ellas chillan más por el placer del pecado deseado que por el miedo? Hoy nadie pierde la cabeza, Ilustre, allí no hay pecado ni vicio ni caída. Las chicas obran y cobran de acuerdo con una lista de precios por cada gesto y acción. Por eso son infernales, porque todo está medido.

Otro día, el profesor, en mangas de camisa –cosa rara en él, pero era verano–, desarticulando su posición de un día sabrán quién soy, le preguntó:

—Decime, Hungarito, pero no te ofendas y no me contestés si no querés, ¿cómo viniste a parar aquí? Nunca me hablás ni de tu mujer ni de tus hijos.

El aludido, luego de un suspiro, sonrió con amargura.

—Es porque temo que no vale la pena hablar de ellos.

—No te comprendo.

—Claro. En este mundo, o creo que ya en todo el mundo, cuando crecidos y educados circulen entre los hombres, no serán más que sombras de seres humanos.

—¿No los querés?

—Por Dios, Ricardo. Sólo te falta decir que me falta ternura. A ver, decilo.

El profesor no dijo nada. Se limitó a bajar la cabeza y a seguir caminando. En su afán de ayudarlo, o por lo menos parecer que quería algo mejor para él, le preguntó:

—Hungarito, ¿nunca se te ocurrió escribir cuentos de fantasmas, espíritus y cosas así? Mirá que se venden mucho.

—¿¡Fantasmas!? Si el mundo está poblado por fantasmas.

—Vos siempre igual. ¿Y una novela de amor?

—Un poco de seriedad, Ilustre. Las librerías están llenas, y no son más que estopa para rellenar los huecos, los vacíos, las auténticas carencias. Seamos sinceros: ambos estamos metidos en una obra de ficción y ni siquiera sabemos quién es el autor.

—¿Dios quizá?

—Ojalá lo fuera.

Caminaban con pasos lentos y pausados que les permitían absorber la armonía del paisaje circundante y un asentamiento de la paz interior sólo perturbada de vez en cuando por algún *jogger* entusiasta que, sacudiendo su paz interior como si fuera una coctelera, corría detrás de una vida sana. "La energía y la salud le chorrean por los poros. Apesta y da asco." O alguien más sereno y sensato que paseaba como ellos pero con los auriculares en las orejas y el sonido a todo volumen, tanto, que al pasar, por los *bits*, tenían que taparse los oídos:

—Éste, estoy seguro, despreciando al mundo, está atento a sus voces interiores. No me extrañaría que esté escuchando un casete con sonidos de la naturaleza, canto de pajaritos, lluvia y truenos para relajarse.

—Vos, Tártaro, no querés a nadie.

—No, no quiero a nadie. Para decirlo como los de acá, no veo por qué tendría que querer a alguien si nadie me quiere a mí.

Frente a mujeres que tomaban sol recostadas de espaldas, con las piernas separadas o las rodillas dobladas, pasaban de largo y miraban con disimulo. Sólo se detenían brevemente ante las que mostraban sus promontorios posteriores. Un día se toparon, un poco apartada de los demás, cerca del camino, sobre una toalla, con el pelo recogido y atado con un moño, con una hermosa silueta de mujer de espaldas, con nalgas notables, separados por un pequeño valle que apenas ocultaba un escueto bikini. Era un espectáculo. Las nalgas parecían tener vida y ondulaban firmes gracias a las piernas juguetonas que subían y bajaban, ora una, ora la otra, no tanto nerviosas como probablemente marcando el ritmo de las emociones que absorbía del libro que estaba leyendo, con la espalda arqueada que —parte del espectáculo bienhechor para las almas perversas de nuestros protagonistas—, estaba desnuda y bellamente dorada.

El suspiro del profesor –algo de estética conocía, basada en la divina proporción– fue sincero y sublime:

—Qué hermosa espalda... y lo que debe tener adelante.

—Así es, Ilustre, una hermosa espalda de piel dorada que debe envolver un contenido neurótico. A mí me aterra.

El profesor no lo había escuchado. Estaba paralizado como frente a su ventana, pero en vez de violetas africanas, los hemisferios de su mente estaban llenos con los correspondientes a la divina proporción.

Si el primer suspiro fue sincero y sublime, el siguiente fue místico y extático:

—Ay, mi Dios, lo que daría por ver lo que tiene delante.

—¿Nada más que ver? Pero eso es facilísimo.

Y el Tártaro gritó:

—*Fire! Fire! Run!*

A pesar de su pésimo acento, los gritos dieron resultado. Llamaron la atención de algunos en la lejanía y alteraron violentamente la paz interior de la chica que dinámicamente, como corresponde a una mujer moderna y activa, giró y se sentó buscando con sus ojos desorbitados el peligro. Se había olvidado del libro, del bikini, y apareció el espectáculo rogado a Dios por el profesor.

Los hemisferios que aparecieron bajo la radiante luz del sol brillaron como dos soles y enceguecieran al profesor; se le nublaron los ojos y sus piernas se aflojaron. Dio un paso para mantener el equilibrio, y otro y otro, cada vez más rápido.

Al rato, el Tártaro fue detrás. Pero el profesor había desaparecido.

El profesor juró que nunca más saldría a dar una vuelta con él, y como un padre que recrimina la mala conducta de su hijo, así se lo hizo saber en la siguiente visita a su despacho. El hijo arrepentido, en el fondo bueno, compungido y dolorido, bajando la cabeza, dijo: "Perdón, Ilustre, es más fuerte que yo. Ya te lo advertí: me podés vestir pero no me podés sacar a pasear. Sin embargo, debés tener en cuenta que en parte lo hice para satisfacer tu curiosidad".

Con el deber cumplido, el profesor, luego de un ligero carraspeo, se reclinó en su silla giratoria y, nada más que por pura curiosidad, preguntó: "¿Cómo terminó el asunto?" "¿Y cómo querés que termine? Yo la contemplé y cuando se dio cuenta de la verdad, apareció un mohín de disgusto en su boca, mohín que, gracias a Dios, se convirtió en una dulce sonrisa perversa. Un poco confundida, pobrecita, después de tironear de la toalla, olvidándose del corpiño del bikini, se cubrió con el libro. Esto me indicó que no sólo tenía en cuenta la cultura sino que probablemente era culta, la mujer que escucharía con atención y comprensión nuestros devaneos; en otras palabras, la mujer ideal." "¿Y te quedaste charlando con ella?" "No. Si el libro hubiera sido la Biblia quizá, pero no lo era." "¿Que leía?" "No sé. Me distraje con los bordes turgentes de sus pechos que asomaban a los costados de las páginas." "¿Y cómo eran?" "¿Las páginas?" "No, los pechos." "Sí, justamente, me distraje con esa lectura. Firmes, completamente armónicos, con la proporción divina que vimos detrás."

El relato no estaba mal para un fabulador, pensó el profesor. No le interesó indagar más para saber si correspondía a la verdad. Después de todo, la historia era picante. La pregunta que hizo fue otra: "Decime, ¿cómo se te ocurrió gritar 'fuego' y saber que iba a reaccionar así?" "Con el tiempo descubrí que este mundo era de casas de cartón y el terror al fuego late en cada corazón. Basta gatillarlo para que salte."

Y de esta manera los veríamos de nuevo con sus siluetas animando el paisaje. La caminata a la orilla del canal era larga, unos cuatro o cinco kilómetros. Nunca llegaron a recorrerlos. Cruzaban un puente histórico reconstruido por fotos y regresaban no sin parar antes en una hermosa terraza con toldos y mesas con manteles rosados que daban sobre el canal. No era la hora de los bebedores ni de las brujas, el calor del verano justificaba las cervezas que pedían.

Después del primer trago, relajados por el paseo y la cerveza, sus conversaciones eran más humanas, tal vez más tiernas. El profesor le hablaba de sus problemas con su mujer o con sus hijos o de un pasado idílico perdido, una Catamarca lejana, su ciudad natal, de una aventura inolvidable con una tal Graciela de Tucumán que nunca se repetiría. No entraba en detalles, más bien hablaba con frases y palabras melancólicas, sueltas, como para armar rompecabezas de poemas a gusto e imaginación del escucha. Al fin y al cabo, lo piensa ahora, allá lejos, probablemente los detalles no harían falta; el pasado sólo vuelve al borde de la muerte para hundirnos con su peso. El Húngaro, a su vez, hablaba de un futuro, de una vida que no era más que una carrera detrás de la ilusión. Contaba que cuando estaba sentado en la taberna para escaparse de las brujas interiores o exteriores, o cuando paseaba por la orilla del canal, fantaseaba sobre el encuentro con la mujer ideal que lo redimiera, que descubriera sus encantos secretos y su diamante interior. Decía que toda su vida había urdido soluciones para encontrar el ideal supremo, que nunca supo cuál era. Que había buscado el espacio para el retiro y la meditación para escribir su gran obra, pero había fracasado. Y rotundamente. Que paseaba escuchando los pajaritos piadores y mirando las ardillitas saltarinas que están allí para probar que el mundo es hermoso, que somos buenos por no comerlas fritas. Así, en vez de estrangular a los pajaritos que nos engañan con sus píos píos, cansado de esperar el milagro confuso e indefinido, cada vez más con más cariño miraba los árboles numerados y fabulaba en cuál colgarse; si en el A-325 o en el B-532. Y concluía: "No te va a pasar menos, Ilustre. Dentro de muy poco tiempo vas a empezar a junar los árboles con el mismo cariño que yo. Puf... qué cansado estoy".

—Colgarme jamás, soy cristiano y creyente. Pero ¿cuándo, Hungarito?

—¿Cuándo? Cuando pasen los días sin que hayas vivido, cuando sientas que tu vida se aceleró y sólo la estás llenando con gestos vacíos, administrativos, sin haberte podido aferrar a nada sólido y te sientas cada vez más vacío. Cuando, en los próximos inviernos, a las cuatro de la tarde, caiga la noche y salgan las brujas cada vez más feroces, parado frente la ventana de tu despacho, te aterrés pensando que es la noche eterna. Cuando no sepas ya si el mal está dentro de vos o afuera. Cuando, sea donde sea, busqués a Dios, en quien decís creer, y le preguntés: "¿Qué mierda hago aquí, mi Dios, qué mierda? ¿Dónde está la vida?" Y no vas a tener respuesta. La única: levantar el vaso para espantar a las brujas como hago yo ahora. Salud.

—Salud. Exagerás.

—Es probable. Pero prometeme que me vas a informar el número del árbol que elijas.

Al profesor le acudían a la mente palabras como vanidad, jugar a la víctima, soberbia, pero nunca se atrevió a decirle que fuera a ver a un psiquiatra. Y, como siempre, mientras pagaban dividiendo rigurosamente los gastos, como al azar, le prometió que le informaría.

14. Como la Tierra es redonda, por más vueltas que dé, uno vuelve al mismo lugar

...Y una vez más desaparecieron las flores. Inesita me informó que se fueron los gansos, desaparecieron los cisnes del río, desapareció el bello paisaje impresionista de mi ventana y el hélido manto blanco volvió a cubrir la tierra. Ventana, hablando de ventana, se tuvieron que cerrar las de nuestro departamento y las violetas, pobrecitas, otra vez respiraron mal. Y yo, ¿yo qué? Me veo una vez más frente a la de mi despacho, mirando hacia afuera, mirando ¿qué?, o esperando ¿qué?... viendo la historia que se repetía, soñando con mundos utópicos como el Húngaro... Sí, quise llevar un diario o un cuaderno de apuntes para mi biografía, anotar esos fenómenos y con miedo, con horror, me di cuenta de que durante dos, tres, diez, cien, mil años, escribiría lo mismo, pero yo ya no estaría, como tal vez haya llegado el momento, 50%, 50%... lo recuerdo, sí, visualizo el paisaje nevado, pero ¿de qué año? ¿El siguiente al que llegué? ¿El último que pasé? ¿O el que pasaría dentro de cien años? Recuerdo, sí, las llamadas por teléfono por las costillitas de cerdo, pero me confundo con las llamadas por el peceto, cuando ya habíamos comprado la casa en la que las violetas respiraban a todo pulmón y yo ya tenía mi despacho, mi torre de marfil para mi verdadero y auténtico trabajo...

Sin embargo, sin embargo, no. No quería volver. Mi despacho era el verdadero lugar para el retiro, la meditación y la creación, en el que con dos tragos de whisky me soltaba y me ponía a escribir... Maldito Enrique, nunca pero nunca me dijo nada sobre los cuentos... estoy seguro de que no movió ni un dedo... discípulo, amigo, pero otro argentino hasta la muerte...

Curioso, muy curioso, si hay libertad y no es un invento de charlatanes, la encontraba allí, en mi despacho, en el que podía dar vueltas, sentarme, mirar en paz por la ventana o revisar las invitaciones que recibía todos los años de mis colegas de otros departamentos que me chupaban las medias por anticipado, mientras creyeron que yo pronto sería el *chairman* de todo el Departamento de Lenguas Modernas y más adelante, decano. Chairmanato y decanato que nunca llegaron a pesar de las palabras del rector: "Hicimos todo lo posible". Hasta que nombraron a otros. Y tuve más tiempo para mí, y... y mayor soledad, imposible de compensar con los emigrados y las reuniones que organizaba Inesita. Trataba de hacerlo con mis alumnos jóvenes, que siempre son la esperanza del futuro, dejarles algo en la memoria, un recuerdo. Sin embargo, durante las clases me miraban con la boca abierta como papando moscas, los ojos dilatados como si estuvieran fumados o drogados, ausentes ("No, Ilustre, no, en sus mentes, en vez de circunvoluciones cerebrales, tienen cables de televisión")... o como si hubiera pronunciado un insulto con la palabra Homero ("Efectivamente, los insultaste. Todavía no está legislado pero aquí es un crimen mencionar objetos que no se consiguen en el mercado. Y si no lo aclarás y explicás, fantasearán sobre una marca de hamburguesa o bebida *soft* o alguna droga nueva y mejorada"). No entendían de lo que les hablaba, sólo estaban interesados en aprobar como fuera, en el trabajo que podrían conseguir y en el salario que les permitiría viajar para descubrir otros mundos menos aburridos que el suyo y, por supuesto, tener alguna aventura. Y pensar que nosotros a los veinte años soñábamos con cambiar el mundo. Supe claramente que yo para ellos no era ni sería nunca un modelo como fueron para mí otros profesores a los que recuerdo con cariño. No, nunca dejaría una huella. Como yo ahora, vacíos, flotaban a la deriva y, cuando durante la clase yo empezaba a divagar, flotábamos sin rumbo todos juntos. Era inútil que les diera consejos sobre las lecturas, el enriquecimiento interior, el libro como único amigo seguro, consejos acerca de la vida, la importancia del matrimonio y del hogar, la estabilidad familiar o de este ancho mundo que nos rodeaba, dónde ir, qué ver. De repente yo también viajaba, me callaba, me quedaba en silencio, miraba el vacío o lejos, mi mente volaba y me sorprendía pensando en las islas Fiji, el paraíso terrenal, hasta que las tosecitas y carraspeos me volvían a la realidad, a la clase, para encontrarlos y perderlos de nuevo. No, nunca, nunca sería un modelo ni tendría discípulos. ("No, Ilustre, nunca vas a tener discípulos. Sos un dinosaurio y tu prédica es la de un profeta en el desierto.")

Y seguía dando vueltas por mi despacho, o mirando por la ventana, el tiempo, el 80% de mi tiempo. ¡Dios!, me contagié: ya hablo como los de allí, no, aquí, el 50% es, según el matasanos, mi posibilidad de sobrevivir o morir, ¿no es lo mismo?, ¿no fui muriendo en vida? Allí, 80% o más de mi tiempo lo dedicaba a destrozarme, recriminando mi debilidad que ni siquiera sabía cuál era, sí, debilidad, todo lo penetra, todo lo contagia... El Húngaro tiene razón, las tazas de plástico lo convierten en plástico, las casas de cartón en cartón, las hamburguesas en carne picada... Observaba la iglesia con terror, como si la viera a través de un hueco negro, lejos de la iglesia de Catamarca, del cura que... y con miedo, verdadero pánico, me escapaba de ese hueco negro, para por fin —no siempre, a veces— sacar una botellita, dos tragos, y como de una fuente de tristeza brotaban los je je jes, y contento me ponía a escribir indiferente al teléfono que sonaba...

Vivir sin satisfacciones y sin placeres. Y cuando cayeron los milicos, hasta ir a la Embajada se me convirtió en algo humillante, arrastrar la lengua por el piso... El único placer, ¿de qué pasta estamos hechos, Dios mío? Con la que nos moldeaste vos. Sí, la única, cuando entré a formar parte de la comisión de personal para evaluar a los profesores, echar o tomar nuevos, cortar cabezas como un verdugo con el hacha...

Basta, volvamos a mi verdadera tarea...

Frente a mí los papeles y los apuntes para mi libro que fui tomando durante años. Era ¿o ya no lo es?, mi verdadero trabajo, no organizar congresos, atender a los alumnos, y... y... y no me podía apartar de allí, fascinado, como si mirara mi futuro sin futuro, negro, como si mirara por la ventana con un sentimiento de angustia y desazón, con la sospecha de que eso no había empezado allí, sino antes, lejos, quién sabe dónde, quizás en mi despacho de la Universidad de Maryland, no con tanta fuerza pero iba empeorando, me calaba... Escalofríos, quería volver a casa... no, no quería... sí, quería, quería un refugio, ir a la taberna donde estaría el Húngaro... Tenía que hacer un esfuerzo para no salir corriendo... pero el miedo, el miedo ¿de dónde?... ¿por qué?... La voluntad, la firmeza, un esfuerzo y me apartaba del escritorio para ir a la ventana, volvía, me detenía delante de la flamante IBM con memoria y que borraba automáticamente, una joya... Y allí me quedaba parado, contemplándola, preguntándome por qué no me sentaba y empezaba a trabajar, pero la distancia entre mis papeles y apuntes y la IBM me parecía sideral, o me faltaba algo, siempre me faltó algo... Y para no bajarme dos tragos o salir corriendo, para no escaparme, me ponía a caminar y entonces fue (¿entonces o antes?) cuando empecé a fantasear otra obra que escribiría cuando fuera viejo, mientras mis nietos correteaban en el jardín o bajo las parras del patio de mi casa en Catamarca. Y como diría el Venenoso, "Será otra de tus obras inconclusas. En la materia de no concluir, superaste a Schubert con su sinfonía". Sin embargo estuve a punto de escribirla, la fantaseé mil veces: "El profesor que nunca pudo escribir su libro. Siempre le faltó algo más... ideas le sobraban, pero le faltaba el instrumento, la herramienta necesaria o los libros para informarse. Y como en cada palabra, en un ser humano, en cada profesor, se resume la historia de los instrumentos para escribir; desde la cuña babilónica, la cañita egipcia y la pluma de ganso hasta el lápiz y la pluma de metal. Pero eran épocas pasadas, en la historia había entrado la birome, tan vulgar y ordinaria para escribir como las hamburguesas para comer. La Parker 51, regalo de casamiento, le había parecido un instrumento noble pero no suficiente; lo que escribiera habría que pasarlo en limpio. La primera máquina de escribir también fue la solución para ese algo más, pero cuando por fin se decidió a trabajar le irritaban los errores: borrar, corregir, reescribir, se convirtieron en tareas insoportables. La IBM eléctrica que borraba en un santiamén ya estaba frente a él, pero el mundo entero ya hablaba de la computadora, que haría mucho más fácil la tarea. Algunos de sus colegas ya la tenían. Sin embargo, se anunciaban modelos nuevos, más rápidos, más fáciles de usar. Era la herramienta del futuro. Sí, era eso lo que me faltaba, nervioso, sin esperarla con paciencia, se ponía a caminar...". Y yo me volvía a detener frente a la IBM, vacilando, dudando... afuera el viento que silbaba, ¿o ya se me había metido adentro?... giraba la cabeza y miraba el teléfono... esperaba la llamada, ¿de quién? Aunque fuera la de mi mujer... no... claro, reconozco que hoy, como andan las cosas, hay pocas mujeres en el mundo que sepan preparar el peceto como ella, pero no... la llamada de Graciela que anunciara su llegada o su presencia... sí, un amor que me inspirara ¿cómo la pude perder? ¿o no la tuve nunca?... Cómo me habría inspirado ella, con sus ojos negros, sus muslos dorados, que me hiciera sentir hombre. Y el Tártaro: "Perdés el tiempo. Las mujeres de hoy están ocupadas en 'ser' ellas y no en hacernos sentir". Juntaba mis cosas, las metía en mi portafolio querido y, olvidándome de la mitad de los cachivaches, salía corriendo... Afuera la nieve, el viento, un frío que me helaba la sangre y el alma... la iglesia de la Universidad todavía abierta... entrar para rezar, calentarme el alma... vacía... completamente vacía, ni el Diablo... Sin embargo, era el único lugar, el último, donde cada tanto o los domingos, durante la misa, me sentía bien, lejos de sus quejas, ya que ella no venía, era moderna, tenía carácter, personalidad, decía, no necesitaba intermediarios, ella sabía cómo arreglárselas con Dios. Pero fue horrible cuando me pregunté o el demonio me sopló "¿venís aquí para encontrarte con Dios o para escaparte de ella... de la vida?" Creí que me volvía loco... Y la otra pregunta, en cualquier parte, casi la grito: ¿qué hago aquí, mi Dios, qué hago aquí?... No quiero morir aquí, los cementerios son horribles, abandonados, vacíos. "Ni los perros vacunados, disciplinados y cuidados entran para orinar las lápidas", había dicho el Húngaro. Hasta a los muertos los abandonan. ¿Quién me iría a visitar? La desesperación. El miedo, desde que abandoné Catamarca, hasta en Buenos Aires... "Desde que abandonaste la semilla, Ilustre. Y allí no hay regreso." Qué espanto, qué horror. Y un día, tal como me había anticipado el maldito, grité: "Dios mío, ¿qué hago aquí?" Y fui a buscarlo...

15. Un puerto para ir a buscar leña

Y allí fue el profesor. Sabía que en alguna de sus dos o tres tabernas favoritas lo iba a encontrar. Si le hubieran preguntado, con la mejor buena voluntad, no habría podido responder para qué iba, qué era lo que quería, si exageraría frente al Húngaro, si sería sincero, si mentiría o qué. No era de extrañar que fuera cargado de dudas. Es más, como conocía al otro, tenía un poco de temor sobre el estado en que lo encontraría. Eso aumentaba sus dudas y desdibujaba la validez de lo que el otro le diría.

Lo encontró en un rincón de una taberna irlandesa, donde la música, las alegres canciones de Irlanda, a pesar del volumen, era tolerable. Sus ojos apenas enrojecidos y la jarra por la mitad. Buena señal, aunque no supiera cuántas se había bajado antes. De su boca escucharía la verdad según el grado de su alcoholismo.

Se saludaron. El profesor se sentó, pidió a la moza que ya estaba parada a su lado una Tuborg y le aclaró que fuera en boleta separada. El Húngaro le dijo: "Bienvenido al antro de los perdidos o solitarios unidos con el ritual de la bebida. ¿Qué lo trae por aquí, Ilustre? ¿Algún mal de amor? Dudo, pero milagros siempre hay".

El profesor lanzó un je je je.

—Hablemos en serio, Hungarito. Esa época ya pasó. Hay cosas mucho más importantes que torturan el alma. Quería decirte... quería felicitarte... decirte que tenías razón, muchísima razón, que sos un sabio, que me llegó la hora. Mi libro no avanza, me siento mal y cada vez más estoy pensando en el número del árbol...

—Bueno, elegí uno capicúa. Y de paso vas a saber cuánto pesa tu culo. Salud.

—Salud. Esa frase no es tuya. Es de un poema de Villon.

—Pero un poco diluida por el alcohol circula por mi sangre. Por lo tanto, es mía.

—Hablo en serio, Hungarito.

—Oigamos entonces...

Con la máxima honestidad de la que es capaz un ser humano, el profesor le planteó las dificultades que tenía con su libro, el problema de su insatisfacción, de su aislamiento, y le dijo que realmente no sabía qué hacía allí.

—¿Aquí o en el mundo?

—Te repito, hablo en serio; me siento ahogado, prisionero.

—¿Y cómo va con la Chilena? ¿Algún progreso? Mirá que una mujer puede...

—Nada. Ninguno. Muestra pero no da.

—Sí, es hábil. Te maneja por control remoto.

—Es probable.

—No. Es seguro.

—Quizá, pero, ¿qué decías, que una mujer puede... qué?

—Arruinarte la vida como según vos lo hace tu mujer, cosa que no creo. O redimirte. Para esto, desgraciadamente, seguirás esperando a esa mujer toda tu vida. Si por uno de esos milagros se te presentara, cosa que dudo, te aterrarías de la redención, sobre todo si la mujer no supiera cocinar un peceto. Pero antes de seguir y de que me olvide, ¿no te diste cuenta de que hace rato te pusieron la cerveza que pediste? Brindemos, Ilustre. Salud.

—Salud. Hablaste de la mujer que me redimiría. ¿La Chilena te parece?

—Por lo que dijiste, no ocurrió nada hasta ahora. Tal vez si la amenazaras con no darle trabajo, por cada curso obtendrías un viaje a algún amoblado franchute, al otro lado del río. Pero eso de redimirte es un delirio o una ilusión. La mujer que te redimiera la necesitarías a tiempo completo y la Chilena anda ocupada con cinco o seis redenciones simultáneas.

—Sos un venenoso incurable. Pero, lo siento, hasta ahora te la pasaste divagando y no me dijiste nada en concreto.

En un inglés que al académico le pareció detestable, *Waiter! Waiter!,* llamó a la moza y pidió otra pinta de cerveza. El profesor se le unió.

—*Another for me, please.* Te escucho, Hungarito. Algo concreto.

El Hungarito se tomó tiempo. Esperó las cervezas, y sin brindar, directamente, como si necesitara energía o calmar sus nervios para aguantar al profesor (así lo percibió él y así lo recuerda allá lejos), dejó la mitad de la jarra vacía.

—Escuchame, Ilustre profesor, yo no tengo la varita mágica a pesar de haberme pasado la vida buscándola. Lo lamento mucho, por mí y por vos. Sólo te puedo hablar de dos soluciones posibles, el *"holistic approach"*, como le dicen por aquí, y los viajes.

—¿Del griego *"holos"*, entero, íntegro, completo?

—No sé si del griego, del latín o del chino, pero algo de eso se trata.

—¿Y cómo funciona eso?

—Ni idea. Sin embargo, te puedo decir lo que dicen para que funcione.

—A ver cómo es la cosa.

—Antes que nada, para tener conciencia del cuerpo y su control, nada de alcohol ni cigarrillos ni ninguna otra droga. Toda tu comida debe ser natural, cosa que supongo incluye verduras, legumbres, nada de carnes rojas, sólo pescado para mantener el cuerpo desintoxicado y puro para lograr una vida larga aunque no se sepa para qué. Así que ojo al peceto y a las costillitas de cerdo, más vale que comas ensalada de violetas africanas.

—Je... je... je, sos incurable. Seguí.

—Holístico había dicho. A lo anterior, que es el alimento que sostiene el cuerpo, y éste al alma, le debés sumar ejercicios espirituales, ejercicios de relajación, budismo o yoga o de meditación. Y si con todo esto no alcanzaste la Paz con mayúscula, los ejercicios de meditación te llevarán a los de visualización, que según dicen, son infalibles. Tu despacho es un lugar ideal para eso. En vez de pasar el tiempo dando vueltas o mirando por la ventana, te sentás en tu sillón de ejecutivo, que tiene el inconveniente de que sus resortes crujen demasiado y te distraen, es aconsejable pedir el servicio para que los aceiten o los cambien... ¿Por dónde iba?, ah, sí, te echás para atrás, cerrás los ojos, te relajás. Una vez relajado, en vez de ponerte a divagar sin ton ni son, visualizás lo que más te guste o te interese: un aula magna donde un público ávido escucha tus palabras y oír los aplausos que te elevan al cielo; que te dan un premio por ser primero en algo, en cualquier estupidez... Ese episodio es ideal para la impotencia. Luego, sin necesidad recurrir a los juegos solitarios de la infancia –que serían denigrantes para tu edad y categoría–, invocás a la Chilena. A partir de las superficies que ya generosamente te mostró, técnica de visualización de por medio, la seguís desnudando lentamente, para demorar e intensificar el placer; la desnudás o la adornás con ropa erótica, portaligas o lo que quieras, y bueno, sobre el piso o el escritorio o una cama redonda, donde más te apetezca, siempre visualizando, a la manera bíblica, la penetrás a tu gusto. Salud.

—Salud. No está mal, me gusta la idea. ¿Y en serio podés lograrlo?

—Eso me lo vas a decir vos. Yo nunca lo practiqué. Lo leí ni me acuerdo dónde. Capaz que en un folleto de algún banco al que le agregué mucha creación. En fin, ¿te pagás una cerveza por el servicio?

—Bueno... sí... valió la pena...

Y el profesor llamó a la moza y le ordenó que pusiera la cerveza del Húngaro en su boleta, pero esa sola, que no se equivocara.

Y allá lejos, en el sanatorio, quizás vuelva a visualizar esta escena y a repetirse "sí, valió la pena". Aunque le había quedado una duda que manifestó así:

—Hay un problema, Hungarito. Con los ejercicios de visualización no voy a terminar mi obra.

—Visualizá que la terminás. De todas formas, no creo que la termines de manera alguna.

—Eso fue un golpe bajo. Realmente, sos un tártaro.

En ese momento trajeron las cervezas. Brindaron.

—No, Ilustre, no lo acepto. No es la primera vez que venís acá con el mismo problema, y no creo que sea la última. ¿Pruebas? Estarías trabajando en él. De todas maneras, mucho no me interesa. Incluyendo lo de tu libro, hay una historia que transcurre y, como un fiel escribiente de este convento podrido que es el mundo, me limito a transcribirla.

No, no fue la primera vez ni sería la última. Buscar al Húngaro, si bien no se había transformado en una especie de peregrinación, no dejaba de ser una tarea grata: el calor de la taberna, una compañía y buenas ideas, un poco venenosas pero tolerables.

Entre tantos encuentros no contabilizados, se puede suponer que el último transcurrió así: el profesor llegó, se sacó los guantes y el sobretodo, se sentó y sin preguntar al Húngaro si quería otra Smithwick's, pidió su Tuborg.

Ya que de suponer se trata, también se puede suponer que por la avaricia mediaron algunas ironías del Húngaro que el profesor consideraría comentarios graciosos. Esa conversación empezaría así:

—Hungarito, comprendeme, vos sos el único que me comprende. Así no se puede vivir. Estoy cada vez peor. Doy vueltas y vueltas como perro buscando su cola y no encuentro mi lugar.

—Entonces, viajá para encontrarlo. El viaje, hoy por hoy, Ilustre, es la solución de todos los males. Viajar es renovarse.

Hoy todos viajan: los grandes escritores, los académicos, las estrellas de cine, el Papa, los presidentes y ministros, el rey de España. Todos viajan para levantar y besuquear a niños previamente vacunados y desinfectados. Todos parecen tener hormigas en el culo, como vos. Claro que aunque viajes, no es ninguna garantía de que encuentres tu lugar. Según los psiquiatras y los psicoanalistas, el viaje, Ilustre, es la solución de todos los males: los divorcios, los cuernos, las peleas matrimoniales, el estrés. Y es mucho más. En tu caso, es concretar y darle solidez a esa imagen que no se separa de vos: 'Algún día sabrán quién soy'. ¿Qué esperás?

—De acuerdo, pero para viajar hace falta plata.

—Por el amor de Dios, Ricardo, no me engrupas más ni te engrupas vos. La plata para la casita que quieren comprar en Rockliffe Park, bueno, no exactamente allí, pero suficientemente pegadita al Rockliffe como para que Inesita pueda decir que está en Rockliffe Park, no te va a llover del cielo como maná mientras cruzás el desierto que es esta vida. Además, no te olvidés de tu vaquita lechera en Catamarca.

—Je... je... je... Siempre serás un fabulador, un constructor de metáforas, un exagerado hasta el fin.

—No veo en qué. Vos sos capaz de engañar hasta a tu propia sombra. Te olvidás de que un día me hablaste de una fuente de dólares en Catamarca. Secreta, claro, para no pagar impuestos. Mirá, no me interesa de dónde sacás la plata. No me vengas con el cuento de que no vas a tener un mango porque vas a tener que pagar la hipoteca. Además, en tu posición, con tus contactos, siempre vas encontrar becas para cualquier invitación o curro que se te ocurra. Es una cuestión de ingenio. Sobre este tema te pueden dar muchos consejos algunos vivillos del departamento del que sos jefe y que se pasan la vida en el aire en vez de con los pies sobre la tierra, enseñando.

—Tenés razón. Tal vez mi miedo a viajar se deba a otro motivo.

—¿Cuál?

—Mi mujer. Se me va a pegar y la libertad obtenida se anulará con su presencia permanente y potenciará mi sensación de ahogo.

—No hay otra. Está escrito y así será.

—¿Nada?

—Salvo pequeñas escapadas mientras ella hace sus compritas, nada, Ilustre, en tu caso absolutamente nada. Claro que no hay que desesperar. Aunque tu fe tambalea, decís que sos creyente. De modo que te aconsejo que empecés con una peregrinación a Tierra Santa. Tal vez solidifiqués tu fe y te saqués a tu mujer de encima. De paso, para ahorrar gastos, como quien dice, ofrecele tus servicios a la Universidad de Jerusalén. Una conferencia sobre 'La palabra', que es como una barca, etcétera, etcétera.

—Para mí, Hungarito, no hay otra Tierra Santa que Catamarca. Pero seguí, seguí, me va a ser muy útil.

—Desgraciadamente no te veo garra ni mucha habilidad para ciertos curros. Con escribir tarjetas de Navidad no vas a llegar muy lejos. Además de la conferencia mencionada, aunque no puedas dar un paso con el que estás tratando de escribir, inventá un libro a punto de terminar. Tomá algún modelo de los Grandes Escritores que tienen una gama muy amplia de esos curros. Con un poco de habilidad, alguno te va a funcionar.

—Perdón, pero no te comprendo.

—A ver, empecemos por descartar a los que no van a funcionar con vos. Los escritores revolucionarios han muerto, pero, nadadores de todas las aguas, mientras hablan de los pobres del mundo, de las injusticias, del poder, se bajan los pantalones para estar en la Corte del Rey y recibir premios. Desgraciadamente, como no tenés ningún *best seller* que haya pasado las fronteras, ese modelo no te sirve aunque te los bajes. Nadie escuchará tus palabras aunque te echés a llorar o aullar de dolor.

Ya se terminaron los que hablaban sin miedo con los pantalones puestos, o con la toga: un Marcial, un Juvenal, un Quevedo, un Erasmo o un Dante, ya pertenecen a tiempos remotos. Ahora sólo se escupe veneno detrás de las espaldas o en las tabernas, como yo. Ahora andan todos con los pantalones bajos para encontrar favores y detrás un cartel: te lo dejo tocar si me dejás tocar el tuyo. Pero al grano: mirá a todos los que cargan con el sufrimiento de la humanidad, se les parte el corazón ante el espectáculo de dolor de los niños escuálidos, el hambre en África, las Madres y Abuelas de Plaza de Mayo con las que se sacan fotos, y se pasean por la rambla en pantalones blancos con su perrito, que quizás alimenten con palmitos como Saramago. Todos cargan el sufrimiento de la humanidad sobre sus espaldas para redimirnos. Todos, en un *strip-tease* del espíritu, danzan agitando las maracas de la desgracia con el corazón partido o el alma contraída como algodón de mala calidad. Yo no sé cómo no se derrumban por "La fatiga por compasión", un capítulo muy estudiado por los psicólogos norteamericanos.

El Húngaro tomó un sorbo mientras los pabellones de las orejas del profesor parecían moverse como radares.

—A vos sólo te queda el recurso de todo un poco y de nada mucho, el método alegre y feliz, definitiva y categóricamente optimista. Para que te paguen y te quieran, viajá por el mundo como mercachifle de la cultura, recurso que también usan los Grandes: venderse a sí mismos y venderse al público consumidor según normas del mercado. No te olvidés que hay que acariciarlo. No le interesa la verdad. Quiere estar seguro de que compró bien. Hay que crear amigos, clientes para vender. Cada nación, cada ciudad, tiene su gran hombre, no podés olvidarlo. Cuando vayas a Italia, aunque ya nadie los lea, hablá de Dante y Petrarca; en España, de Cervantes; en Inglaterra de Shakespeare, y en Japón... bueno, qué sé yo... ¿Un tal Oé? Llamá a la Embajada japonesa y averigualo. Pero, a falta de lecturas, se rellenan de otra cosa. Italia, además de las bellezas naturales y sus ciudades antiguas, Roma, la Eterna, tiene la mortadela, las pastas, las mejores del mundo. Francia, además de los vinos mitificados y mistificados, el paté de *foie* y el camembert, los mejores del mundo. España, callos a la madrileña, gambas al ajillo, el cochinillo y los vinos. Japón no tiene vinos, pero tiene el sutil sake que se toma caliente y que parece semen diluido. En Hungría podés hablar del gulash y del vino Tokay, etcétera. Oh, Ilustre, tus posibilidades son infinitas. Y si a todo lo anterior le sumás el problema de la mujer víctima de la sociedad machista, a Rushdie, víctima del fanatismo y la intolerancia (ojo, no lo nombres en Irán), en Israel, los *pogroms*, sin mencionar a los palestinos, por supuesto. Así, te garantizo, desde los estrados de todos los países el mundo estará a tus pies, lo recorrerás sobre una alfombra roja y el mundo será tuyo, hijo mío.

—Es un poco cínico lo que decís.

—Bah, no lo creo. Cínicos son los que lo hacen.

—Suponiendo, pero sólo suponiendo, que me largue, ¿dónde consigo información sobre esos países?

—Te aconsejo la guía Michelin. Creo que es la más completa, al alcance de todas las mentes.

—Lo veo claro. Sin embargo. ¿Estados Unidos? Mirá que lo conozco y de costa a costa sólo se comen hamburguesas...

Pensó, levantó la jarra y de un largo trago la dejó vacía.

—Bueno... qué sé yo... ¿los vinos de California, tal vez? O las grandes virtudes norteamericanas: el *melting pot*, la democracia, "si no perfecta, la mejor", "el sueño americano", "la igualdad de oportunidades" y "el derecho a la búsqueda individual de la felicidad". Además, Ilustre, hoy por hoy, la Coca-Cola y las hamburguesas tienen más valor universal que Dante o Cervantes. Pero había dicho basta. Salud.

Pero la jarra del Húngaro estaba vacía. Se quedó mirando el fondo como si hubiera perdido algo. Desalentado, la dejó sobre la mesa.

—Pedí otra, Hungarito.

—No tengo guita, Ricardo.

Allí abajo, el profesor recuerda haber sentido lástima por él: "Lo vi más deprimido que nunca, mejor si no bebía más; para alentarlo, le pregunté":

—Hungarito, ¿cómo va la novela? Estoy seguro de que vos...

—Palabra por palabra, lenta y dolorosamente, como si alguien que está muriendo lejos pasa revista a su vida y me sueña en la oscuridad. O las dos. Y me paso el tiempo esperando la continuación de su sueño. Por eso y por otras cosas, la certeza de que nadie la espera, que más bien esperan la descripción de cómo a Nureyev –pobre víctima del sida, el estigma de grandeza por excelencia– le rompieron su upite delicado, cuantos más detalles mejor, a veces me quedo paralizado. Sí, hoy interesa saber, además de los Kennedy, qué otros se pirovaron a Marilyn Monroe, otra víctima de la sociedad que...

—Sí, tenés razón, así es. Bueno, tengo que irme. Se me hace tardísimo, mi mujer, pobrecita, se siente sola, y si llego tarde, la encuentro...

—¿Llorando?

—No, no, furiosa... Bueno, paguemos. *Waiter waiter...* ando tan mal, demasiadas cosas para hacer, mi mujer... ¿Cuánto es la mitad? No, vos tenés una o dos pintas más...

16. Se hizo todo lo posible

Quizás ocurrió antes o después de que los gansos se fueran o volvieran, como las golondrinas; o cuando los tulipanes habían brotado o secado; o las violetas respiraban a pleno pulmón o no podían hacerlo, quizá ya no se acuerden ni el profesor ni el Húngaro.

Se puede conjeturar que fue en otoño; como fondo, el cuadro impresionista enmarcado por la ventana del profesor. Los recortes de presupuesto se realizan a principios del año y sus consecuencias se ven cuando finaliza. El profesor jamás se podrá olvidar del Húngaro parado en el marco de la puerta de su despacho, con su chaleco de plumas medio roñoso, sus botas con las suelas gastadas, su pantalón de corderoy con las rodillas abombadas, su gorro de lana y la carpeta debajo del brazo, observándolo con ojos enrojecidos.

Ya sea por el excesivo calor del despacho o por la presencia del tártaro, el profesor comenzó a sudar. Aunque sabía perfectamente que vendría, no se había preparado. O no, oficialmente sí lo había hecho con una carta al Húngaro y la creyó suficiente, pero su alma le dio una sorpresa. Y para peor, viéndolo así, medio rotoso, como si nunca lo hubiera visto de esa manera o no se hubiese dado cuenta, recordó una de las frases denigrantes de su mujer sobre el Húngaro: "No sé cómo no te da vergüenza salir con él. Parece que se vistiera en el Ejército de Salvación". Y fue peor todavía: le dio la razón a su mujer en lo de la ropa, y en el acto su alma sintió una puntada de dolor y de culpa que logró superar.

El primero en hablar fue el profesor. Su voz tembló un poco con la primera frase:

—Mirá... hice todo lo posible... todo...

—Hum... todo lo posible... vos... en fin... al grano. Que tuvieras que cortar, es posible. Pero entre la Viborita y la Chilena con sus labios de culo de gallina y yo, eso sí que ya no lo entiendo. Si nos basamos en tus principios, en este caso la antigüedad, el derecho me corresponde a mí.

El profesor, que además de sudar, temblaba, trató de pasar a otro lenguaje, al de la amistad, pero le fue imposible.

—¿Ves cómo hablás de la gente? Con esa conducta... no... Es que las nuevas normas del decano... además, las evaluaciones que hacen los estudiantes sobre tus cursos... no son....

—No son... ¿qué?

—No son... según los informes...

—Basta, Ricardo, basta. No soy un imbécil. Si nos basamos en las evaluaciones de los alumnos, y si la democracia tuviera valor, a los profesores titulares habría que tirarlos por la ventana antes que a mí. Conozco "mis" y "sus" evaluaciones.

—No es tan simple, Hungarito... no es tan simple, no tenés títulos...

—Ah, sí, perdón, no tuve en cuenta todos tus principios, el respeto por la institución, la sagrada institución, el único lugar donde te encontrás y te reconocés. Sí, la patria es una institución. Ja, ¿qué es el ser?, humano, digo... mierda, más te valdría dejarte la barba y colgarte un arito... Pero ahí no termina la cosa. Según tengo entendido... la Viborita creo que sí... pero la Chilena no tiene ningún título. Lo único que tiene son unos labios carnosos, de negra, succionadores, un poco babosos, es cierto, pero fama de pagar los favores. Una o dos veces la vi dándote besuquitos en el cuello. ¿Ya te cobraste el favor?

—¡Húngaro! ¡Qué decís! Una difamación... Yo jamás mezclo... Además está sola, con dos hijos, es una pobre madre abandonada por su marido... un poco de compasión... humanidad...

—No me extraña. Con una mujer así yo me suicidaría. Pero sigo sin comprender qué tengo que ver yo con eso.

—Hay más... lamentablemente hay más... El decano recibió quejas de vos: que vas borracho a las clases y que llevás a los alumnos a la taberna en vez de dar la clase...

El Húngaro suspiró y luego gruñó:

—Ricardo, Ricardo, sabés perfectamente que esas son mentiras. Jamás voy a clase con un sorbo encima ni la doy al borde del *delirium tremens*. En cuanto a llevarlos a la taberna, después de la clase, vienen conmigo los que tienen ganas. Y a propósito de llevarlos a la taberna, ¿cómo es que el Doctor López y Doctor De Torres, que sí los llevan durante las clases, todavía tienen sus puestos? Ah, perdón, tienen la permanencia y son doctores.

Con un esfuerzo desesperado, una vez más, el profesor trató de pasar al lenguaje de la amistad.

—No comprendés, no querés comprender. Tu mujer tiene un buen trabajo... vas a tener más tiempo para escribir...

—Por Dios, pará la mano. Esto ya no es educación inglesa sino sutileza oriental. Resulta que me cagás y encima es un beneficio para mí.

El profesor siguió en el lenguaje de la amistad, que ya se había vaciado hacía rato.

—Pero... es que... comprendé, vos sos el único que me comprende, no me hagas las cosas difíciles. Son amigas de mi mujer que se encuentra tan sola aquí... me da pena... y mi mujer insistió...

—Sí, seguro que necesita que alguien le alabe las cortinas, el nuevo forro para la tapa del inodoro, etcétera. Por sus magníficas compras en general. Si no, no existiría. Ah, y también alguna receta. Dignas integrantes de la corte de tu mujer y todos juntos, de la corte de emigrados. ¡Mierda!

—¿Estás enojado? No te enojes, por favor. Yo... yo te... nuestra amistad... las cosas que decís... te juro que...

El Húngaro le clavó los ojos. El profesor se calló. Si alguna vez tuviera que recordar una sonrisa amarga, ésa sería la del tártaro, quien, después de escupir en el suelo y de ponerse la gorra, sencillamente dijo:

—Personajes de ficción... en un mundo de ficción, creados a imagen y semejanza del hombre... sin embargo, tristemente reales... y yo, sin American Express dorada, más que ninguno... –Señaló las fotos enmarcadas de los hijos del profesor con su mujer sobre el escritorio–. ¿Te acordás de mirarlos de vez en cuando o tu mujer te aterra? Poné el de la Chilena y por la noche...

Giró. Y largando palabrotas hasta en húngaro, desapareció. El profesor se derrumbó en su sillón. Nunca más lo volvería a llamar ni vendría a visitarlo, estaba seguro. Con el tiempo llegaría a la conclusión de que, seguramente, no lo llamaba ni venía a visitarlo porque no había leído y ¡alabado! su famoso librito. Puro ego y vanidad de escritor.

Por el momento, tomó la carpeta con los antecedentes del Húngaro y se puso a hojearla. Sí, allí estaban las cartas que se quejaban de él, bueno, no más ni menos que de otros profesores, pero allí estaban.

Con la carpeta abierta miró hacia el marco vacío. Como si se hubiera sacado una carga de encima, sintió un vago alivio. Como si, más que al Húngaro mismo, se hubiera sacado de encima una responsabilidad, un fantasma que le recordaba que allí afuera había un mundo, que la vida era otra cosa. Ese maldito no encontraba nada hermoso ni positivo. Lo deprimía y le oscurecía la existencia.

Volvió a mirar la carpeta. Hum, había algo raro, las cartas eran anónimas, algo que, las evaluaciones, a ver...

Pero no tenía tiempo. Cerró la carpeta y la puso en la bandeja de *Out*. Muchas cosas para hacer, ocupadísimo; se puso de pie, dio vueltas alrededor del escritorio y terminó mirando por la ventana.

A su insatisfacción e intranquilidad de siempre se le había agregado algo más, siempre algo más. Sin apartarse de la ventana giró la cabeza y luego el torso: su mirada se detuvo sobre la puerta de su despacho abierta y el marco vacío. Recién tomaba conciencia de que el Húngaro ni había pasado el umbral. Si alguien lo hubiera visto, habría dicho que el

Doctor Palmatieri corrió hacia la puerta.

Brammm. La cerró con violencia y dijo en voz alta:

—Ese maldito por lo menos tiene el alcohol.

17. El deseo de lavar los pecados

...Y nunca me lo pude olvidar, parado allí en el marco, sin pasar el umbral... y nunca podía tener la puerta abierta... Recordarlo era sentir acidez en el estómago, como ahora. No, ahora es peor. Le conté a mi mujer lo que había pasado, me dijo: "Era hora de que te libraras de ese borracho inútil. Cada vez que volvías de estar con él, venías cambiado", cosa que era verdad. Me daba energías para enfrentarla. Sin embargo, como ahora, dentro de mí seguí dialogando con él cuando no tenía a quien quejarme de mi mujer, de su insoportable costumbre después de la cena: cuando no me quedaba en mi despacho y los chicos ya estaban en la cama, a la hora de tomarme el whiskicito tranquilo, relajarme, pensar en el día y en la tarea de mañana, ella no, ella me arrastraba frente al televisor para mirar el noticioso de las 22 y me tomaba de la mano... Y oía al Húngaro: "Juntitos, una pareja romántica, ejemplar, una pareja ejemplar romántica pequeñoburguesa". Y hasta oía su risa: "Eso sí, te compadezco, siempre tengo la horrible sensación de que sentarse frente al televisor es morir un poco". O del todo, Hungarito, o del todo. Encima apareció lo que habías vaticinado: la peste feminista, enfermiza, la mujer que tiene todo pero se rebela como una histérica con: "Mi dinero", "Mis derechos", "Mi tarjeta de crédito". "Y qué se yo, Ilustre, hay minas que se calientan mirando televisión o comprando, hasta hay algunas que tienen orgasmos." Ay, Hungarito, ¿me lo dijiste o lo pensé yo? Pero basta, vamos a lo esencial, mis estudios, mi trabajo, a seguir los sabios consejos de mis colegas trotamundos para ordeñar la vaca lechera, llenar los formularios con los pedidos de becas para los viajes, preparar las conferencias internacionales, cartas con pedidos que van ("Estimadísimo Colega; siempre he admirado su gran obra... El próximo semestre, invitado por... daré una vuelta por Europa y he pensado que...") y cartas que vienen ("No tengo inconveniente que dé una charlita en... Yo también daré una vuelta por Canadá, rumbo a la Universidad de Alberta. Ottawa sería una parada ideal"). Sin embargo, había algo de humillante tener que rogar a tipos repelentes, retorcidos, mercachifles de la cultura. Eso: encima de académicos, parecían hombres orquesta de circo, traducían, escribían cuentitos, novelitas, que publicaban con becas o se las pagaban y me las mandaban para que las leyera. Los felicitaba: "Su excepcional novela me despertó sensaciones inesperadas...", nauseabundas y lo tiraba a la basura. O me mandaban libros de ensayos sobre Grandes Escritores, con una admiración homosexual o de bebés que chupaban las tetas de las escritoras y los huevos de los escritores, como decía el venenoso. Por lo menos yo trabajaba, me pasaba horas en mi despacho meditando, preparando mi conferencia y haciendo la lista de las cosas que precisaba o escribía cartas para poder... Londres... ding... Madrid... dong... llamar a la Embajada del Japón... Tokio... aplausos, como si los oyera, pongo el pie en el estrado, subo... modestia, no pequemos, me elevo, aplausos... "Señoras y señores. Hay pocas naciones como Japón que puedan enorgullecerse de una cultura de cuatro mil años sin interrupción (aplausos). Una cultura de milenios que conserva una tradición profunda en su cocina...". Mientras tanto, cada vez con más fuerza, vivía con la obsesión de regresar a mi patria querida y por fin se presentó la oportunidad; los milicos se fueron y con el nuevo gobierno democrático gané el juicio contra la Universidad de Buenos Aires: no sólo me pagaban los años perdidos con retroactividad y con el dinero indexado, sino que me restituían el puesto que había perdido cuando me echaron. Sí, era la oportunidad esperada y soñada, volver, reencontrar mis discípulos. Pero, ay, ¿volver a un país donde ni papel higiénico hay? Inesita: "No, de ninguna manera. Sólo pensás en vos. No pensás en mí y en nuestros hijos que ya no se readaptarían (sí, nuestros hijos que ahora vienen a mi funeral, en vuelo directo desde Nueva York y que son tan sensibles, si es que hay entierro, claro, el 50% 50%, un pie en la tumba y otro afuera). Sería una tortura para ellos. Ya casi no hablan castellano, su futuro está aquí. ¿Adónde volveremos? A un departamento miserable en el que sólo hay una heladera, pero ni lavaplatos, ni lavarropas, ni microondas. No, de ninguna manera. Con tu salario nunca más podremos viajar. Si vos querés, andá, pero yo me quedo y voy a trabajar si es necesario". Discusiones interminables que llegaban hasta debajo de las sábanas, rechazos continuos que me debilitaban y me obligaban a recurrir a las visualizaciones, un infierno. Basta, yo vuelvo. Y fui con la excusa de cobrar el dinero y soñando con Graciela o con cualquiera otra, y una vida nueva que puede empezar a cualquier edad si uno encuentra a la mujer ideal que no le rompa las... Y volé, con el corazón henchido de gozo, cobré mi salario, sin impuestos, no como aquí, digo allá, pero al que el cuervo del abogado le pegó una dentellada que casi me devora. Oh, fue hermoso: visité Catamarca y a Pichín que siempre decía, "No volvás Ricardo, no volvás", al viejo cura, a mi anciano maestro de la primaria, al administrador de la familia. Yo era el último, ¿o todavía no? Bueno, cobrar cobraba. Me senté en la confitería Richmond para hablar con los viejos conocidos, o más bien, sobrevivientes. Qué hermoso, recuperar lo perdido, volver a recorrer las calles de Buenos Aires, sentarme en los bares, junar las minas, como diría el Húngaro, y la baba que... no no, basta de él... observar las mujeres con su paso cadencioso, un contoneo que abarca la vereda... no hay mujeres como las argentinas... Pero Graciela, como si no me hubiera conocido nunca, fría, distante y encima casada. Por todas partes me recibían con los brazos abiertos. Me hablaban y no entendía de qué hablaban, o hablaban siempre sobre lo mismo, como un coro. No hacían más que quejarse y hablar pestes uno del otro. Los brazos abiertos se cerraban y las manos me aferraban del cuello cuando les decía que estaba pensando en volver. El país se había achicado como la piel de zapa y era como si me hubiera caído y quedado afuera. La Universidad era un desastre, ni un despacho como la gente, oficinas miserables, salarios miserables que con la inflación se convertían en más miserables aún. Las bibliotecas una miseria, me faltaría información y allí nunca terminaría mi libro. ¿Y esto es otro pecado? Cuando me di cuenta de que nadie tenía una American Express Dorada y hablaban de Argentcard o Master, me sentí superior pero también culpable. ¿Dónde estaba todo el amor por mi patria? Convencido de que haría más por mi patria afuera que allí, regresé, ¿o me escapé por segunda vez? Y por fin, con el señuelo de un despacho para mí solo, mi torre de marfil –o de cartón, como diría el maldito–, con lo que cobré de indemnización y lo que me entraba de Catamarca compramos la casa, una casa grande, allí, claro, donde quería mi mujer, pegado a Rockliffe Park, con muchas habitaciones y un amplio living para recibir muchas visitas. Siempre nerviosa, "Ay, las visitas están por llegar y no sé qué ponerme", y cuando llegaban me susurraba, "Por el amor de Dios, no seas mal educado y desaparezcas con 'tengo algo importantísimo que hacer o se me hace tardísimo' ". Organizaba las visitas como si llegara el Papa o el Primer Ministro y se olvidaba de que había que pagar la hipoteca y la cuota del coche nuevo. Increíble, sí: hay quienes lloran por la muerte de su perro o de su gato, pero mis ojos se humedecieron cuando vendí el Mercury. Mi único consuelo: mi mente ya no estaría ocupada por la botella de cerveza. Y, al final, no sé si Inesita no tuvo razón, con el salario de allí... digo, de aquí, jamás hubiera podido salir del país, viajar, no, me iba a quedar anclado en Buenos Aires, una gran aldea al fin y al cabo, lleno de envidiosos, un nido de víboras, o en mi provincia natal para siempre, con las brujas y demonios que ya se me habían metido adentro, y sentarme en paz en la confitería Richmond. Oh, la triste sabiduría del poema: "Es inútil que cambies de ciudad, si arruinaste tu vida en una, la arruinaste en todas", ¿de quién?... Sin embargo, sin embargo, el precio que pagué, si se pudiera contabilizar el alma, medirla... Pero no, no hubiera podido viajar, conocer el mundo, otras culturas, ser alguien, escuchar aplausos, "Señores, ¿qué nos trae aquí? (El Doctor Palmatieri mira al auditorio, da unos pasos, se detiene, ve a su mujer, un suspiro y prosigue). Señores, cada obra de arte, cada novela, cada cuento, cada palabra..." Y recorrí el mundo, Tokio, sus conventos budistas... las campanas zen, ¿o las tibetanas? Ding ding ding... Roma... ding dong... el Big Ben... ding dong pero... ¿dónde estoy?... Oscuridad, ¿duermo o sueño?, no hay campanas, sólo el latido de mi corazón, como un reloj... tic toc tic toc... el minuto que pasa, unos instantes antes... NO. NO... abro los ojos, veo la ventana oscura dentro del marco, como la vi muchas veces, buscando ese algo más. Miedo, ¿es de noche ya?, nadie, y menos Graciela: trato de sentirla, recordarla, de visualizarla y no puedo... nadie a mi lado que me cuide, qué falta de atención en este sanatorio, es increíble, y el matasanos tomando su cafecito, seguro, y lo llaman sanatorio privado... Sí, a este país le hacen falta hombres de bigotes... llámense Hitler o Stalin... La ventana, un agujero negro, o mi alma... la ventana se mueve, corre... No, son nubes, nubes negras, relámpagos, porcentajes, como si habláramos de mi muerte, o de mi vida. ¿Va a llover?, 50% o 90% de posibilidades de precipitación. ¿Qué porcentaje haría falta para que el cielo se nos caiga encima y terminemos de una vez? Repiqueteo, repiqueteo de la lluvia contra el vidrio, Dios, qué ganas de caminar bajo la lluvia... truenos, retumba el cielo, el juicio final, el diluvio... llueve, agua, el agua lava las culpas, purifica, salir a caminar bajo la lluvia, flotar y volar con el paraguas como... ¿cómo era ese famoso personaje de Walt Disney? Mary... Mary... Al diablo, me contagié y me pudrí con todas las estupideces de allí, como decía el Húngaro, terminé comiendo hamburguesas en vez de peceto... no, bajar el paraguas, mojarme la cara, abrir los brazos, lavarme el cuerpo, purificarme como los hindúes en el Ganges... que el agua se lo lleve todo... todo...

18. La Atlántida y un bar

Buenos Aires. Un día de verano. La tormenta del atardecer que se había pronosticado, un hecho poco frecuente de los servicios meteorológicos argentinos, llegó con precisión. Quizá, como diría cualquiera, "la pegaron de casualidad", "de tanto adivinar, una vez la tienen que acertar", "una de cien no está mal", o "si uno insiste, acierta hasta en la lotería".

A eso de las cuatro o cinco de la tarde habían aparecido las primeras nubes oscuras, pesadas; amenazantes, avanzaban encima de los edificios, empujadas por los relámpagos que se descolgaban como piernas de zancudas. Atmósfera húmeda, cargada y densa, un calor infernal.

El Tortoni, de una cuadra de largo, desde Avenida de Mayo hasta Rivadavia, tenía las puertas abiertas de par en par. La corriente de aire que atravesaba el café –probablemente el más antiguo de Buenos Aires– entre las columnas de mármol, si bien no traía un alivio, por lo menos creaba la ilusión de una suave brisa refrescante.

Ruidos, rodar de dados sobre las mesas, exclamaciones, ecos de tazas y vasos, el plac de una ficha de dominó, saludos, cuchicheos, silencios frente al tablero de ajedrez, gente leyendo el diario de la tarde, debajo de placas recordatorias o bustos, de nuevo los dados, la vida en un lugar histórico, la tertulia. Un lugar –al decir de un escritor argentino ya muerto– en el que para darle categoría y sentido y conservar el espíritu "se embalsama a la gente que se fue". Dicho de otra manera: "Un lugar de cita de los últimos por embalsamar". Ahora, la placa recordatoria de aquel escritor cuelga cerca de un grupo *habitué* reunido, en ese momento, alrededor de tres mesas pegadas, grupo al que el mismo escritor había bautizado "Las sombras de los últimos Notables". Los que, con sus plumas de historiadores o escritores todavía salvaguardaban los valores de la Patria. Sus plumas eran menos eficaces que los fusiles, por eso ellos, la tarea de esgrimirlos, se la dejaban a los generales.

No sólo eran de aquellos abogados y escribanos que ocupaban cargos honorarios en academias de historia o de letras, asociaciones misteriosas para los legos, sino también de los que hablaban de los buenos tiempos idos, de las grandes comidas de los domingos en familia, que se empezaban a preparar a las seis de la mañana (la sirvienta a picar el ajo y el perejil). Comidas que, después de regresar de la misa, se servían en grandes comedores que podían albergar a varias familias, a los amigos y a las visitas de otras tierras, artistas o diplomáticos.

Eran los últimos sobrevivientes de "una raza en extinción". O quizá fueran sus reencarnaciones que envejecieron otra vez. Se podría decir que salían de sus lechos para sus encuentros habituales, ordinarios, de "fervorosos amigos" en un centro de "información cálida" a pesar del frío que emanaba de ellos hasta los días calurosos como ése.

La reunión de ese día, sin que se alterara su ritmo habitual, podía calificarse de extraordinaria. Tema: "La muerte del profesor Doctor Ricardo Ignacio Palmatieri". Contaba con la presencia del Doctor Enrique Ricchi, ex alumno, discípulo o amigo del Doctor Palmatieri, él mismo no lo sabía. Empujado por el doctor ("Andá a verlos esta tarde y diciles lo mal que estoy"), tampoco sabía exactamente qué hacía allí, entre esos que: "Todavía no se sacaron de encima el olor a bosta de vaca en el que chapoteaban sus antepasados. No lo pudieron hacer ni con perfumes franceses. Ay, una vez más, hablo como el Húngaro". Sólo sabía que estaba arrepentido de no haber agregado "doctor" a su nombre y apellido cuando se presentó. Quizás entonces, sentado ahí, se habría sentido más respetado, pero sobre todo visible ante esos ojos sin brillo.

Salvo a uno con bastón cuyos toc toc denunciaban su existencia, Enrique no conocía a nadie del grupo.

Atravesando el viento (o el viento a ellos), habían llegado antes de que se descargara la tormenta, que en ese momento –relámpagos, ráfagas violentas, lluvia arremolinada– obligó a cerrar las puertas de Rivadavia y a entornar las de Avenida de Mayo. Los Notables, como para no romper el orden imperante, habían pedido lo de siempre: un vermucito, algo para picar, cafecitos flojos, un té. Nada fuerte, porque a esa edad "todo se convierte y se bebe como medicamento". Enrique pidió un café y escuchaba la charla; abundaban nombres desconocidos con algunos apellidos que le sonaban familiares pero lejanos, como lejana era la charla misma, que se fue amortiguando. Por momentos pareció acercarse con "si esto sigue así...", "esto no lo arregla nadie....", "no sé a dónde iremos a parar...", hasta apagarse.

Un silencio que parecía venir de alguna parte. Enrique se estremeció. Si no hubiera sido por la lluvia que repiqueteaba sobre el toldo como sobre un tambor, los relámpagos y los truenos, habría creído estar en una casa de fantasmas o en un cementerio. Quietud por unos segundos, tiempo suficiente para que se preguntara qué había ocurrido con los otros parroquianos del Tortoni. Por fin, como si volvieran de algún lugar o resucitaran, animándose mutuamente, empezaron a moverse uno por uno y a mirar alrededor. No, el Doctor Palmatieri con el paraguas chorreando, un espectro que los mirara con un mudo reproche, no estaba allí.

Entre los ocho o nueve reunidos, uno tenía una cruz de oro incrustada de diamantes colgando de su cuello, a la que se había aferrado durante esos segundos. La soltó y del bolsillo interior del saco extrajo una gruesa cigarrera de cuero con habanos de Cuba que eran muestra y prueba de su tolerancia democrática. Sacó uno y guardó la cigarrera. El cigarro giró bajo su nariz, mordisqueó la punta, le dio algunas chupadas para comprobar la circulación del aire y luego, usándolo como batuta, con voz cascada, irritada, con profundo acento gauchesco –algo auténtico en un mundo de falsedades, impuro e infectado–, dijo:

—No comprendo pa' que volvió. Qué quiere de nohotros. Apenas lo conocemos. No eh de los nuestros. ¿Qué eh lo que quiere?

Se sacudió, se alzó de la silla y miró el horizonte como si mil vacas pastaran delante de su caballo y un malón las amenazara con el Doctor Palmatieri como el cacique. Se dejó caer.

El presidente de una Institución Histórica, alto, pelo y bigotes a lo montonero, canosos, por extensión el Caudillo del grupo y de la reunión (el único a quien Enrique conocía), creyó llegado el momento de intervenir, de terminar y definir. Echó el cuerpo hacia adelante.

—Enrique, ¿se muere nomás?

El aludido pegó un respingo.

—Hoy, esta noche o mañana según su esposa, que siente que se va, que no quiere vivir. Según el médico, tiene 50% de posibilidades de sobrevivir.

—Muy norteamericano eso del 50% –comentó alguien.

—Confiemos en la intuición femenina –dijo otro.

El Caudillo se echó hacia atrás en la silla.

—Señores, todo este asunto es un poco desagradable y doloroso. Yo lo conozco desde hace demasiados años. Sea como fuere, no olvidemos que al fin y al cabo se trata de un argentino.

—Italiano, un tano. ¿Eh amigo tuyo? –dijo el de la cruz, toqueteándola.

—No, no diría que es mi amigo. Lo conocí en la facultad. En los años de locuras juveniles. Hasta hicimos algunas acciones juntos, acciones de rebeldía que uno hace sin saber para qué, manifestaciones, huelgas, no me acuerdo bien. Yo me había olvidado de él o lo recordaba vagamente. Y hete aquí que hará unos tres años recibí una carta en la que me llamaba Ilustre Presidente, Admirable Colega, Maestro Emérito, y hacía referencia a "nuestra entrañable amistad de los años juveniles", tratándome de usted. Me informaba que "que debido a un magnífico azar", en no sé cuál biblioteca, había descubierto unos documentos "valiosísimos" sobre Rosas y, si me interesaba, me ofrecía gestionar las copias.

—¡¿Rosas?! ¿Qué sabe ehe de Rosas? ¿Qué sabe de historia? ¿No era lingüista? Ehe debe adorar a Sarmiento. —Mientras hablaba, su cigarro amenazaba como un palo.

Otra vez silencio, sólo se escuchaban los ruidos del bar. El Caudillo parecía cansado. No dijo que no le había respondido, ni que un año más tarde recibió un currículum actualizado con otra carta en la que solicitaba entrar a formar parte de la Institución aunque fuera como miembro honorario y en la que le prometía un estudio exhaustivo sobre el lenguaje de los gauchos. Se limitó a decir:

—Cuando regresó, me entregó un estudio sobre los gauchos.

Enrique abrió los ojos. El de la cruz largó una carcajada y entre toses, dijo:

—Ehe... gauchos... jo... jo... jo... un tano con bombacha... ehe... no me hagah... reír....

El Caudillo no replicó. Se sentía enervado por los achaques de la edad, que trataba de disimular. El bastón lo denunciaba y parecía arrastrarlo en otra dirección que la elegida por él y simultáneamente, irritado por las visitas que había hecho al sanatorio para saludar a Palmatieri y, más aún por los reiterados pedidos medio en broma, medio en serio (que se habían convertido en exigencia), de que fuera él, el Caudillo, quien pronunciara el discurso de despedida en el cementerio cuando se muriera. Hasta le había pedido un último homenaje: que escribiera una necrológica en la revista de la institución que lideraba. El Caudillo, asegurándole que lo haría si tal cosa ocurriera. Y ahora se moría. Una especie de último deber. Sí, el último. Pensarlo le traía un ligero alivio, empañado por una pregunta: ¿quién haría su discurso, el de él, el del Caudillo? Y observó a los que lo rodeaban.

Sí, cualquiera de los que estaban allí. Todos tenían experiencia en enterrar a sus muertos; si no se morían antes, claro. ¿O ya lo estaban? A veces del grupo reunido emanaba el vaho de la vejez que le daba esa sensación. Él, cuando percibía los tirones de su bastón, miraba el mundo a través de la tela de una mortaja y se le nublaba la visión.

Sí, ¿quién lo haría? Quizás el más elocuente fuera ése, académico y literato, un homosexual conocido y aceptado, ex compañero del Doctor Palmatieri en la Facultad de Letras y a quien, en un bar cercano a la facultad, había llamado "maricón de mierda" por no plegarse a una protesta. Viéndose observado, se movió un poco y dijo:

—No me acuerdo cuándo, pero a mí también me mandó su currículum y una carta en la que, sin pedirme disculpas por una grave ofensa, me trataba de "tú".

—Y a mí.

El "Y a mí" dio vuelta a la mesa. Sonrisas.

—Una manía norteamericana de mal gusto.

—Canadiense, será. Recordá que vivió la mayor parte del tiempo en Canadá. No dejaba de aclarárnoslo como si fuéramos idiotas.

—Bah. Eh lo mesmo. Un cargoso, un pesao. Cada vez que venía a vernos con su airecito sobrador, de hombre que había recorrido el mundo, hablándonos de las maravillas de allá, rogándonos e insultándonos, bufando palabras incomprensibles, eho, agitando la carta, con su portafolio de secundaria, gastado y roto, y la computadora esa que llamaba *Notebook*, como si nohotros fuéramos estúpidos, me recordaba lo que era, un turco mercachifle. ¿Pa qué volvió, pa qué?

El homosexual sonrió ampliamente y dijo:

—¿Se dieron cuenta de que las iniciales de sus nombres y apellido del ilustre doctor forman la sigla RIP?

Las risas y carcajadas fueron forzadas y exageradas.

Enrique creyó necesario defenderlo.

—El Doctor Palmatieri volvió por una invitación. Además, siempre quiso morir entre los suyos con dignidad y honor.

—Pa' morir con dignidad y honor hay que... –la mirada del Caudillo lo detuvo–. Bueh, si quiere morir, que se muera nomás. No he lo impediremos.

Sonrisas.

—No, no se lo impediremos. Por otro lado, como italiano, tendrá una familia numerosa.

—Eho, entre los suhos, eh. Si tanto quiere a los suhos, ¿por qué se jué?

—No se fue. Lo echaron de su cátedra. Se tuvo que ir –dijo Enrique, con un sentimiento total de inutilidad.

—Conohco la historia. Por algo habrá sido. –Movimientos amenazadores del cigarro.

—Por razones políticas. Ja ja ja. Como vivía en las nubes, no sabía dónde estaba parado –sentenció el homosexual–. En un ataque de macho raro en él, un brote patológico, cometió el error de defender a uno que ya estaba marcado y parece que lo hizo de manera abrupta. Dicen que gritó hasta palabrotas escatológicas delante del decano. Recuerdo el día que lo encontré en un pasillo; en la mano el papel en el que le daban las gracias por los servicios prestados y lo declaraban prescindible; temblaba de furia y lo releía sin comprender. Me preguntó por qué lo echaban y le respondí: por razones políticas. Y... ja ja ja... ¿saben qué me respondió?

Nadie sabía.

—Dijo: "¿Polí-ti-ca, del latín *politicus*, derivado del griego *polis*, ciudad, o sea, relativo a la ciudad y el Estado? De eso no entiendo nada". Y salió corriendo.

La anécdota apenas provocó unas sonrisas. Se oyó un comentario.

—Sí. Se hubiera quedado allá. Se habría muerto lejos y lo recordaríamos como uno de los ilustres, uno de los tantos que murieron, injustamente, lejos de su patria. Y si es grande en serio, un día lo habrían repatriado y condecorado *post mortem*.

Alguien recordó el día en que el Doctor Palmatieri quiso pagar un café con su American Express dorada. Hablaron del nuevo rico, ostentoso.

El Caudillo se mordía los bigotes. Silencio, ruidos de dados.

Enrique se preguntó cómo se podían ensañar tanto con un moribundo. Pero la pregunta de si ese moribundo no se lo merecía lo sorprendió con una difusa alegría que pronto reprimió; él era un discípulo, tal vez un amigo. Tal vez.

—Señores, por favor. Tenemos que terminar antes de que suenen las campanas de medianoche —recordó el Caudillo.– Al fin y al cabo no es tan difícil, tenemos experiencia: una corona y un discurso.

Resultó difícil. La corona, ¿en nombre de quién? ¿De la Institución Histórica? Palmatieri no era ni siquiera miembro honorario. ¿Del círculo de amigos entrañables? Palmatieri no era ningún amigo, era un... ¿Un habitué del café Tortoni? Salvo para mendigar y hablar de la tradición, del mate que no tomaba, de su amor al asado y de cómo se habían encarecido últimamente todas las cosas, tanto que ya no se podía vivir porque la estabilidad allá en el Norte... Era como si Palmatieri, para ellos, no venía casi nunca.

—Señores, por favor, terminemos. El discurso lo voy a preparar yo. La corona, veremos —concluyó el Caudillo.

—Podés leer su currículum sobre el ataúd. No va a ser muy entretenido, pero sí novedoso.

—Sí, ahí debe estar hasta el pedo que he tiró. El peso ligero de un tipo pesao.

Un poco molesto, miró a Enrique; ante extraños hay que cuidar la imagen. Mostrar ciertas cosas sería como hablar mal de la Patria.

El Caudillo se dirigió a Enrique tuteándolo porque sí, como un político antiguo, o una manera de mostrar familiaridad.

—A ver, Enrique. Acercate. Vos me vas a ayudar.

Con leves ruidos, movimientos cuidados y llamadas al mozo, los Notables fueron poniéndose de pie. Hubo un minuto de silencio, de vacilación, quizá de recogimiento por la muerte del Doctor Ricardo Ignacio Palmatieri. Tal vez no; tal vez no fuera más que esa sensación ligeramente oscura, de temor, cuando la jornada se termina y cae la noche con la necesidad, o más bien por obligación, de tener que volver al lecho. Unos ayudándose con el bastón, y los que "se conservan muy bien", sin ayuda, estirados, firmes como navíos a toda vela, cargados con valores históricos, balanceándose, navegaron hacia las puertas del Tortoni para desaparecer.

Enrique y el Caudillo se quedaron solos. Mientras sacaba una libreta, el Caudillo pidió un whisky, Enrique un café.

—Eh eh, ¡mozo! Dos whiskys... dos —el Caudillo miró a Enrique y le aclaró: –Invito yo.

Esperaron las bebidas. Tintinearon los cubitos en el vaso. Los hicieron girar, algunos sorbos. Los vasos sobre la mesa. La libreta delante del Caudillo, una lapicera, probablemente una Montblanc.

—Decime Enrique, vos que sos amigo de él, que lo conocés bien, debés saberlo: Ricardo, ¿para qué volvió?

¿Amigo? Enrique dudaba. Para ser sincero, hubiera tenido que aclarar, sin estar seguro, que Ricardo no tenía amigos. O tenía infinitos. Un amigo en cada país, uno en cada universidad alrededor del mundo, un amigo en cada ministerio, muchos examigos. Y sin embargo no parecía tener ninguno. Enrique suspiró. La conciencia de que estaba harto de Ricardo se ahondó o afloró. Mucho más joven, sólo parecía quedar, como una sombra amarga, el respeto al viejo maestro o la obligación del último homenaje y la despedida.

—¿Y? ¿No decís nada?

Enrique giró la cabeza y sonrió.

—Y… supongo… supongo que volvió para morir entre los suyos.

—Enrique, ¿qué suyos? ¿A quién tiene aquí? ¿Quién le queda? Si sus hijos y nietos están allá.

—Aquí creo que no le queda nadie y allá no tiene nietos, siempre se lamentaba de no tenerlos, pero también me escribió más de una vez diciendo que su descendencia, su herencia, la sangre de su sangre, cito, "se desparramaría y se perdería en el basural que es el mundo".

—¿Y entonces?

—Y está esa famosa carta —señaló Enrique.

—Ah, sí, la famosa carta. Cómo me rompió las pelotas con esa carta. Hasta me hizo sentir culpable, como si yo fuera el autor o el responsable. Le pregunté a Antonio Rodríguez por qué se la había mandado y me respondió que Ricardo le hinchó tanto que lo hizo para que se dejara de joder. Un error lamentable.

—Tal vez. Sin embargo, como Ricardo mismo diría, en vez de hablar claramente, sí o no, fue un so y ni, algo muy pero muy argentino.

Ante la palabra "argentino", el Caudillo se solía callar con respeto. Meditó un rato.

—Es triste, es horrible, pero puede ser verdad.

Alzó la lapicera.

—Enrique, ¿se muere no más? No sea que trabajemos en balde.

—Bueno, ya dije lo que sabía. Más no sé. De todas maneras, no vamos a perder el tiempo. El discurso servirá para el día de su verdadera muerte.

El Caudillo lo miró. Meditó un rato. Un sorbo de whisky y tomó la lapicera:

—Bien. Contame, una breve biografía, en qué se destacó y si publicó algo en *La Nación*. Tratá de recordar alguna anécdota edificante para darle un poco de calor al asunto.

No, nunca había publicado nada en *La Nación*. Y eso que actualmente publica cualquiera. Pero son conocidos y modernos. Ese deseo, ese sueño, también moriría con él. ¿Anécdota? ¿Qué anécdota? La vida de Ricardo, del Doctor Palmatieri, no era más que eso: una anécdota.

19. Interludio

Como ya se sabe por Inesita, el departamento del profesor en Buenos Aires era chico, tan chico que no había lugar para muchas macetas de violetas africanas. Tal vez para dos o tres, pero la mujer del profesor lo consideraba un lugar absolutamente transitorio. En cuanto al peceto, si bien había una cocina bastante aceptable, era a gas, y, en tantas décadas, acostumbrada a la cocina eléctrica, ella le había perdido la mano.

En compensación, Buenos Aires era grande, la tercera o cuarta ciudad en el mundo en extensión. Superaba ampliamente a Catamarca en lo que se solía en llamar "escala humana". Y si uno puede estar orgulloso de un Obelisco inútil, también puede estarlo de un gigantismo mongólico. Como si esto fuera poco, había progresado a la par de las ciudades más avanzadas del Norte. Si había zonas pobres y peligrosas (de esto también se podía enorgullecer, como las ciudades del hemisferio superior), se encontraban en la periferia. Enormes *Shopping Centers* se habían alzado por doquier. Los de Palermo y en especial, el Patio Bullrlich, si bien no eran como los que el profesor y su mujer habían conocido alrededor del mundo (La galería Lafayette en París, el de Georgetown en Washington, hasta el Rideau Center de Ottawa) eran lugares por los que Inesita, haciendo *windows shopping* (y a veces comprando alguna cosita, *why not?*), podía pasear como por su casa y donde el profesor, en vez de dar vueltas como en su despacho de la Universidad, o en su casa, una torre de cartón arriba o abajo, disponía de cientos de bares de los que saltaba de uno a otro como una langosta.

Pero su lugar preferido era el Tortoni, sobrecargado de historia, que se apagaba como el sol y que si no se derrumbaba sobre su cabeza, era por sus soberbias columnas. De allí que, cada vez que se citaba con Enrique u otro, llegaba antes y buscaba un lugar pegado a una de ellas y desde donde podía ver la calle a través de la puertas que daban a la Avenida de Mayo. Mientras esperaba, sacaba la *Notebook* y la ponía sobre una silla, o en el extremo de la mesa si tenía que lucirse. Luego, siempre ocupado, una carpeta, papel o un bloc y, olvidándose de la *Notebook*, con su querida Parker 51 tomaba notas o, gracias a un impulso, escribía textos hasta de tres o cuatro páginas.

Querido Tártaro:

No te voy a seguir hablando del incumplimiento de las promesas. El papel que me confirma como investigador ya lo tengo arrugado de tanto sacarlo y ponerlo en mi portafolio. Yo no sé si tendría que cantar el tango Cambalache ("El mundo fue y será una porquería"), pero te puedo asegurar que en este país la porquería ya no tiene límites. Recuerdo con cariño el día en que me hablaste del Departamento de Español como de un nido de víboras, cosa que, te confieso, me asustó por miedo a que me metieras también adentro. Pero para hablarte de lo que ocurre aquí, inspirado por tu estilo, no me bastaría todo el veneno que largaste en ese momento, ni cultivado y reproducido en un laboratorio. Aquí, Hungarito, si hablamos de nido de víboras, podrías encontrar desde el áspid y la coral, esas pequeñas que parecen tan inocentes, hasta las boas, pitones y anacondas. Cuando te caés adentro (es imposible no caer) las pequeñas te pican y las grandes se te enroscan y te trituran hasta convertirte en carne picada para venderte como hamburguesas en los McDonald's y otros comederos de basura que llegaron hasta aquí. Si alguien se libra de esto, es un pez frío, nadador de todas las aguas o pescado volador; se te resbala de las manos antes de que lo hayas atrapado. Y temo que uno de ellos sea Enrique, de quien ya te hablé y que es uno de mis discípulos preferidos.

No sé qué hacer; la sabiduría siempre parece llegar tarde. Sabés que no le tengo miedo al trabajo pero mi libro (ni mis libros, mi biografía, por ejemplo), tal como lo temía, no avanza. Y mi temor se va convirtiendo en pavor a medida que se debilita mi autoconfianza. Sí, ya no estoy tan seguro de que esa barca que viene del pasado con una palabra, sea un vehículo que viene flotando hacia nosotros cargada con el pensamiento de hombres que no hemos visto nunca. Y al lograr entender la palabra no sólo penetramos en la mente de nuestros antepasados, sino en la de nuestros contemporáneos. Viviendo aquí, no creo que esto haya sido verdad alguna vez. Para penetrar la mente de nuestros contemporáneos de aquí no te alcanzaría ni una bazuca. Nadie escucha la palabra del otro ni trata de comprenderla. Cada uno cree que la historia empieza con él, con su plata y su palabra, y lo que es peor, en esto los intelectuales y/o escritores se llevan la palma de platino. Viendo lo que veo, el mundo y la gente que me rodea, si alguna vez, durante mis conferencias internacionales creí ser un mercachifle de las palabras, un "venditor verborum", debo reconocer que me quedé corto.

Pero no desfallezco. Estando aquí en la Gran Aldea, en el Centro de la barriga del regordete Buda, es decir, en su ombligo, donde todos creen estar y se contemplan satisfechos como en un espejo (lo único que los corroe es la envidia), se me ocurrió —ya que los otros no avanzan— preparar una antología de los escritores argentinos jóvenes contemporáneos para traducirla al inglés y al francés y dar a conocer, un trabajo patriótico, nuestra literatura allá en el Norte, aunque el Norte (supermercados, vaqueros Lee, zapatillas Nike o Adidas, hamburguesas McDonald's,) en forma de parodia ya esté instalado aquí y no creo esté interesado en nuestra literatura. Al Norte no le interesa nada que no dé dinero o no se pueda comer con ketchup. Una aclaración: escribí en "forma de parodia" porque Inesita se queja de que no consigue ni siquiera un kit "decente" para limpiarse los dientes.

Ya tengo muchísimo material, hasta diría demasiado, es más, tanto que, por no saber qué hacer con él y dónde ponerlo, tengo peleas con Inesita, que no pierde oportunidad de reprocharme:

"Esto no ocurriría en nuestra casa en Rockliffe Park. Allí nos sobra lugar en el basement". Es que, Hungarito, no sé por qué fenómeno (no es más que un cuento por escritor), en este país hay más escritores que lectores. Parecería que los producen en cadena en una fábrica (de la producción poética ni te hablo, son ristras de chorizos que dan vuelta a la tierra), pero otros hablan de talleres. Apenas lancé la idea, por debajo del suelo (moscas a la miel sería decir poco, tendría que decir moscas verdes a los cadáveres o a esa palabrita que casi nunca me atrevo a pronunciar), de la calle, bajando del cielo, reptando o corriendo con la lengua afuera y los pantalones ya bajados, en el Tortoni donde los citaba aparecieron tantos que el lugar quedó chico. Ay, mi querido Atila, si alguna vez te llamé megalómano te pido mil disculpas. Vos no tenés idea de lo que es la megalomanía que, estoy seguro, con tu ironía, llamarías una "sana autoestima". A vos, que sos el maestro de los que escupen veneno, no tengo que explicarte demasiado. De cualquier manera, si vas a poner esta carta en la novela que estás escribiendo sobre mí, te autorizo a que la mejores y la pongas como si fuera mía.

Pero hay algo que te quiero agregar. El rey de la megalomanía humildosa, el que tiene la noble y humilde palma de oro de defensor de pobres, es el que vos llamaste el Ceferino Namuncurá de Santos Lugares. Ya no sólo es defensor de pobres niñitos sin vacuna ni leche, de las Madres y Abuelas de la Plaza de Mayo, que siguen girando, sino que, para estar bajo los spots, defiende hasta a los futbolistas drogadictos. Desde que dejé Argentina hasta el día de hoy dice exactamente lo mismo. De alguna manera, debo reconocerlo, y es su mérito indiscutible digno de envidia, es un verdadero Símbolo Nacional de lo auténticamente argentino: uno que dice estar ciego (y a lo mejor lo está) pero que pinta cuadros.

En fin, mi querido magiar, aquí el famoso dicho "El que no corre vuela" se quedó corto. En una verdadera cabalgata de, todos cabalgan mejor que las valkirias. Cabalgan sobre el Mun-

dial de Fútbol, sobre los inundados, sobre las Madres y Abuelas de la Plaza, se sacan fotos con ellas, cabalgan sobre treinta mil muertos, sobre La guerra de las Malvinas, y lo aunque los saquen de las tumbas para cabalgar sobre ellos, se los olvidan. Cabalgan y cabalgan como y sobre lo que fuere con tal de estar en primera plana.

Y vos, por supuesto, si es verdad que estás escribiendo la novela, vos cabalgás sobre mí. Nada más por hoy. Continuará, como decía en las revistas de historietas. No dejés de escribirme.

Un gran abrazo de tu amigo Ricardo.

20. Sociabilidad: las visitas

...El dolor, otra vez el dolor... ¿Dónde estuve?, ¿dónde estoy? Oscuridad total, la ventana, salir bajo la lluvia, ¿me habré dormido? ¿qué hora será?... cuchicheos... los hilos... *again*... vuelven los hilos del dolor, tironean como si me arrastraran a la vida, volver a vivir es volver a sufrir, vuelvo a esta maldita vida, ¿por qué tengo que sufrir?... ¿por qué?... ¿llueve?, No, no, ya no llueve, pasó la lluvia sin lavar mis pecados y el dolor... un castigo, el castigo... Dios... *God.. Dieu... Isten...* te nombro y no me oyes, hasta en latín, *Deus...* Doctor, ¡Doctor!, haga algo. Maldito matasanos, ¿dónde está?, la blebleta, seguro que dando por ahí una conferencia sobre los fabulosos adelantos de la ciencia y los vende bien caros... ¿Y eso? El trac trac, otra vez el sonajero, la enfermera... el brazo... el algodón... el pinchazo... fluye... así... más... más... de nuevo el alivio... por fin respiro...

—¿Se siente mejor?

Ahora, la historieta de siempre, el trac trac que se aleja y abro los ojos... la luz de la lámpara me hiere... allí está, debajo de la lámpara como un ángel de blanco, pero su cara es de funebrero... terminemos, terminemos...

—¿Qué hora es, doctor?

—Las nueve de la noche.

—Gracias, ahora... ahora ¿me podría decir cuándo es... la mía?

—¿Usted se refiere a su muerte?

—¿Me tendría que interesar... la de otro? ¿La de usted por ejemplo?...

—Hoy en día es muy difícil morir.

—Sí, debe ser un problema cultural... un arito en la oreja... o una vida inútil... mi Dios... no comprendo... ¿qué quiere decir?...

—Digo, saber la hora exacta. ¿Cuándo se muere uno, en realidad? ¿Cómo vivir la muerte de uno? Las teorías difieren. Científica y experimentalmente. En Estados Unidos, país del que viene usted...

—Canadá...

—¿Perdón?

—Vengo... de Canadá...

—Sí, claro, para usted debe haber alguna diferencia... Voy a lo que iba: por medio de electroencefalogramas se demostró que cuando el corazón dejó de latir, antigua muerte clínica, el cerebro sigue funcionando, trabajando o pensando dos o tres minutos, depende de las reservas de oxígeno. El enfermo, para decirlo poéticamente, tiene la última oportunidad de ver y asistir a su propia muerte, su entrada a la eternidad. Esto es un privilegio y un derecho inalienable. Si se muere, claro.

Lo que me temía, la blebleta, otro académico, la blebleta académica, doctoral... Si la conoceré...

—¿Algo más?

—Buena pregunta, como dicen allí... toda mi vida esperé algo más... y no creo que usted... quizá Dios... No... Ah sí... la balanza del *fifty fifty* por ciento de mi vida o muerte ¿ha variado?

—No mucho. Es demasiado pronto para sacar conclusiones. ¿Algo más?

—No, gracias. Se puede ir... a tomar su cafecito...

—Entonces me voy. Le cedo el lugar a las visitas.

—¡Visitas! ¿Qué visitas?

—Su familia. Cualquier problema, llámeme. Que descanse.

Mi familia, ¿qué familia? Se fueron alejando, distanciando, hasta no tenerla... ¿Es que tuve familia alguna vez, un hijo y una hija? Sí, durante los aniversarios, mis cumpleaños, cuando, bien ordenaditos y organizados –la agenda se los hacía recordar y me llamaban por teléfono–, "*Surprise, father,* soy yo...". O cuando venían a visitarnos durante las Navidades y en vez de un lechoncito comíamos esos pavos que odio... Especialmente mi mujer... Ya debe estar averiguando precios y pensando en cómo va a decorar su casa en la nueva etapa, qué muebles va a cambiar, qué va a hacer con mi antiguo y querido escritorio de nogal que odiaba, un armatoste, decía... Fue una ganga que conseguí en el Ejército de Salvación... Siempre preocupada de cómo me cortaba el pelo, cómo me vestía, no sé cómo no trae un empresario de pompas fúnebres para que me pruebe los cajones a ver cómo me quedan... Ay Dios, hablo como el Húngaro, ese sí que tenía colmillos de cobra, así se le enganchaban cada vez que mordía... Allí están, mi adorada familia... me observan desde la puerta y no se animan a entrar, juntan fuerzas para otro aniversario, muy solemne esta vez... No, entran, ella adelante con su vestido brillante, entran como si subieran a un escenario, a actuar una obra de teatro, la muerte del Doctor Palmatieri... perdón, la mejoría del Doctor... mi Dios, no me dejan ni morir tranquilo... a cerrar los ojos para que me dejen dormir... en paz... que me respeten de una vez...

—Las visitas han llegado, Tití y Toto. Aquí están. Te vinieron a ver. ¿Ves? Y vos te quejabas.

Si no me quejaba, o me quejaba, de otra cosa... Tití y Toto, como dos animalitos regalones... los de ella...

—*Hi, dady, how are you?*

Mi hija...

—*Hello father... We are here...*

Mi hijo...

—Se lo ve muy bien ¿verdad?

Mi mujer... Y se quedaron callados, observándome paralizados, no se lo esperaban... Se lo ve muy bien. Ja... Mudos, me observan... ja, esto sí que es *surprise*, no, no se lo esperaban y ahora no saben qué decir, ni en inglés ni en castellano... Se les acabó el aire de entusiastas, de todo está bien en el mundo y soy feliz como los sonámbulos de allí, el *I am okay,* *you are okay...* y si yo no lo tengo es porque no quiero... Sí, se les acabó... y de golpe...

—¿Cómo estás papá?

—¿Te sentís bien? ¿Te duele algo?

Ahora me hablan en castellano, como si yo no entendiera el inglés...

—No creo que le duela nada. Con los medicamentos modernos. Ay, claro, con los de acá, una nunca sabe.

Los medicamentos modernos, la doctora al día con los adelantos... el alma, el alma que reviente, total, no se la ve, no está en la vidriera ni en el *Shopping Center* ni en el catálogo de ventas ilustrado... no duele...

—Papá, papá, ¿nos oís? Respondé.

Y ahora cuchichean, me dejan de lado, puedo leer y descifrar... Siempre fue igual, entre ellos se entendieron perfectamente... especialmente cuando se trataba de mí... "Vos sabés cómo es papá"...

—Mamá, yo lo veo muy mal, *really bad.*

—Te parecerá, mijita.

—¿Por qué no responde? Si el médico te dijo...

—Debe estar cansado. O el medicamento lo hace dormir. Lo tratan con... a ver, esperen.

Quiero paz, quiero que se vaya ella... que vengan solos, mañana, mañana hablaremos, quiero hablarles solos, sin ella, decirles todo lo que no les dije nunca, o no pude, de cuánto los quiero... O pedirles una vez más que no sean egoístas, que no piensen sólo en ellos, que se casen de una vez y tengan hijos, mis nietos, pequeñas barcas, mi descendencia que continúa a través de la historia...

—Pero claro, ¿no ven? Siempre igual. No sé por qué compramos la más cara. El seguro no lo cubrió todo.

—¿De qué hablás, mamá?

—Pero, ¿no ves la dentadura en el vaso? Es por eso que tiene mal aspecto, las mejillas y los ojos hundidos. A ver, déjenme.

—Mamá, ¿qué hacés? Por Dios.

—Yo sé lo que hago. A ver, abrí la boca. ¿Me oís? ¡Abrila! Aghhh... brohhh...

—¿Ven? ¿Qué les decía yo? Mírenlo. Ahora *he has a nice look*, se lo ve mucho mejor. Siempre fue igual. No tiene buen gusto. Nunca supo vestirse ni cómo presentarse. Me da tanta pena; con los pies sobre la tierra nunca supo disfrutar de las pequeñas cosas de la vida. Siempre anduvo flotando con las grandes.

—Mamá, no hablés así.

Silencio, un suspiro...

—Y ahora, ¿qué hacemos?

—Ay, no sé. ¿Ya les dije que no tengo *food processor* para preparar algo rapidito? Es un desastre, chicos. Un desastre. No veo la hora de... en fin.

—¡...!

—¿Qué dijiste?

—No dije nada.

—Pero alguien habló.

—¿No será papá?

—A no ser que haya dicho alguna de esas palabras... pero no, no creo. No tiene fuerzas. Mejor lo dejamos descansar. Podríamos ir a un restaurante paquete que descubrí el otro día. Hay unos *pancakes* de postre, increíbles... ay, me hacen romper la dieta... sentir culpable.

Lo percibo, se alejan... me olvidé, mi querido portafolio...

—Mamá, dijo algo.

—¿Qué?

—No sé. Creí oír algo de porta...

—Ah, debe ser el portafolio. No me extraña. Sueña con él. Vamos, se me hace agua la boca pensando en los *pankeiks*.

Una de las pocas cosas buenas que encontré aquí. Y lo hacen al estilo de allá.

—Pero mamá, estamos reventados del viaje.

—Bueno, si ustedes no quieren... vamos... *life is going on...* de todas formas, pueden decidir, el restaurante queda de paso a casa...

21. Somos demiurgos; si nos faltan hombres, podemos crearlos

Se separaron a las nueve de la noche. Habían hablado mucho, no sólo sobre el Doctor Palmatieri, sino sobre la situación del país, del hombre que haría falta para arreglar las cosas, no del enanito narcisista que estaba ahora. Algo así como Rosas, claro, un Rosas distinto, más moderno, actualizado. Tocaron el tema de la tradición, de la pérdida de la tradición, de la falta de fe. Le gustó el Caudillo y lo votaría si se presentara como candidato. Era un hombre capaz de hacer favores, algo muy gaucho y argentino. Con él como diputado o senador... Lo que más le gustó era la amargura serena y sincera del personaje, su ironía, su saber vivir. Un hombre de mundo que le había pagado tres whiskys.

Ahora caminaba por Avenida de Mayo, como flotando, ligera el alma, liviano el portafolio, aspirando el aire húmedo, fresco, de la ciudad lavada por la lluvia. Sonreía cada vez que recordaba la última observación del Caudillo cuando se despidieron: "Ahora, para redondear el discurso, sólo nos falta saber cuál será su última palabra".

No era tarde para una ciudad como Buenos Aires, sin embargo —los cartoneros habían terminado su tarea—, salvo alguno que otro que revisaba los tachos de basura, las calles estaban desiertas, los bares y restaurantes vacíos. El holocausto argentino, la inflación, la guerra de Malvinas, los que se pudieron ir, oh, ironía, ahora la estabilidad, el alto costo de la vida del que se quejaba el Doctor Palmatieri, el peligro en las calles, la despoblaron. Era una confirmación de que la vida siempre está en otra parte.

Balanceando el portafolio, caminaba hacia la 9 de Julio. No vivía lejos, Venezuela al 1200. Volvía con placer a su casa, quería a su mujer pero los años de "contigo pan y cebolla" habían pasado hacía rato. El pequeño departamento en una casa antigua reformada, la falta de hijos, el constante vivir al día con su miserable salario de profesor eran un leve pero constante reproche de su fracaso. No podía evitar la sensación difusa de que el Doctor Palmatieri tenía que ver algo con eso. O él había puesto demasiadas esperanzas donde no hubiera debido.

¿Quién era exactamente el Doctor Palmatieri? ¿Qué clase de tipo? ¿Quién podría responder a esa pregunta? Quizás ese famoso Húngaro del que hablaba en sus cartas y a quien no conocía. A lo mejor tampoco. Se empezó a sentir mal, una especie de guardián protector de mentiras y sospechas. No, no tenía por qué decirles a los Notables, tampoco al Caudillo, lo que aparentemente no sabían (aunque ganas no le habían faltado, especialmente al Caudillo): que el Doctor Palmatieri le había ganado el juicio a la Universidad; que lo indemnizaron; que le habían ofrecido nuevamente el puesto; que le había escrito muchas cartas en esa época preguntándole por el costo de vida. El Doctor le había anunciado el regreso –que no había pasado de una visita– o ni siquiera eso, una docena de veces, tantas que la última vez ni le creyó. Que ahora, probablemente, con la jubilación del Norte podría volver a Catamarca, para ocuparse, sin sobresaltos, de sus cosas, y descansar bajo la sombra fresca de algún olivar. ¿Otra, otras mentiras?

Los whiskys perdían su efecto bienhechor; empezó a sentir el peso de su cuerpo y el portafolios se convirtió en un lastre.

Llegó a la 9 de Julio y dobló. El espacio abierto de la avenida le trajo un poco de alivio. No, no era la satisfacción de caminar por la avenida más ancha del mundo, ni comer la mejor carne, ni tener la calle más larga, los mejores zapatos, el mejor cuero, ni ser los más piolas. Era porque le permitía pensar. La casi certeza de que su fidelidad, alimentada por una esperanza ilusoria –el Norte como meta y el Doctor su agente–, no era más que una fidelidad vana. Su mujer se lo había advertido hacía años. Era hora de creerle.

No era fácil, no. El bar de la esquina de Belgrano y Lima estaría abierto. Si no, habría algún otro. Aceleró sus pasos. Marchaba por la vereda de Lima. Dejó Alsina y por fin llegó a Belgrano. No pudo ver a través de las cortinas marrones. Subió el escalón y empujó la puerta.

Un bar de esos que nacieron queriendo ser modernos y ya eran viejos. De día, sándwiches y minutas para oficinistas; de noche, lo único que podía mantenerlo abierto: prostitutas.

Había tres o cuatro en la barra, una pareja en una mesa, dos o tres tipos solitarios. Buscó una mesa apartada. Dejó su portafolio sobre una silla y, aliviado, se sentó. ¿Hacía cuánto que había dejado de fumar para ahorrar? Preguntó al mozo si tenían cigarrillos. Sólo importados. ¿De contrabando? El mozo se encogió de hombros. ¿Cuánto? Los pidió, esa noche era fiesta. Y un whisky, no, una grapa. ¿Hasta cuándo esa miseria, esos ahorritos, esas dudas y vacilaciones? Ni con el salario de su mujer podían darse lujos.

La grapa y el paquete de cigarrillos. Bebió hasta la mitad. La copa sobre la mesa giraba entre sus dedos y las preguntas en su cabeza: ¿aprecio a Ricardo? ¿Por lo menos lo respeto como maestro? ¿Qué maestro? Una oleada de rencor y de rabia. El Doctor Palmatieri nunca había cumplido ninguna de sus promesas, no había satisfecho ninguna de sus expectativas.

Trató de ahogar su rencor y su rabia con la grapa. Abrió el paquete de cigarrillos y ya con uno en la boca se dio cuenta de que no tenía fósforos. Pidió otra grapa y fósforos.

Pero, ¿se moriría realmente? El 50%, muy poco a su favor. Algunos médicos le advirtieron que operar era peligroso; sin operar tal vez viviera uno o dos meses más. Con un tratamiento quimioterapéutico, otros tantos. No por nada la medicina es una ciencia: otros médicos opinaron que para una mínima posibilidad de curación había que operar "YA".

E Inés, –"Ay, tenemos que hacer algo. Todo lo posible"– autorizó la operación. Graciela, su propia mujer, opinaba que Inés, ya harta de él, sin matarlo, aceleraba su muerte y de un tacazo, como una bola de billar, lo sacaría de la superficie de la tierra. Y la famosa computadora ultrarrápida quedaría para siempre en la aduana, donde el Doctor Palmatieri decía que todavía estaba.

La segunda copa. Con los ojos semicerrados, se descubrió mirando el portafolio. Adentro, una carpeta llena de cartas del Doctor Palmatieri. ¿Qué extraña necesidad lo obligó a llevarlas a la reunión del Tortoni, reunión a la que, al decir del Doctor, iba una jauría de lobos sin dientes, de conservadores repugnantes que se llenaban la boca con la espuma de la palabra "patria"? Un poco asombrado por esa manera de hablar, Enrique le había preguntado:

—Si te parecen todo eso, ¿para qué demonios vas?

—Aunque sin poder sobre el presente ni el futuro, ya medio muertos o muertos del todo, todavía son los administradores de la Historia. Son como los del diario *La Nación*, quienes con buena educación y elegancia, con el lenguaje de la civilidad, deciden quién va a figurar en la lista y quién no. Y yo creo que merezco estar en ella.

Loco alucinado. Fue inútil discutir, dar ejemplos. Decirle que hablaba de un pasado que ya había muerto y desaparecido. Enajenado. Cabeza dura. Por no decir un viejo carcamán. Y ahora, sin haber cumplido ninguna de sus promesas, se moría.

Ah sí, había llevado la carpeta por si necesitaba alguna información. Miraba el portafolio, una caja de Pandora. Además de la documentada trayectoria internacional del Doctor Palmatieri a través de sus cartas, de sus encuentros con el Húngaro, de sus dichos, estaban las que le decían que hacía todo lo posible para conseguirle un trabajo en una universidad norteamericana o canadiense.

Giraba la copa y miraba la cartera; cartas manuscritas y a máquina, largas y breves, tarjetas postales de veinte países. Ofrecimientos y denegaciones, explicaciones y muchos precios. Más que material para una biografía, parecía un catálogo con tarifas internacionales. Hum, ¿estaré hablando como el Húngaro ése que no conozco? ¿Tirarlas? ¿Por qué no? Sin embargo, sin embargo, el beneficio de la duda. Para eso habría que saber quién era el Doctor Palmatieri.

Recordó cómo el Caudillo había preparado un discurso que definiría al Doctor Palmatieri, el último; después tierra y después nada.

—Decime Enrique, ¿dónde nació? –le había preguntado.

—Nació en San Fernando del Valle de Catamarca, como él mismo decía, una ciudad a mucha altura sobre el nivel del mar, cerca del sol, y a la que quería volver a los 65 o 70 años para calentar sus huesos. Me dijo en una de sus cartas que se imaginaba debajo de un olivo, en una reposera, mirando un camino largo que baja y se pierde, su pasado, y a sus discípulos yendo a visitarlo. *"Sí, te imagino, allá arriba, casi como un santo, debajo de un olivo, sentado en una reposera, observando la fila de discípulos que trepan la cuesta para llegar a vos. Se caen, ruedan, pero con las rodillas y las manos despellejadas vuelven a insistir para ver al Maestro."*

—Enrique, ¿de qué estás hablando?

—Bueno, cito a un tipo a quien él llamaba el Húngaro; y lo nombraba muchas veces en sus cartas. Una especie de amigo suyo allá en el Norte. Para decirle la verdad, dudé muchas veces de su existencia. A veces pensé que era un personaje inventado por Ricardo para decir cosas que él no se animaba.

—¿Y existe?

—Se lo pregunté a su mujer, y parece que sí. Digamos que a Inés no le es muy simpático.

—Adelante, te escucho.

—Además de eso, a veces me hablaba de que quería vivir y morir en su ciudad natal y descansar en el cementerio local, en el pabellón familiar. También fantaseaba con la posibilidad de crear en Catamarca una especie de Fundación Palmatieri para perpetuar su nombre.

—Hum, no sé qué pensar. Decime, ¿solía volver a Catamarca?

El Caudillo alzó el vaso y terminó el whisky. Pidió otro. Enrique, antes de contestar, apresuró de un trago el suyo.

—Siempre iba cuando volvía de visita al país. Desde que regresó hace un año, *"para encontrarme y encontrar mis raíces"*, como si escapara, fue cuatro o cinco veces. Como yo no conozco Catamarca, para ambientarme, para escribir bien su biografía, me ofreció un pasaje en tren para conocerla.

—¿Y fuiste?

—Todavía no.

Llegó el mozo. En silencio, observaron sus ademanes exagerados. Tintinearon los cubos cuando dejó los vasos sobre la mesa. Suspiro del Caudillo.

—Pensar que yo tampoco conozco Catamarca. Conozco más Londres y París. Vaya patriotas que somos.

Agregó un chorrito de agua al whisky. Se llevó el vaso a los labios, un sorbo y lo dejó.

—Decime Enrique, ¿era realmente un exilado o, como muchos, jugaba a serlo?

Enrique se puso rojo.

—No... sé. A lo mejor. Lo echaron, eso es verdad. ¿Lo persiguieron? No sé. Pero tenía que comer y darle de comer a sus hijos. Para el caso exilado o emigrado, ¿cuál es la diferencia? Juzgue usted mismo.

El Caudillo asintió.

—Tal vez ninguna y quizá sea doloroso de cualquier manera. Ahora contame algo de su familia, quiénes eran sus padres.

—Eran inmigrantes italianos. Ricardo era... perdón, hablo como si ya estuviera muerto, él es el último de una saga de tres o cuatro hermanos. Ni siquiera sé si están vivos. Nunca habla de ellos. Salvo sobre su padre, "un gran hombre", un modelo, de ésos que vinieron con una mano adelante y la otra atrás, de ésos que cuando cerraban el mercadito y volvían a casa trabajaban en su quinta. Sábados y domingos, lo mismo. Hasta tenía viñedos. Con el paso de los años el mercadito se convirtió en una especie de supermercado con artículos del hogar y hasta muebles. Un gran edificio en el centro de la ciudad. Siguiendo el sueño del tano inmigrante, su padre lo mandó a Buenos Aires para que estudiara medicina. Apenas empezó, salió corriendo de la facultad al ver el primer cadáver. Como él mismo me dijo en un momento de rara sinceridad: "Mirá, Enrique, en el fondo no me interesaba estudiar absolutamente nada. Si no fuese porque mi padre me hubiera roto la cabeza, habría regresado a Catamarca a vender calzoncillos en su negocio. En fin, tenía que estudiar y como la Facultad de Filosofía y Letras estaba llena de minas buscando marido, ahí fui". El padre se enojó, le cortó los víveres y tuvo que hacer la carrera trabajando en changas y viviendo en pensiones.

—Esperá... antes de que me olvide, voy a anotar... *"Un hombre del interior, ese interior que los hombres de Buenos Aires ignoran... o ignoramos... veré... y que sin embargo, nos ha dado tantos hombres ilustres. Descendiente, como todos nosotros, de emigrantes que con su tesón, su afán, poblaron y formaron... forjaron... nuestra patria"*. Por no decir ambición... a ver...*"De la zaga de pioneros..."*. Bueh, después lo arreglo. ¿Dónde cursó sus estudios?

—Según su currículum, el bachillerato en Catamarca y su carrera de lingüista en Filosofía y Letras. Con una beca, se doctoró en la Universidad de Madrid o la Complutense, ni me acuerdo ahora.

—No comprendo, ¿qué era exactamente? –preguntó el Caudillo mientras encendía un cigarrillo– ¿Literato, lingüista, historiador?

—¿Puedo citar al Húngaro?

—Citalo.

—*"A veces me da la sensación de que no sabés quién sos. Y lo peor, tampoco sabés qué querés ser. Como un mono, te pasás la vida saltando de rama en rama. Sería hora de que bajaras del árbol y, con el pelo un poco más largo y trajecitos más claros o deportivos como dice tu mujer, empezaras a caminar en nuestro siglo."*

—¿Ricardo te escribía estas cosas?

—Citaba al Húngaro.

—Igual.

—Lo encontraba graciosísimo. Además, consideraba que el Húngaro tampoco sabía quién era él mismo. Para ser húngaro, le faltaba tocar el violín como los gitanos; para ser argentino, tomar mate; para ser canadiense, comer hamburguesas. También decía en una de sus últimas cartas que era un borracho, un alcohólico, un fracasado que *"tenía la pretensión de escribir una novela sobre mí; más de una vez me dijo que me veía con placer para tomarme el molde y porque le pasaba material. Que yo era el modelo más cercano a un personaje de ficción que hubiera conocido".*

—No te creo.

—Ahí, en ese portafolio, tengo la carta. ¿Se la busco?

—No, no, que me vuelvo loco. ¿Dónde estudió?

—Ya se lo dije.

—¿Qué te pregunté?

—Que qué era exactamente Ricardo.

—Ah, sí. ¿Entonces por qué?...Ah, ahora me acuerdo, ¿por qué dijiste "según su currículum"?

Antes de responder a la pregunta, Enrique había suspirado. Y ahora, mientras hacía girar la copa de grapa, otra pregunta lo sorprendió:

—¿Estás solito?

Dejó quieta la copa y volvió la cabeza. No, las prostitutas que despertaban la fantasía violenta del deseo, de las asociaciones oscuras, de la aventura y del placer nunca vividos, de lo prohibido, de lo deliciosamente bajo y sucio, no frecuentaban ese barrio. Además, Graciela estaba a una cuadra y media. Algo había que responder. Mientras, la observaba: pelo teñido, demasiada pintura en la cara, la mitad de los senos al aire, minifalda negra, medias del mismo color, tacos altos, una cartera arrugada y vieja en la mano. Toda ella gastada, como su cartera.

Trató de suavizar el rechazo.

—Sí, estoy solito pero bien. Para peor, no tengo un mango y en tu banco no hay crédito. Gracias igual.

Una mueca por sonrisa, un giro y se alejó.

No, no era verdad que estuviera bien pero era verdad que no tenía dinero. Y volvió a mirar la copa, la hizo girar. ¿Había hablado con el Caudillo como lo recordaba o una vez más recordaba lo que le hubiera gustado decir? Quizá sí, quizá no. Daba lo mismo. Ahora sentía satisfacción.

Después del suspiro, había respondido:

—Como él mismo solía decir, el hombre es lo que es su currículum. *Currículum ergo sum.* Quizá por eso.

—Sí, su currículum es impresionante. Parece una agenda turística.

—Usted habla como el Húngaro. El le había dicho: *"Por el olor que traés, sé dónde anduviste. Mortadela y grapa, Italia; ajo y chorizo, España; chimichurri, Argentina."*

—Es probable, pero pará un momento, voy a tomar nota, si no... *"Siguiendo su profunda vocación, en 19..."* ¿En qué año ingresó a Filosofía y Letras? No, no, dejá, me voy a fijar en su currículum... *"...ingresa en la Facultad de Filosofía y Letras. Allí, con tenacidad ejemplar, trabajando y estudiando, un modelo de esfuerzo, termina su carrera en... en... lingüística".* Uf, "lingüística" no queda bien, suena raro, a poca cosa.

—Tal vez con "su carrera" sea suficiente.

—Eso: *"brillante carrera que corona con un doctorado en..."* ¿En? No me acuerdo...

—La Madre Patria.

—*"La Madre Patria."* Uf, la Madre Patria que nos mal parió. El Caudillo dejó la lapicera. Se acomodó en la silla con el vaso.

—La verdad, Enrique, decime, ¿era un tipo de calibre? Lo que es yo, personalmente, el estudio sobre los gauchos que me dio parece de escuela secundaria.

—Su fama es internacional, creo. Ahora, claro, hay famas y famas...

—Sí, hoy por hoy, hay famosos maricones internacionales... por ser maricones...

—Yo me refería en su medio, el universitario. Viajó mucho, eso lo sabemos. Y está ese famoso libro, el definitivo, que el Húngaro llamaba "La obra maestra desconocida", el estudio más exhaustivo sobre la palabra del que me hablaba en casi todas sus cartas... mejor dicho, de las dificultades que le impedían terminarlo y ahora... nunca... y que quiere que yo...

La mirada de los muertos, vacía, es reproche y devora: Enrique se quedó paralizado y en silencio. Casi no entendió al Caudillo.

—Comprendo, es triste. Ahora hablame de su abnegada y dulce esposa.

Enrique dilató los ojos. El Caudillo se inclinó y lo tomó del brazo.

—Sí, ya sé, me imagino que te asombra, es una tipa insoportable, me irrita cada vez que voy a visitar a Ricardo, hablándome mitad en inglés y mitad en castellano, que acá patatín, que patatán, que allá en el Norte, que patatín, que patatán. Pero lo que yo me pregunto, para hacer las cosas bien y como corresponde, ¿detrás de cada gran hombre, no hay una mujer?

Enrique se echó para atrás y respondió:

—Según el Húngaro ya no, ni siquiera debajo. Esas eran épocas gloriosas. Ahora detrás de cada hombre hay una secretaria, una empresa, bibliotecas, y si la secretaria falla, una computadora.

Un sabor amargo en la boca de Enrique. Lo enjuagó con la grapa y se lo tragó. Pidió otra. Sentía las piernas flojas. A la pregunta del Caudillo sobre la "abnegada y dulce esposa", se limitó a pasar información sin comentarios, seca, como la de un inglés. Hija de alemanes, alta, rubia, unos diez años más joven que Ricardo, fue alumna suya hasta que se conocieron más íntimamente y se casaron.

El Caudillo anotaba: *"La vida del Doctor Palmatieri cambió cuando conoció a su compañera... esposa... la que sería su fiel y abnegada compañera de toda la vida".*

El sabor amargo volvió. Una culpa débil y el recuerdo de un placer más débil aún. Pero, ¿se puede hablar de culpa o de placer? ¿O sólo de una satisfacción de la vanidad o el ego? Ya en aquellos años, todavía jefe de trabajos prácticos, cerca de ser titular, al decir de sus colegas y alumnos, para dar clase, el Doctor Palmatieri subía al estrado como si subiera a un trono. Por ese entonces tendría unos 35 años y la rubia que apareció en su clase, unos 25. Era una alumna más de las que estudiaban no por el saber sino por aquello que popularmente se denominaba "pescar un marido". La rubia tenía muchas dificultades para comprender "Introducción a la lingüística" la materia que dictaba el Doctor. En clase, alta, sobresalía entre los alumnos y alumnas, rígida, una muñeca, admirando al Doctor Palmatieri, pasmada ante lo que él decía sobre fonemas y morfemas que nos dan el milagro de las infinitas lenguas y la palabra, capacidad sólo humana, cosas que le sonarían como secretos arcanos, con la boca ligeramente abierta, una débil e insegura sonrisa, seguía sus evoluciones en el estrado. Enrique, ayudante de cátedra del Doctor Palmatieri, un joven inteligente de unos 22 años, era un alma buena y fue generoso con su ayuda. Como en aquel tiempo todavía no estaba en boga la liberación, Enrique se sorprendió por la facilidad con que la conquistó o, simplemente, ella hizo lo que se debía hacer en ciertas situaciones. Ella era demasiado alta y decir "se acostaba" no era la palabra; con muchas vueltas y prevenciones, después de ordenar la ropa meticulosamente, se inclinaba como una torre de cristal. El recuerdo era pobre, apagado, poco agradable. A pesar de estar bien formada, no pudo extraer la satisfacción de haber sido el primero, antes del Doctor. Orgullosa, no parecía una de esas mujeres cargosas de las que había que escapar. Sin obstáculos, el deseo de hacerlo surgía naturalmente; en ese fogón no había fuego y uno, a su lado, satisfecho el instinto sin pasión, pensaba en otra.

El encuentro y la presentación de la señorita Inés Auerbach y el Doctor Ricardo Palmatieri en un bar cercano a la Facultad realmente fue casual. Libros y cuadernos sobre la mesa, Enrique le estaba explicando algo sobre fonemas o palatales cuando la presencia del Doctor surgió al lado de la mesa. Natural fue invitarlo, natural el interés del profesor Palmatieri, que ya por ese entonces era llamado el "solterón" y corría peligro de ser tildado de algo peor. Natural fue también que, una vez hechas las presentaciones el profesor, informado de lo que ocurría allí, tomara la batuta y sustituyera a Enrique como maestro de fonemas y palatales. Natural fue que Enrique se tuviera que ir. Y todo lo demás fue natural, incluso el hecho de que ella fuera una excelente cocinera.

Se casaron seis meses después con la asistencia de Enrique y algunos colegas, fiesta modesta en casa de los padres de Inés; luna de miel y visita a los padres del Doctor Palmatieri. Reconciliación familiar y un departamento de dos ambientes para el Doctor. El padre de ella, un alemán, a pesar de que había sido uno de los mejores mecánicos de autos de la Argentina, no tenía fortuna. En su pequeño tallercito, le había explicado con orgullo a Enrique durante la fiesta de casamiento, la honestidad fue un chaleco de fuerza para su enriquecimiento en "este país de ladrones". Inés, hija única, un poco mimada, no heredaría mucho dinero. Y aunque se llamara Inés Brunilda, no era muy alemana, salvo en la disciplina. Metódicamente, con una fórmula secreta de medidas siempre iguales, preparaba un peceto al horno al que, con el paso de los años, el Doctor se acostumbró como el drogadicto a la heroína. Inesita abandonó la carrera para convertirse (con dedicación exclusiva, según ella) en una abnegada y dulce esposa. Una historia típica de tiempos pasados: para muchas mujeres que estudiaban el título, como una corona, era un marido, y al Doctor le gustó la idea de ser mimado. Durante los vaivenes y andanzas internacionales a los que fue lanzada la pareja siempre supo adecuarse y vivir en el mundo como correspondía. Encontraba al mundo "natural y pintoresco" –eterna corte de los milagros–, digno de ser vivido: ciudades, monumentos, museos, calles con mendigos, músicos ambulantes, fueron creados y estaban allí para ser disfrutados por ella.

Cuando el Caudillo escribió "...*abnegada compañera de toda la vida*", Enrique se mordió los labios para no citarla: "Ay, no los aguanta, no me deja usar tacos altos, se siente disminuido, humillado. Qué destino el mío".

No, no se había atrevido.

—Ahora, Enrique, por favor –había pedido el Caudillo–, alguna información sobre su trayectoria internacional.

—El Húngaro lo llamaba el judío errante.

—Dejemos al Húngaro y a los polacos o turcos. Cuando lo echaron, ¿dónde fue a parar?

—A Estados Unidos. Tenía un amigo ahí, un tal Sosnowski, en la Universidad de Maryland, cerca de Washington. Y para allá se fue, cargado con discos y cintas llenas de voces y palabras de gauchos, acentos, pronunciación, las fricativas y vocativas; voces de indios, araucanos y quichuas, calchaquíes y guaraníes.

—¿Y?

—Espere: aquí, en el portafolio, tengo una carta, la primera después de su llegada. Se la leo.

—No, por Dios, no. Abreviemos, si no, no terminamos más. A ver... ayudame... *"Su trayectoria internacional comenzó en Estados Unidos a la edad temprana de..."* Carajo, debe ser el whisky... *"Su trayectoria internacional..."*

Enrique apartó la copa de grapa, apagó el cigarrillo, maniobró y sacó la carpeta del portafolio. Buscó, encontró la carta y la releyó:

Washington, 15 de agosto de 197...

Querido Enrique:

Antes que todo te pido disculpas por la demora. Te podés imaginar el tole tole en que estuvimos metidos. Después de dos meses, todavía cuando abro los ojos por la mañana creo estar en mi amada Buenos Aires. O no sé dónde estoy.

Me levanto con esfuerzo. Inesita (¡es notable lo rápido que asimila la cultura de aquí!) me tiene preparado el desayuno "a la americana": cereales, jugo de naranja, huevos, panceta y café. Un desayuno de reyes que parecería costar una fortuna y sin embargo, cuesta centavitos. Acostumbrado a un simple café o café con leche y medias lunas, me cae como un plomo, pero cuando estás en Roma, haz como los romanos. "Experience is good", dicen a cada rato, y los norteamericanos sabrán por qué desayunan así. Inesita dice que es para agregar azúcar a la sangre, y yo se la agrego aunque el plomo que trago me impida pensar. De cualquier manera, nosotros tenemos mucho que aprender de este país.

Sí, ahora comprendo a Sarmiento y hago mía su admiración por esta gran nación. Te mencioné el tole tole, pero un tole tole que en Argentina me hubiera llevado años. Para empezar, aquí te creen. Hay una auténtica democracia y respeto. No tenés la sensación de que sos un delincuente que está mintiendo y tampoco tenés que hacerlo. Anotar a Tití y Toto en la escuela (nos aconsejaron que evitáramos las mixtas, con negros, donde siempre hay peleas, hasta cuchillazos) fue un trámite de cinco minutos. Ni documentación nos pidieron. El departamento que alquilamos está a cinco minutos a pie de la Universidad. Su biblioteca tiene más libros sobre Argentina que cualquiera de las nuestras. Y no te digo la Biblioteca del Congreso de Washington, que ya visité. Tiene tantos libros sobre Latinoamérica y España como todos las bibliotecas de esos países juntos. Estoy pensando seriamente en vender mi biblioteca privada. Traerla aquí costaría una fortuna que no se justifica. En la Universidad, el Doctor Sosnowski, un judío argentino chairman del Departamento que se preocupa por Argentina más que nuestros patrioteros, me propuso amablemente que diera un curso de literatura argentina. No es mi fuerte, pero acepté. Aquí, la lingüística no despierta mucho interés. También es hora de que me diversifique. La especialidad es peligrosa y mata la cultura y la vida.

Antes de terminar, debo confesar mi admiración por Inés. Además de asimilar con rapidez la cultura, tomando cursos acelerados, hizo lo mismo con el inglés. Por la pronunciación de la "i" la llaman Aines, y cuando por su pelo rubio le dicen "Oh, but you are blond, not dark", ella, sin tacos, se yergue más alta que yo, se da toquecitos en el pelo y responde: "But you think that in Argentina everybody is dark?". Sonríe, se pavonea erigiéndose como la diosa Vesta. Al principio, como víctimas de un golpe militar y de una dictadura de un país bananero, porque para ellos no somos más que eso, orgullosos de su democracia (que reconocen que no es perfecta pero sí la mejor del mundo), nos invitaban como a gente "interesante". Pero cuando dejamos de serlo, o porque no íbamos con plumas, eso se acabó. A Inesita le cae mal pero a mí me dio un alivio. Cada vez que me presentaban a alguien (son increíblemente ignorantes) era como empezar de cero; tenía que explicarle que la tierra era redonda, cómo era mi país, mi patria; me irritaban las preguntas sobre el clima, los indios, los gauchos, que Evita, que Perón, la comida en la Argentina, etcétera, etcétera.

En cuanto a lo que hablamos antes de que yo saliera, es decir, conseguirte un puesto aquí, todavía no te puedo decir nada. No hay tantos puestos como nos imaginamos allá. Si no hubiera sido por mi doctorado, estate seguro de que no me habrían tomado. Tampoco te olvidés de que mi puesto no es definitivo. Y temo que el no haber publicado ningún libro sea un factor en mi contra. Voy a tener que lanzarme a escribirlo.

Lentamente me estoy reponiendo de las heridas. Es muy duro ser echado de la tierra querida y perder a los suyos. No sé si algún día será justicia y los militares se quedarán para siempre en sus cuarteles. Yo no digo que no hagan falta, pero pienso que a veces exageran. No creo que hayan tenido nada personal contra mí. Vos sabés que yo en política no me meto. El hecho de que me echaran casi seguro que se lo debo a ese maricón que vos y yo conocemos demasiado bien.

Nada más por ahora. Saludos a Graciela. ¿Piensan en encargar uno? Ya sería hora.

Un abrazo.

Ricardo.

P.D. Ya me han invitado para dar una charlita en George Mason University. No me van a pagar gran cosa pero es mucho más de lo que me pagarían en Argentina, donde demasiadas veces no te pagan nada. Y quizá consiga otras. Ayudarán a parar la olla.

Enrique se la resumió brevemente y agregó:

—Su estadía en Estados Unidos duró dos años.

El Caudillo anotó: *"...durante su breve estadía dio conferencias en universidades de renombre, acrecentando su merecida fama".*

—Bien, y ahora... Che, Enrique, ¿por qué se fue de Estados Unidos?

—Por lo que me escribió, ya estaba harto y le ofrecieron o consiguió un puesto de *chairman* en la Universidad de Ottawa, Canadá, más importante y mucho mejor pago.

Enrique, todavía con la carta en la mano, se preguntó si el cambio se debió realmente a eso, a un puesto importante y mejor pago, o si hubo algo más. Pero ¿qué? Cartas, varias cartas de Estados Unidos. Frenó el impulso de releerlas. Casi sin darse cuenta, estrujó la que tenía en la mano y los fragmentos muertos de las otras bailotearon en su cabeza, *"...comprar un auto usado fue una pavada, un Mercury Marquis de ocho cilindros, baratísimo, pero su mantenimiento es infernal, un arreglo cuesta más que comprar otro y tenés que manejarlo pensando que tenés una botella de cerveza"; "durante los fines de semana hacemos excursiones, picnics, por los alrededores"; "con toda la familia"; "aquí, aunque todos estén separados y rejuntados cinco veces, la vida en familia es muy importante"; "tenés que ocuparte de ella"; "no hay familias amigas o abuelos o parientes que cuiden a los chicos"; "una baby-sitter te cuesta"; "vivís con el terror permanente de que te violen y te maten a tus hijos"; "Inesita ya no cocina tanto, tengo que luchar para que me prepare un peceto"; "además del desayuno a la americana, por insistencia de los chicos y la rapidez, las hamburguesas con el repugnante ketchup se metieron en casa"; "incluso yo me arremango y me pongo a lavar los platos. Aunque no lo creas, no podemos darnos el lujo de comprar un lavaplatos"; "las sirvientas vienen con un auto más caro que el tuyo y te cuestan una fortuna"; "a veces qui-*

siera estar solo y tranquilo, pasear, dar vueltas como en Buenos Aires, visitar librerías o sentarme en un bar, pero es imposible, no hay bares y no te podés quedar charlando con nadie"; "no hay amigos"; "todos están ocupados y tienen la vida planificada por años, como debe ser, claro, una finalidad en la vida y no vagar sin sentido"; "Inesita ya parece casi una norteamericana típica"; "se ha aclarado más su pelo"; "no teñido, me explicó"; "me irritan las expresiones en inglés que usa, vengan al caso o no"; "mi libro se demora"; "un ahogo"; "el miedo y el terror en las calles"; "falta de libertad que no comprendo"; "algo que te aplasta y te anula"; "a veces me sorprendo demorándome horas en mi oficina y mirando por la ventana, observando y esperando no sé qué"; "nada para construir, ya todo está construido o se construye o se repara siempre lo mismo"; "la falta de interés de la gente"; "mis colegas"; "todos metidos en su mundillo"; "no sé si soy yo o las circunstancias"; "ya estoy harto de este lugar y estoy buscando un puesto más importante".

Enrique se quedó pensativo; sí, hubo algo más que un puesto más importante y mejor pago y que todavía, sin solución, tristemente, continuaba.

Le había dicho al Caudillo.

—Y un día recibí una carta donde me informó que se mudaba a Ottawa. Al decir de él mismo, a pesar del puesto y del salario, a una universidad de poca categoría, allá en el Norte, la última del mundo, sepultada y perdida bajo la nieve.

—A ver, dejame pensar... *"Como premio por sus virtudes, por su infatigable tesón, siempre en su corazón..."*. Uf, siempre en su corazón... ¿qué?... ¿su patria? No... sentimiento... basta, sí, es el whisky... *"coronó su brillante y fructífera carrera en un puesto importante de una de las universidades más famosas y prestigiosas del Primer Mundo..."*. No, esto no, como si nosotros fuéramos los últimos. De ninguna manera... A ver, el toque final.

El Caudillo miró a Enrique; por el cansancio, por la edad o por el whisky, con los ojos un poco húmedos, el Caudillo suspiró, como un eco, Enrique hizo lo mismo.

Un silencio prolongado bajo la mirada del muerto. En el Tortoni, ya casi vacío, resonó el carraspeo enérgico del Caudillo que se inclinó sobre la libreta.

—*"...el anhelo de morir entre los suyos, de descansar en la tierra de sus antepasados, se ha cumplido. Nosotros, quienes lo conocimos, admiramos y respetamos, le decimos..."*. –Un murmullo en sus labios, estampó un punto y levantó la cabeza.

—Ahora, para redondear el discurso, sólo nos falta saber cuál fue, perdón, será su última palabra.

Se despidieron. No, no hubo ninguna anécdota notable que contar. Sí, la vida del Doctor Palmatieri era la Anécdota, con mayúscula.

Enrique dejó la bola de papel al lado de la carpeta. Pasó algunas cartas. Se detuvo sobre la primera que recibió desde Ottawa, Canadá. Pero él y sus ojos estaban definitivamente cansados. Apenas unas líneas *"un país bilingüe, maravilloso, multicultural"; "un poco más caro que Estados Unidos, pero mi salario, del que los impuestos se comen la mitad"; "la misma eficacia americana pero mucho más serena"; "una auténtica democracia, no como la nuestra"; "el departamento que alquilamos se lleva el tercio de mi salario y encima Inesita se queja por su tamaño"; "Tití y Toto aprenderán dos idiomas"; "Una ciudad limpia, con tulipanes en primavera y flores durante el verano. No hay miedo en las calles, te podés pasear a la hora que"; "el otoño es una pintura impresionista"; "la biblioteca de la universidad es tan buena como la de Maryland y si no, recurro al préstamo interbibliotecario, que funciona a las mil maravillas"; "nuevamente surge la idea de vender mi biblioteca de allí"; "Conocí a un húngaro–argentino que anda dando vueltas por aquí y que se las da de escritor. Lía cigarrillos y anda escupiendo veneno como si fueran hebras de tabaco. Pero es gracioso"; "por ahora, las tareas administrativas me absorben todo el tiempo. Espero que pronto pueda crearme el espacio para...".*

De golpe, como si le hubieran dejado caer el mundo encima, Enrique se derrumbó. No, las grapas no ayudaban. Pero había que terminar, ¿qué? No importaba, terminar. Pidió otra grapa.

22. Un poco de afecto y necesidad, y un poco de *public relations*

...Solo, otra vez solo. Se fueron los cansados y sensibles, y juraría que va a triunfar mi mujer y van a comer *pancakes*, va a triunfar sobre sus hijos como sobre mí, sobre el mundo... Es una caricatura. La vida es una caricatura y yo soy el principal protagonista, el que encabeza la procesión... Qué raro, no sé qué me pasa, sí, los quiero, pero, no sé... ¿son todavía mis hijos? Raro, rarísimo, ya no siento de la misma manera que hace unos minutos, con ganas de hablarles. ¿Dónde está eso de tener un hijo, plantar un árbol y escribir un libro? ¿Será la morfina? Como si estuviera borracho... Como el Húngaro, atreverme a pensar y a decir cosas que nunca me atreví... Por eso lo extraño, él quería vivir de acuerdo con la verdad, así pagó y debe seguir pagando, pobre tipo, al final, no resultaron más que palabras, *hot air,* como dicen los gringos. ¿Qué será de él?, ¿quién le pagará el alcohol? Recuerdo, por suerte no me duele recordar, que después de ese episodio desagradable de los cursos, ese malentendido lamentable, no lo vi durante cuatro o cinco años... capaz que diez... *long time...* Basta, definitivamente basta del inglés, si sigo así, me voy a confundir a mí mismo y nunca sabré quién soy... Por cinco años o capaz que diez... y oía cosas horribles, que no tenía trabajo, que se emborrachaba cada vez más, que su mujer lo echó o que se fue o las dos cosas...Y esa Gallega de ojazos negros, pechos grandes, y esas piernas, que estudiaba en uno de mis cursos, que lo admiraba y me hablaba de él... y por ahí hasta era su amante... Es increíble cómo son las mujeres... Yo nunca... me contó que el Húngaro vivía del *welfare*, de la caridad del gobierno canadiense, y después hablan de socialismo... en un cuarto miserable, en la misma casa en la que vivía ella... Yo me sentía un poco molesto, culpable, digamos, ja, el tiempo borra las cosas, otra sanata, las agrava... sí, las agrava. A pesar de mis viajes, los triunfos y aplausos, me sentía cada vez peor, apenas les contaba del viaje a mis colegas o en las reuniones de los emigrados, el viaje se gastaba o parecía esfumarse y yo quedaba más vacío que antes, sólo las fotos para rellenarlo. Y mi libro no caminaba, ningún amor que me renovara y me diera fuerzas, un sentido, la juventud, las alumnas me volvían loco, un imposible, nada nuevo, todo lo encontraba gastado, aburrido, sin sustancia, me vaciaba o sólo me llenaba con palabras volátiles, y los árboles numerados me atraían como un imán mientras daba vueltas en mi despacho, sin ganas de volver a nuestra casa de Rockliffe para encontrarme con el Ave de Rapiña o la Viborita o la Chilena que mostraba pero no daba... O, para escaparme de ellos, subir a mi torre de cartón y a través de las paredes de cartulina escuchar sus risas histéricas y quedarme allí, sin poder hacer nada, ni leer. No, prefería quedarme en mi despacho, tomarme dos tragos de whisky de la botella que guardaba bajo llave en el cajón del escritorio y... je je je... Daba vueltas, me paraba frente a la ventana y miraba afuera, detrás de mí, el algo más que siempre me faltó, faltaba y faltaría, la computadora IBM que había reemplazado a la máquina de escribir eléctrica, la 286 y ya anunciaban la 386, sí, el progreso y algo más, mis papeles, mis libros, qué raro, ya no me urgían tanto, sólo se alzaban como un reproche... y seguía mirando el paisaje impresionista, los gansos ya se habían ido, Ay, una tristeza serena, se acercaba el invierno y ese bello paisaje no era más que la primera sombra que lo anunciaba con las primeras sombras del atardecer. Y de golpe me asaltó la tentación de ir a visitarlo, sí, me tentó, aunque más no fuera para distraerme con sus ocurrencias, o, vamos, seamos sinceros a esta hora, como si él tuviera la bola de cristal, el secreto de ese algo que siempre me faltaba... Para prepararme, para congraciarme y darle el dulce, como él mismo aconsejaba, busqué el librito de cuentos que había publicado y que tantas veces me había pedido que leyera, o no, ni una vez, simplemente me lo dio. ¿Acaso no decía que los académicos no leen? Después de buscarlo una hora, lo encontré con el canto cubierto de polvo, una edición barata de Girol, una librería española local que capaz pagó él mismo. Ansiedad, el sol se ocultaba y mis nervios, o el tiempo, no tuve paciencia para leerlos todos, sólo dos cuentos, *La visita al cielo* y *El holocaustos de los autos,* los demás los hojeé. Un salvaje, un verdadero salvaje, ningún personaje constructivo, positivo, optimista, era evidente que no quería mucho a los seres humanos, más bien los despreciaba... Así no iba a ganar simpatías, ni clientes, como él mismo decía: "Ilustre, ya no hay seres humanos, sólo clientes y consumidores. Ni revolucionarios; éstos se quieren sentar en el Rolls Royce del dictador o del ricachón en vez de convertirlos en el monumento a la ignominia". Ay, con un poco de amor a la humanidad y un poco de ternura hubiera podido hacer grandes cosas... y oigo su carcajada. Y en ese momento se me ocurrió una idea, quizá, por unos dolarcitos... y de paso le ayudaba. Y fui, pensé en llevar algo, una botella de vino, pero no quise ser culpable de su alcoholismo. La Gallega me había dicho que no tenía teléfono, o no me lo quiso dar, pero me dio la dirección diciendo que siempre estaba en casa... o si no daba vueltas alrededor de la manzana para sacarse de encima a las brujas y a los demonios que lo perseguían, cómo él mismo me diría.

Apenas eran las 5 de la tarde y ya había oscurecido cuando salí. Ups, ¿qué es esto? ¿Una nube a ras del suelo, otra más alta? Nubes escalonadas como en el cuento del Húngaro. Con temor pone el pie en la primera, pero es sólida. Tantea la segunda y también. Ya sin temor, empieza a subir. Las campanas, ding dong, cada vez más fuertes y claras, lo orientan. Súbitamente, silencio y una puerta, ancha y alta, profusamente labrada, surge de la niebla luminosa. Un poco atontado, espera. ¿No tendría que estar San Pedro allí, con un libro voluminoso y una llave de hierro forjado? Busca, ni el llamador clásico ni el timbre como en el cuento del Húngaro, ese macaneador. Da un paso para golpear con los nudillos y con un sonido que lo succiona, se abre como la puerta de un supermercado. No, no hay alfombra roja. Sin embargo, color no faltaba: como señalando el camino, flotaban nubes de todos los matices creando una atmósfera alegre. Avanzó con prudencia hasta llegar a otra puerta. A los costados, dos ángeles con las espadas envainadas, llenos de tatuajes, aritos, alambres en la nariz, cejas, sentados sobre bancos con las piernas cruzadas y las polleras subidas mostrando sin pudor lo que no deberían, charlaban y tomaban café de una taza de plástico. Uno de ellos, señaló la puerta de cristal con el mentón y dijo: *Help yourself.* El Profesor miró: un cartel de tubos de neón: "Sala de espera. Entra sin llamar". También era automática: entró.

Música funcional, ¿Frank Sinatra con un coro de ángeles? Una luz difusa. Una atmósfera suave, blanda, confortable. Algunos sillones blancos, de nube. Las paredes, lo mismo. Un cartel *'No smoking'*. Máquinas expendedoras de café y bebidas *soft.* Sobre una de las paredes, una flecha de madera incrustadas de piedras de colores y una cartel: "Tú estás aquí" sobre un plano. Lo estudió; a partir de la puerta de entrada y más allá de la sala de espera, se perdía en el infinito, se extendía hacia la eternidad, cosa que me produjo un poco de aprensión. En otra pared, debajo de un gran letrero, "El *staff* de la casa", marcos dorados, fotos en colores. Por un segundo tuvo la sensación de encontrarse en un taller mecánico con su *staff o team*, en la sala de espera de los consultorios de varios médicos que conocen el marketing, o en un supermercado. Pero no; una foto grande de un anciano con pestañas largas, lánguidas, barba, la boca pintada con delicadeza. Debajo una leyenda. *"Dios, jefe del team de los tres, creador del cielo y de la tierra. Hombre, últimamente, por la tenaz y justa lucha femi-*

nista, hermafrodita. Un ser popular por excelencia, tanto entre los que lo niegan como entre los que creen en él. Su hobby eterno: el estudio, la revisión y puesta al día de la Biblia.". Un poco más abajo, a la izquierda, la foto de una paloma, debajo: *"El Espíritu Santo en su manifestación más popular. Miembro del team principal. Su hobby preferido: buscar a alguien en quien encarnarse."* A la derecha, un señor con una corona de espinas, de sus ojos brota una mirada perdida en la lejanía, un poco cataléptica, dos lagrimones como diamantes, la barba rubia enrulada: *"El Hijo de Dios, (a veces hija), también miembro del team Su hobby: la búsqueda de la verdad y la salvación. Se pasa la eternidad contemplando sus heridas o mirándose en el espejo la corona y preguntándose: ¿para qué, papá, mi Dios? ¿para qué?".* Debajo, una foto de una mujer, hombreras pronunciadas, la nariz un poco grande, masculina. Se leía: *"María, la Virgen, virtud ésta no muy popular ni envidiable últimamente. Delegada de las feministas ante Dios. Hobby: recuperar el tiempo perdido".* Debajo de estas, otra foto, el Papa bajando de un avión: *"El delegado y corifeo de Dios en la tierra. Su hobby favorito: viajar y repartir bendiciones."*

Concentrado en la lectura, se pegó un susto y se dio vuelta con rapidez cuando lo tocaron en el hombro. Un anciano vestido con una remera blanca, ceñida al cuerpo, y con una leyenda: *Don't worry be happy.* La barba prolijamente recortada y la cara mofletuda como si le hubieran inyectado botox. De su cinturón colgaba un *walkie–talkie* o un teléfono celular. Su amplia sonrisa mostró dos hileras de dientes de porcelana cuando habló:

—*Hello my son. You are in the Paradise. How are you today? Let me introduce myself. I am Saint Peter. What can I do for you?*

—Hola, encantado. Sí, San Pedro y Paraíso, comprendí. Hablo ocho idiomas. Pero, aquí, la lengua oficial, ¿no era el latín? –preguntó en castellano.

Me respondió en el mismo idioma.

—Oh, sí antes. En los *Good old days*. Y mucho antes, el hebreo y el griego. Pero ya nadie lo habla. En consecuencia, oficialmente usamos la lengua más universal y popular. ¿Quién en el mundo no sabe lo que significa efe u ce ka? ¿Quién eres y qué deseas, hijo mío?

—Soy el Profesor Doctor Ricardo Ignacio Palmatieri, Académico.

—Qué terrible. ¿Otro más? El cielo está lleno de escritores y poetas, perdón, de académicos. Nadie puede convencerlos de que están muertos y siguen dando conferencias y opinando como sabios y comentando hasta la Biblia. —San Pedro lo tocó y lo pellizcó ligeramente. —Pero tú no estás muerto. ¿Qué te trae por aquí? Ven, sentémonos. Estoy un poco cansado.

Se sentaron.

—Te escucho. Habla.

Carraspeó.

—Te quisiera aclarar, San Pedro, que no soy un académico igual a los otros.

—Todos dicen lo mismo, hijo mío. Pero, ¿a qué se debe tu visita tan anticipada?

—Quería asegurarme de que había espacio y hacer la reserva.

—¿Con tanta seguridad? ¿Cómo sabes que mereces el Paraíso?

—¿Y por qué no lo iba a merecer?

—Comprendo, sobre todo ahora que hemos cambiado el vocabulario, ya no hay pecados sino caídas momentáneas, ni pecadores sino caídos temporalmente. Se dejó el vino y la sangre de Jesús se reemplazó con Coca Cola, Dios está dictando la versión nueva y mejorada de la Biblia, menos sangrienta que la anterior. Como llegó la época de la comprensión y la tolerancia, hay que adaptarse. Ya se terminaron los justos y los pecadores, todos son iguales y uno debe comprender. Un equipo de asesores está trabajando a todo vapor. Cuando vengas, dije, encontrarás esto muy cambiado. En vez de coro de ángeles que cantan cantos gregorianos tristes, dolorosos y aburridos, tendrás una orquesta de rock que los cantará y tocará más entretenidos y populares, con batería y panderetas. En lugar del blanco monótono, todo estará pintado con alegres colores. En vez de rostros beatíficos y sabios, encontrarás bocas sonrientes. En vez de latín, griego o hebreo, definitivamente se hablará inglés y para los que no lo hablen, para que puedan dialogar y comunicarse, se darán cursos intensivos. Con flechas y carteles, se señalizará el Paraíso para que la gente no se sienta perdida en el infinito, porque, ¿sabes?, tenemos el récord del espacio más grande del universo. Para no aburrirse en la eternidad y no extrañar la tierra, habrá *parties*, grupos de encuentro, una vida comunitaria intensa y altamente participativa. Se instalará el Internet y habrá líneas de *chat* con los lugares más alejados del infinito. Se instalará más máquinas expendedoras de Coca–Cola y el nuevo estilo de comunión se hará con hamburguesas McDonald's. Encontrarás centros de recreación como Disneylandia. Se piensa en organizar cursillos para aprender a vivir la eternidad, fabricar cerveza o empezar un hobby; habrá conciertos y conferencias para cultivar el espíritu.

—Ah, interesantísimo, yo podría colaborar...Tengo una conferencia con la que he recorrido el mundo, sólo me falta el cielo. Dime San Pedro, ¿quién es el gran escritor del cielo y su obra?

—Vaya pregunta. Dios y la Biblia.

—¿Y la comida y bebida típicas? ¿Algún néctar?

—Aquí tienes un folleto que te informará de todo.

—Me das una buena noticia, San Pedro. Me tranquiliza... Pero queda un problemita.

—Di.

—Según esta libreta que tengo con los precios a través de las edades, se acerca mi fin, y quisiera saber qué posición voy a ocupar, cuál va a ser mi lugar junto a Dios en el estrado...

—Mi Dios, lo de siempre. No pueden estar todos a la diestra. Está ocupada por los santos, santas, los papas, los banqueros, los *businessman* y los ejecutivos que últimamente han adquirido mucha importancia y de pecadores han pasado a ser benefactores. Y la izquierda, como el socialismo y el comunismo ya no están de moda, está vacía. En fin, veamos, para ubicarte, en tu escala de 1 a 10, ¿qué puntaje tienes?

—Creo que excelente. Es más, para limpiar mi alma, purificarme, quemaré mi American Express Dorada.

—¡Horror! Un error grave, gravísimo. Es un puntal en nuestro método actual de valorar a la gente. Con decirte que hasta Caronte, si te olvidaste de los cinco dólares para la barca, acepta American Express. En fin, ¿otros récords?

—Di la vuelta al mundo varias veces. Viajé más que Marco Polo o Colón. Y sin querer caer en el pecado de la soberbia, me atrevería a decir que más que el Santo Padre.

—*Interesting, good for you.* ¿Qué más?

—Eso sí, lo confieso, nunca conocí las islas Fiji.

—No tiene importancia. Te queda la eternidad para contemplarlas desde aquí. Adelante.

—Recibo o recibía, entre privadas y empresariales, entre ellas las de American Express, un total de 65 tarjetas de Navidad y Fin de Año.

—*Wonderful.* Buen índice de popularidad. ¿Figuras en algún *Quién es Quién*?

—Sííí... creo que sí...

—No mientas. Es un pecado.

—Una caída momentánea.

Suspiro.

—En fin. En cuanto a tu salario...

—Ay...

—¿Qué te pasa, hijo?

—Mi salario, los impuestos se lo comen, San Pedro, se lo comen...

—El salario bruto, hijo. ¿Dónde te ubica?

—Entre el 10% más alto de la población de Canadá, y en Argentina, creo que...

—Con relación a la humanidad, hijo, a todos los seres humanos de la tierra de donde vienes. Tus semejantes.

—Nunca pensé ni saqué los cálculos, según las cifras, billones de habitantes, claro, estadísticamente, entre el gerente o el padre de la familia General Motors, y los africanos, mis semejantes..., no sé, es abrumador, no tengo información, lo tendría que estudiar.

Y con la recomendación de San Pedro de no quemar la American Express Dorada para existir y ser, se retiró con la promesa de no hacerlo. También le pidió el currículum, pero, como por una vez en la vida se lo olvidó, le prometió que se lo mandaría por *courier*.

23. Propuesta, el amor y el precio de la cerveza checa

Llegué transpirado a pesar de la noche fría. Corrientes de aire gélido que luego traerían las heladas de invierno. Vivía en Sandy Hill, cerca de la Universidad, un barrio con muchas casas de familias venidas a menos y que se habían convertido en habitaciones para alquilar... Fui tiritando de frío o de miedo, con esa amargura que me acompañó toda la vida, esa insatisfacción que los viajes no borraban, tratando de recordar cuántas veces brotaron y se marchitaron los tulipanes desde que no lo veía... o se marchitaban como en ese momento para brotar con el regreso de los gansos... por esas calles iguales, vacías, muertas, con los tachos de reciclaje y las bolsas de basura para la recolección, de los que había dicho: "Paseo y observándolos estudio el alma de los habitantes del Nuevo Mundo". Calles en las que no podía encontrarme corriendo como el niño que fui... una imagen que se me aparecía cada vez más, un fantasma corriendo por la calle. Hacía tiempo que no caminaba tanto, cruzándome de vez en cuando con un sonámbulo con un arito en la oreja. Mientras caminaba me pregunté si no estaría enojado, lo había negado como Pedro a Cristo... y sin embargo a Pedro no le pasó nada, no por eso dejó de ser santo... Y llegué al caserón, una impresionante y hermosa fachada, llena de pequeños departamentos y de piezas... y entré, el olor, miles de olores, curry, cebolla frita, algo picante en el aire... busqué su habitación, música de coro a través de la puerta, vacilé pero golpeé... bajó la música... ruidos...

—¿Quién es? –preguntó en castellano.

—Ricardo –apenas pude pronunciar.

Abrió con un pucho en la boca, un libro en la mano y los anteojos sobre la nariz. Se los sacó...

—Oh, Ilustrísimo. Vaya honor. Con saco y corbata. Ah, y bien peinadito con el corte a la prusiana. ¿A qué se debe su grata presencia?

Aunque tenía los ojos un poco enrojecidos, no parecía borracho. Y mi pregunta, oh mi pregunta...

—¿Qué estás leyendo?

Largó una carcajada. Sus ojos tártaros se achicaron, y siguieron así cuando dejó de reír y me estudió mientras pitaba.

—Bueno, supongo que no viniste a preguntarme eso. ¿En qué puedo servirte? ¿Andás perdido? ¿Te echó tu mujer? ¿O no querés volver a casa para no tener que soportarla? A ver, un poco de sinceridad y franqueza.

Amable pero irónico. Y no me hacía pasar. Supuse que sería por vergüenza, para que no viera su miserable cuartucho... Pero, ¿qué me ocurría?, tenía unas ganas tremendas de entrar, de hablar con alguien, de hablar como nunca había hablado con nadie...

—¿Eran cantos gregorianos los que escuchabas?

Bamboleó la cabeza, suspiró. Y siempre con ironía.

—No, ambrosianos. Unos 600 años más antiguos, más o menos, de una época en que la gente participaba de la misa cantando. Como no había literatura sobre el tema, cantaba.

—¿Sobre la misa?

—No, sobre la participación, su necesidad y ventajas. Pero, al grano Ilustre, al grano.

Hice un esfuerzo.

—Supongo... supongo que... que no estarás enojado por lo que pasó.

—¿Qué pasó? No me acuerdo.

—Bueno... ese asunto de los cursos...

Miró el suelo, luego a mí, unos segundos...

—No me acuerdo... O me acuerdo y no tiene solución. Decime qué querés.

—Veo... veo que estás enojado... si querés me voy...

—Doctor Palmatieri, Ilustre profesor. Suponete que estoy enojado porque perturbaste uno de esos precisos momentos que uno tiene en la vida de creación, digamos… los únicos que valen la pena y son tan pocos. ¿Qué más?

—Para decirte la verdad, venía a ver cómo estabas y si necesitabas algo... Oí que te separaste... yo... te aprecio y... me preocupo...

Se sacó el cigarrillo de la boca...

— ¿Preocuparte? Sí, me lo imagino. Veo que seguís sin saber lo que querés. En fin, pasá. Por ahí me pasás información.

Pasé. Y me llevé una sorpresa. El cuarto era grande, tal vez un exdormitorio principal del caserón de los venidos a menos o a más. Un sillón de Ikea, una mesa, máquina de escribir, libros, carpetas y papeles. Me señaló el sillón:

—Sentate.

Vacilé.

—Ahí, en el sillón. No te preocupes, yo voy a usar la silla o la cama.

Me senté. Una biblioteca, una pared forrada de libros, muchos libros. Sentí envidia o un malestar: la mía, mi querida biblioteca de Argentina, la había vendido. Reproducciones de Van Gogh y Rembrandt, creo; una heladera, hasta una cocinita en un rincón. Luz a raudales por el ventanal. Plantas y un jarrón con flores. Una limpieza impecable.

—Increíble. Estoy loco, Húngaro. Esto no es la decadencia. No me lo explico. Siento envidia por este cuarto tan agradable y limpio.

Sonreía mientras bajaba la música; acomodó unos almohadones sobre la cama y se sentó para largar otra oración...

—Si, la fantasía de la torre de marfil, de la libertad e independencia. Del aislamiento creador, lejos de tu mujer. Sí, comprendo, ésa era también mi fantasía. Si no fuera por la Gallega que viene a limpiar, a poner flores y a veces hasta a lavarme la ropa, ya haría rato que me hubieran comido los piojos o las cucarachas. Creeme, esta casa es un conventillo de persas, hindúes, árabes, negros, de la Gallega y de este servidor húngaro-argentino. Como no tiene literatura como nuestros conventillos nostálgicos, y quizá porque está en el Primer Mundo, no es más que una vulgar gusanera.

—Pero la casa tiene una hermosa fachada.

—Eso, una fachada. Una cosa muy argentina. La podredumbre está adentro –se señaló el pecho y luego a mí.

—Pero... pero... ¿es verdad que estás en *welfare*?

—Es verdad. Es una de las tantas vacas canadienses, pero de leche descremada. Apenas suficiente para mantener a los muertos con apariencia de vida.

—¿Y te alcanza?

—No. El alcohol y el cigarrillo, en mi caso el tabaco, son muy caros en este país.

—¿Y cómo te las arreglás?

—Changuitas clandestinas.

—¿Como por ejemplo?

—Dando clases de español por dinero en negro a muchas y a muchos aburridos de aquí que sueñan con grandes fornicaciones en otros mundos más apasionados. Y otros curros. Pero no viene al caso ahora. Preguntás demasiado. A ver si todavía me convencés de que te preocupás en serio por mí. ¿Qué tal tus viajes? –y empezó a liar un cigarrillo.

—¿Y la ropa?

—¿La ropa qué?

—¿Dónde te la comprás?

Se rió.

—En las Galerías Lafayette no. Ni siquiera en The Bay. Visualizando las islas Fiji, me basta un pantaloncito.

—Te hablo en serio. Tengo algo de ropa... si no te ofendo y querés...

—Gracias, son de corte muy anticuado. Te aseguro que en la tienda del Ejército de Salvación encuentro cortes más modernos.

—Es posible, pero caer tan bajo...

—Bueno, es el mismo lugar donde vos, sección muebles, compraste tu escritorio.

—Pero no es lo mismo... Ese escritorio perteneció a un personaje. Pero decime, ¿cómo lo sabés?

—No sé, me lo imaginé, o me lo dijiste o lo pensaste allá lejos o me lo dijo la Gallega, pero así lo escribí.

—¿Escribiste? Así que...

Me quedé cortado. Junté fuerzas y le pregunté:

—Decime, ¿entre vos y la Gallega? –y golpeteé entre sí mis dedos índices.

Levantó la vista y me miró.

—Te dije que preguntás demasiado. La vida de otro no es una solución para la de uno. Y menos la íntima. Dejá a la Gallega en paz.

No parecía sentirse como yo lo veía, sin futuro. Traté de halagarlo:

—Hungarito, ¿sabés que seguí tus consejos? Viajé y gracias a los viajes, justamente, en las estanterías de mi living tengo otra colección, gallos de Portugal, una miniatura del Big Ben en cerámica, la Torre Eiffel, un toro y un torero de España, un Buda de Japón, una pirámide y cocodrilos de Egipto, hipopótamos y elefantitos de África, unos pajaritos de México y...

—¿Me estás hablando de un zoológico en miniatura? Digamos un cambalache, Buda con hipopótamos, pero seguro que más interesante y variado que el del Destapa Cráneos con sus caracoles o el de las piedras del Bebé Gigante. Pero, perdoname, no me interesa mucho. Mejor hablame de tus viajes.

—En fin, qué decirte, mis viajes... en fin... mis viajes no son gran cosa. ¿Cómo te lo podría explicar? Las conferencias, sí, viajás, conocés mundos, países, comés comidas exóticas... Pero, de las conferencias no te queda nada... Claro, aplausos... plap plap... son un placer, como decías vos, incienso para el ego... subir al estrado... Señoras y señores... ¿qué nos trae por aquí? La palabra, cada palabra es un vehículo, una barca que... cargada de hombres y mujeres que nacieron, sufrieron, padecieron, y que... que murieron... ding... un día en Londres... el otro, París... dong... y el tiempo pasa, se acelera, y escuchás los tic-tac-tic acelerados del reloj... y pasaron cuatro, cinco, diez, veinte años... ¿Y qué te queda? Nada. Salvo un cóctel o una recepción, por lo que te pagan por la conferencia, no te queda nada. Ni hablar que en algunos países ya te descuentan los impuestos antes de entregarte el cheque.

—Es que son países organizados, modelos, y deberíamos seguir su ejemplo, digo, para vos. ¿De qué te quejás?

—Y ojo con picar algo con una cerveza. Algunos gastitos extra y vas muerto. Es que las cosas cada vez van peor. Tengo una libreta que lo prueba, una libreta en la que, desde que salí de Argentina, fui anotando año tras año los precios de la canasta familiar, carne, pan, manteca, harina, las cosas cada vez más caras... peores...

—¡Horror! Para colmo, la tierra se muere y el fin del mundo está cerca —con sus ojos bailoteando con ironía, aplastó el pucho.

—Sí, un horror... Ni hablar de las hipotecas que con la American Express te deja tu mujer en cada ciudad para comprar cosas típicas o recuerdos...

—¿Y para contarme eso viniste a verme? Ay, Ricardo, Ricardo. ¿Cuándo vas a dejar de hablar de ganancias y pérdidas, de gastos y de tu mujer?

Me puse rojo. Me sentí mal. ¿Lo odié? Sentí dolor, la soledad del Norte. Todas las soledades...

—Hungarito, ¿por qué me tratás mal? Yo... yo... ¿ya no soy tu amigo? ¿Seguís con bronca por lo de...? ¿Ya no puedo confiar en vos?

El Húngaro se puso a liar otro cigarrillo, estudiándome. Parsimoniosamente lo enroscó, pasó la lengua y lo encendió. Pitó. Me observó, me observó una eternidad.

—No sé qué te pasa. Algo te pasa. Tratá de explicármelo. Te escucho.

Me puse contento.

—Mirá, estuve pensando, me estoy poniendo viejo y el libro que estoy haciendo, un libro científico, claro, difícil, el definitivo sobre la palabra, no sé, vivo con la sensación fulera de que lo que hago no tiene nada que ver con la vida... y un cuento, como por ejemplo "El profesor que nunca pudo escribir su libro. Siempre le faltó algo más", está más cerca de la realidad, o a veces me distraigo escribiendo un cuentito breve... ya tengo varios, un día de éstos te voy a pedir que les eches una ojeada. Sin embargo, a pesar de mi computadora 386, me sigue faltando algo, no sé qué... Por eso muchas veces pensé, para recuperar el pasado, lo perdido, escribir mi autobiografía. Claro, yo soy humilde... soy creyente y sé cuál es mi lugar en el mundo, no quiero que esto parezca un acto de vanidad, altanería, arrogancia... No, no, de ninguna manera... quisiera que fuera algo útil, un ejemplo, un modelo de la infancia perdida, de la inocencia y de la ternura diluidas en la vorágine y el caos del mundo moderno... el tanteo del hombre moderno en la vaciedad... el caos y la oscuridad... No sé cómo explicarme...

El maldito me miraba. Cada vez me sentía más incómodo. Me clavó los ojos y sonrió:

—...de la inocencia y de la ternura perdidas... el tanteo del hombre moderno en la vaciedad, en el caos y la oscuridad... Hum, suena a grandes verdades, sin cuerpo, de un misionero o un profeta sin corderos y que predica en el desierto. Pero no comprendo qué querés.

—¿No comprendés? Bueno, no tengo tiempo para escribir una autobiografía, pero pensé en una biografía al estilo de una autobiografía como *Recuerdos de provincia* pero biografía... Como no trabajás y yo tengo fondos para investigación, te podría dar... y vos... Leí tus cuentos... Notables, interesantísimos, con esas humoradas, con esas observaciones... Sin exagerar, claro, sin perder la línea, el sentido común, porque reconocé, a veces decís cada cosa... no sé si me explico... atacás a la gente... y a mí me decís que hay que acariciarla... Además, tengo mis dudas, vacilo... Claro que lo que escribiste fue genial. ¿Me comprendés?

—No muy claramente. ¿Cuál sería exactamente mi tarea?

—No sé... Bueno, sí, por ejemplo: te traería un montón de notas que ya hice para mi autobiografía y también te contaría episodios, cosas...

—Y yo te grabo y luego lo transcribo. Una especie de testimonio, memorias, historia de vida o algo así. ¿Y quién sería el autor? ¿Cuánto me pagarías y cómo? ¿Debajo de la mesa?

—¿El autor... autor? Eso se vería. En cuanto al dinero, no sé, tendría que averiguar en la Universidad, vos sabés que son muy rigurosos, pagarte en negro, no sé... ni siquiera tenés computadora...

—Podés pagarme de tu propio bolsillo.

—Querido, entre vos y yo, vos no sabés, con lo caras que están las cosas... mi mujer que... Pero claro, podemos hablar, podemos hablar...

Se quedó callado un rato. Luego bostezó, se estiró. Extendió los dos brazos con las palmas para abajo y dijo:

—Me tiemblan los dedos. Ligero síndrome de abstinencia. Voy a tomar una cerveza. ¿Querés una?

Yo me sentía muy cansado, cansadísimo, infinitamente cansado. Su ofrecimiento me puso contento. Le dije en broma:

—Ya que invitás...

—Sí, a la canadiense. O a la Doctor Palmatieri.

Se puso de pie. Abrió la heladera. Sacó dos Pilsner checoslovaca.

—Vos, viejo, vivís como un bacán. Cerveza importada. Ja... ni yo me doy esos lujos.

—Te creo –destapaba las botellas–. Es una de las pocas cervezas que tiene alma. Pero antes de la cerveza, ¿querés un "acelerador"?

—¿Qué es eso?

—Estoy seguro de que ya lo conocés e incluso que lo practicaste. Pero ahora lo concientizarás. Es un estilo cultural muy usado por los rusos, polacos y húngaros. Pálinka o vodka que se bajan de un golpe para llegar a aceptar y a reconciliarse con el mundo más rápidamente.

—Je... je... Buena falta me hace. No estaría mal probarlo.

Dejó las botellas de cerveza y me sirvió una copita de vodka ruso. Me la alcanzó diciendo que se lo agradeciera a la Gallega. Salud, dije, y me la llevé a la boca, la incliné, tragué y el líquido corrió hasta mi estómago. Un ligero ardor pero pronto empecé a sentir un calorcito agradable.

—¿Vos no tomás? –le pregunté.

—No, salvo en casos de emergencia, cuando empiezo a trepidar por la falta de alcohol, que me es imprescindible. Pero cada vez me basta menor cantidad.

Y mientras me alcanzaba el vaso y la cerveza.

—Hum, biografía, testimonio, historia de vida. Cada vez te parecés más a un personaje de ficción, ideal, en un mundo de ficción.

Nos servimos y brindamos. No sé si tenía alma pero era rica. Nunca me imaginé que tuviera tanta sed, más que aquel patriota que murió en alta mar. La terminé y me dio otra.

Y hablé, le conté. Él escuchaba liando un cigarrillo detrás del otro. Sólo abría la boca para beber o hacer algún comentario pero no me interrumpía con ironías. Me sentía bien, el "acelerador" era un gran invento, la amargura había desaparecido, diluida o agazapada en un rincón. Le conté... lo sorprendí, y cómo. Le hablé de Tucumán, del "Jardín de la República". Le pregunté si conocía Tucumán.

—No. Soy un mal patriota, como dijo el Caudillo en el Tortoni, una capítulo que ya terminé de escribir. Pero lo estoy conociendo por tu boca. La famosa Negra también tiene una canción, creo.

Le hablé de las noches de Tucumán, el permanente aire de fiesta, el bullicio nocturno, de la vida, de sus jardines y paseos, de la Casa de la Independencia, de los monumentos históricos, de los museos, de la Catedral, las iglesias y los templos y por supuesto de la Universidad, una de las más prestigiosas de Sudamérica, y que ha contribuido a formar generaciones de prohombres.

—Por favor, Ricardo. Hablás como una guía turística.

Y la conocí allí, en un congreso en...en... no me acuerdo bien, pero la fecha no tiene importancia. Cuando pienso en ella tengo ganas de echarme a llorar. Húngaro... nunca más, esas cosas sólo ocurren una vez en la vida. Yo ya estaba casado y la amargura y la frustración que los escritores llaman burguesa ya estaba conmigo y por ese entonces no había literatura sobre el tema. Le decía que me había equivocado al casarme con ella, y yo también al casarme con vos, me respondía ella. Ya por entonces se me pegaba en todas partes, pero esa vez no me pudo acompañar, estaba embarazada de mi hijo... ¿o mi hija?... el último mes. Y no me quiso dejar ir, pero esta vez me rebelé y fui. Era un congreso muy importante para las trenzas. Y fui, sí, con el deseo de la aventura pero pensando que el deseo violento había muerto. Nunca me lo hubiera esperado, me sorprendió. No, no me reconocí, no supe quién era yo hasta que... Soy de origen italiano, apuesto, buen mozo, y recuerdo, nunca lo voy a olvidar, que Graciela me dijo que no comprendía... que no comprendía cómo siendo yo tan duro, tan formal, tan porteño, el pelo corto, siempre bien vestido, ninguna soltura, cómo yo le podía resultar tan atractivo. Catamarqueño, le aclaraba en broma. La deslumbré. Graciela, una simple maestra, recién recibida o no hace mucho y que trabajaba como auxiliar en el congreso. La frescura hecha mujer. Como fui y soy honesto le dije la verdad, que era casado. No quería meterme en líos. Recuerdo que una noche, la ventana abierta, le pregunté si ella se casaría conmigo si me divorciaba, o si viviría conmigo. Se rió a carcajadas, dijo que sí, que correría el riesgo de casarse conmigo a pesar de no estar segura. "¿Segura de qué?" "De que seas la clase de tipo que tenga el coraje de separarse. Ya veremos en Buenos Aires." Porque hablamos de que ella fuera allí, le prometí que con mis influencias le conseguiría un buen trabajo. Pero esa noche, en la cama, en vez de responderme, se me tiró encima, sus pechos morenos, dos brasas contra mi pecho... fuego... e hicimos el amor, y una vez más y otra. Decime Hungarito, ¿vos algunas veces hiciste el amor tres o cuatro veces? ¿Y otras cosas como...? No viene al caso, no viene al caso... Pero Tucumán, oh, Tucumán, y ella era tucumana, la madre tierra, tierra feraz..., la savia que alimenta, una flor del "Jardín de la República".

—Por favor, Ricardo. ¿Querés otra cerveza?

Y ahora ni me acuerdo si se lo conté al Hungarito, tal vez sí... En esos cinco días que duró el congreso viví, sentí, hice el amor en un estado que sólo se consigue con drogas... bebiendo, comiendo y fumando. Y cómo se reía ella de mi torpeza cuando me veía fumar. O sin beber ni comer ni fumar veía el mundo como mundo, la gente como gente; y veía lo ridículo de la gente, sus pretensiones vanas. Y me sentía como Dios sin que me aplaudieran. O como si el mundo me aplaudiera. Los árboles y las hojas como árboles y hojas, las flores, y las estrellas como estrellas... Tengo ganas de llorar y no puedo... nunca podré, nunca pude... Sí, las estrellas, sin anteojos veía las estrellas desde la ventana abierta del hotel. Mi cabeza sobre su vientre, sus piernas contraídas y sus muslos que llegaban hasta el cielo, tocaban las estrellas, sostenían la cúpula celeste. Como los veo ahora, y lo más increíble, su olor era un perfume que se mezclaba con el olor de los naranjos... hundía mi cabeza, me desesperaba pero no como ahora, con el miedo a la frustración, siempre. Ella me acariciaba la cabeza, me buscaba y la desesperación del deseo se coronaba y ella gemía, gemíamos, y veo ahora sus piernas... las estrellas, pero no siento nada... nada... nada... Dios mío, ayudame... ¡ayudame!

—¿Qué le duele? ¿Qué necesita? ¿Llamo al doctor?

—Por favor, estoy hablando con un amigo. No nos moleste.

—¿Me ayudás, Hungarito?

—¿Y qué puedo hacer, Ricardo? ¿Qué te pasó con Graciela en Buenos Aires?

—El asunto duró poco. Cada vez que nos encontrábamos, con mis actividades infernales se me hacía tardísimo y mi mujer... nos veíamos poco. Al final me dijo que, porteño o no, la fachada o no, tal como lo había sospechado, yo era un burguesito cagón que no se atrevería a divorciarse nunca. ¿Te das cuenta qué lenguaje horrible? Menos mal que no me separé y que no me casé con ella. Porteño yo, que nací en Catamarca...

Silencio; silencio en mi cabeza y silencio del Húngaro.

—Te... te escucho Hungarito.

—Nada importante: los seres humanos nos repetimos. Bien, ¿y ahora?

—No puedo llorar, ¿comprendés?

—Tal vez te pueda comprender.

—¿Vos no lloraste nunca?

—Oh sí. Pero hace mucho tiempo.

Callado, se puso a liar otro cigarrillo.

—Te va a hacer mal fumar tanto –le comenté.

—No más que a vos tus fantasmas y tus sueños.

—¿No me creés? ¿No creés que es verdad lo que te conté?

—Dije eso porque tu relato sonaba a un sueño. O a una

leyenda. O a la lectura de una historia. O como si fuera algo que le hubiera pasado a otro.

—Yo fui otro.

—No, vos nunca fuiste otro. Fue como una semilla dentro de vos; germinó pero por falta de tierra fértil y agua, murió. Además, no sé si se puede ser otro. Yo trato... pero... bah.

Una vez más me estaba diciendo algo. Me asusté. Lo miré, me miré a mí mismo y vi mi barriga, vi mis manos, las arrugas, mis anteojos de cristales gruesos, cada vez más gruesos. Hice un esfuerzo sobrehumano.

—Húngaro, decime la verdad, decímela, ¿cómo soy?

Temí que se riera. Pero no...

—Decime vos, el "acelerador", las cuatro cervezas que te tomaste, la historia con esa mujer que me contaste, ¿pueden figurar en tu autobiografía o biografía?

Me puse rojo, no podía contestar, por fin, un esfuerzo y...

—Je... je... je... siempre hablás medio raro, en una biografía... eso te pasa por leer tanto budismo y sufismo.

—Es probable.

La ventana, oscuridad, la noche, la cena, mi mujer que me esperaba... Y otra vez la amargura. Harto de... una vez más sentí alivio... volver a lo seguro, estable...

—Bueno, Hungarito, es la hora. Mi mujer me espera para cenar. Perdoname si te entretuve. Fue un placer hablar con vos. Y gracias por haberme escuchado.

Fue un placer hablar con vos, gracias por haberme escuchado... Algo tan canadiense, o norteamericano, o británico o no sé qué... ¡Qué horror! Él saltó de la cama, sonrió, del escritorio levantó un anotador y un lápiz, hizo unos garabatos.

—La vida está cada vez más cara, Ilustre. El "acelerador" es una gentileza de la casa. Cuatro cervezas importadas a 2,20 dólares son 8,80. Si estamos en Canadá, seamos canadienses. Pague, Ilustre. Ah, la próxima vez, como es costumbre acá, Señor Doctor, traiga su propia bebida.

Increíble, pagué. Empecé a llevar la bebida... Iba para mostrarle mis apuntes sobre mi biografía, le contaba mi vida, con lo que soñaba... Se reía y decía:

—Es mucho más interesante lo que hubieras querido hacer que lo que hiciste. Pero no te preocupes, tomo nota de todo, con mucha atención.

No hacía nada, sólo me decía que lo inspiraba. No sé si Enrique, ¿habrá ido al Tortoni? ¿qué habrán dicho esos...? Ni sé cómo llamarlos. Tal vez Enrique, sé que me aprecia y me respeta, termine mi biografía. Porque lo que es el Húngaro, nunca la escribió. Vaya pregunta, si lo de Graciela y lo del acelerador" podrían figurar en ella. ¿Qué pensarán mis hijos, mis descendientes?, ¿qué clase de modelo...? Temo que nadie la escriba, todos son personajes de ficción en un mundo de ficción. Sí, voy a tener que escribirla yo, tengo abundante material y una buena memoria que no me deja en paz y que como en una barca, me trae todo mi pasado... Basta, pero basta, la voy a escribir yo, sólo me falta ese algo... ¿qué?... toda mi vida... una vida... sólo me queda el 50%...

24. De una vez por todas

Enrique se había derrumbado. Confiando en la grapa que
había pedido, después de un sorbo, hizo un esfuerzo y continuó hojeando las cartas. ¿Para qué? ¿Cuántas veces las había
leído buscando la palabra o las palabras que confirmaran sus
esperanzas, o más, encontrar una sombra de certeza detrás
de ellas? No, no las necesita; rebotaban en su cabeza. Cerró
la carpeta y dejó los codos sobre la mesa.

*"Creeme, Enriquito, estoy haciendo todo lo posible. Los de
allí se creen que aquí... los sueldos de las universidades son fabulosos. Mirá, si me descuido, con los impuestos que te sacan,
verdaderos mordiscones a tu sueldo, no llego ni a...". "Tengo
menos poder de lo que pensás. Aquí manda el dinero y este año
hubo otro corte en el presupuesto. Hasta temo que el Húngaro,
de quien te hablé en otras anteriores y a quien, además de te-
nerle lástima y compadecerlo, quiero muchísimo, corre el peligro
de quedarse sin trabajo. Es la inflación, los que creen que aquí
no hay inflación están soñando. Para darte un ejemplo, lo tengo
documentado en una libreta, el kilo de peceto, cuando llegué
aquí, en 1979, costaba...". "Ya mandé la carta de recomendación que me pediste para ese puesto en la Universidad de Florida (la competencia es feroz. Creo que se presentaron unos 65
candidatos). Si te convocan, no sé cómo vas a llegar. Tendrías
que estar aquí para facilitar las cosas. No creo que te paguen el
viaje para la entrevista. Sé que andan escasos de fondos. Tengo
un amigo allá... La vida es muy cara en Florida, hasta las na-
ranjas cuestan...".*

Un sorbo de grapa dulzón, mezclado con un pensamiento amargo: "¿Será que soy un fracasado? ¿No valgo nada o,
como se dice ahora, no supe, no sé cómo venderme?"

Muchas veces lo había hablado con su mujer.

—Enrique, Enrique, no seas inocente. Si realmente querés

conseguir un trabajo en el Norte, cosa que a mí no me interesa, prefiero morir de hambre aquí, no esperés nada de él.

—¿Estás segura?

—Segurísima. Sabés que lo conozco. Basta leer esas cartas que guardás como reliquias para conocerlo. Sinceramente, no te comprendo. Si le escribieras al presidente de los Estados Unidos obtendrías una respuesta mejor.

—Exagerás. Además, está el asunto de su biografía con la que traté de engancharlo y mordió.

—Creo que ahí obraste mal. Es fácil enganchar con el anzuelo de la vanidad. ¿Y cuándo la vas a escribir?

—Cuando me consiga la beca que me prometió.

—¿Cuántas veces te la prometió?

—Bueno, muchas veces, pero siempre pasaba algo.

—¿Ves? Nunca nada concreto, nada más que palabras.

—Sin embargo, te aprecia. Siempre pregunta por vos en las cartas.

—¿Es capaz de apreciar? Sí, tal vez, pero a su manera. Es incapaz de darse o jugarse. A veces te parecés y actuás como él y eso me pone furiosa.

—No te comprendo.

—Sí, como él, vivís de esperanzas e ilusiones, esperando siempre algo.

—Sin esperanzas e ilusiones no se puede vivir, Graciela.

—¿Ves? Decís lo mismo que él. Te cito al Húngaro que él cita: "Es posible, pero no se puede vivir de la esperanza y de las ilusiones". No hablemos más de Ricardo. Tirá las cartas a la basura y olvidalo.

—Siempre estoy a tiempo. Quizá se decida a pagar de su bolsillo. Plata no le falta.

—Tiene donde ponerla. Se va a levantar un mausoleo antes de darte... Oh, mi Dios, no aguanto más.

—Graciela, por favor, calmate. Le tenés inquina por lo que te hizo. Pero todo eso ya pasó. Lo más importante somos nosotros. Decime, ¿me acompañarías a Estados Unidos si consigo trabajo allá?

—Sabés que sí, ¿para qué me preguntás siempre lo mismo?

—Bueno, es una manera de preguntarte si me querés.

—Yo nunca te pregunto si me acompañarías a Tucumán. Ya estoy harta de Buenos Aires, un nido de víboras, de los porteños, de los viajes en colectivo en los que si no te roban te manosean de arriba abajo. Y me gustaría volver, allí hay una casa que nos espera.

La copa de grapa estaba vacía. ¿Otra? No. Basta. No hay mejor borrachera que la de hacer el amor. Enrique, con irritación, tomó la carpeta y pasó las hojas: *"si te queda de paso, te pediría"; "averiguá, por favor, qué pasó con..."*. Una foto tomada con Polaroid; Inesita al lado de un cuadro de Rembrandt: *"Dígase lo que se diga, la cultura sigue en Europa. La Comunidad Europea es un modelo de armonía y de progreso que nunca conseguiremos en los países latinoamericanos. Esta foto la tomé con una Polaroid (una ganga que compré en el duty-free), en el museo de La Haya"*. Londres, una foto del Big Ben, Inesita al pie: *"Ya sé que nos explotaron desde los tiempos de Rosas. Pero aquí está el germen de lo que son ahora Estados Unidos, Australia y Canadá. Cuánto nos falta aprender. ¡Y no aprenderemos nunca!"* Otra postal, Tokio, un convento budista: *"Este país es increíble. Si tenemos que aprender de los europeos o norteamericanos, mucho más de los japoneses"*; otra foto: una escultura de Buda plácido y sonriente, al lado, Inesita, también sonriente y mirando de reojo al Buda. Enrique gruñó: "Esto es obsceno, sí, esto es lo obsceno". Siguiendo el impulso de su irritación, cerró la carpeta con bronca.

La decisión estaba tomada. Había cerrado la carpeta pero no la guardó. Llamó al mozo y pagó. Cerró el portafolio. Con la carpeta en la mano, el portafolio en la otra, pasando cerca de una prostituta que le guiñó el ojo, salió.

Aire fresco. Caminó hasta Salta. En Buenos Aires nunca se sabe cuándo, cómo, para qué los destruyen o roban. Pero el tacho de basura, en la esquina de Salta y Belgrano, estaba. La tuvo suspendida unos segundos, la soltó.

25. La procesión interior es imparable

...Crear el espacio para terminar el libro, me pasé la vida creando espacios como los arquitectos y fue inútil... mi vida no es otra cosa que un libro que siempre se abre en la primera página y la segunda también es la primera. O como mis viajes: partir y volver para llegar al mismo lugar, o peor, una cinta sin fin que siempre vuelve a la primera palabra que nunca pude gritar, para terminar de una vez y empezar de nuevo, en otro espacio... el 50%, una esperanza, pero de la esperanza no se vive y tarde o temprano llega el 100%. Hungarito, Hungarito, tenías razón cuando me aconsejabas que preparara mi currículum para presentarme ante San Pedro y a quién se lo prometí en mi visita. Pero temo haber perdido la fe. Algo me había penetrado o me fui vaciando, iba a misa y, en vez del encuentro con Dios, me distraía pensando en otra cosa, el anhelo de un mundo diferente, una mujer cálida, de piernas morenas y pechos como frutos, mi cabeza sobre su vientre, es un mundo... sí, efímero, pero un mundo. Y me sentía peor, culpable. Hasta perdí la hermosa costumbre de entrar en la iglesia de vez en cuando antes de regresar a casa. Y menos en invierno. Eso sí, cuando me acordaba, los domingos, el día de descanso del Señor, en vivo y en directo, en el *familiar room,* miraba misa por televisión o ponía un video de una misa con el Papa, un *best-seller,* de los que tenía varios, misas clásicas, diría, el Papa oficiándolas al aire libre, en la Basílica de San Pedro, en algún país de África y, parece mentira, la misa parecía más hermosa en la pantalla de colores, más luminosa. Allí arriba en el altar, la cámara acercaba a Cristo doliente en la cruz, su cara en primer plano, me parecía suficiente con abrir la boca para hablarle...

Sin embargo, Dios mío, confesémonos: yo tenía mi espacio, o varios. Además de mi despacho en la Universidad en el que daba vueltas como un burro en la noria, una magnífica torre de marfil que el otro llamaba de cartón, en mi *domus* que nos costó una fortuna para que ella pudiera decir: "Vivimos en Rockliffe Park. Nuestra casa tiene tres mil *square feet*, y el jardín, un jardín hermoso, ay, no me acuerdo de cuántos *square feet* pero es inmenso". Sí, allá arriba en nuestra fortaleza de varios niveles, en el último nivel, se encontraba mi despacho. Una casa de madera o cartón prensado que se podía quemar en diez minutos. ¿Asegurarla?, otra fortuna. El piso y las escaleras crujían y los crujidos atravesaban las paredes, pero los gemidos y gritos del amor, Hungarito, no te preocupes, nada más que mis jadeos que iban aumentando con los años o los ruegos que susurraba; crujía con cada cambio de temperatura... de cartón, como todo lo de aquí, no, allí. Un espacio privado al que se accedía por una escalera alfombrada para amortiguar el ruido... mi gabinete de estudio, único. Lo amueblé, lo preparé con amor: un escritorio, antiguo y sólido, que compré en el Ejército de Salvación y que había pertenecido a un ministro o senador, no me acuerdo, para trabajar en mi obra, y otro, más chico, para la correspondencia, para llevar las cuentas y pagar las facturas, la Visa, la American Express dorada, su gastos con mi dinero. Y en una mesa especial, el altar en el que en vez de un Cristo doliente o un santo o la Virgen puse una computadora 386 —de una generación más avanzada que la que tenía en la Universidad— que, además de un *set* de *fonts* de griego antiguo para las citas fidedignas de mi libro, tenía módem, fax y correo electrónico para comunicarme con el mundo, y aunque jamás los aprendí a usar. Allí trasladé los apuntes, los papeles, todo, y estuve listo para el estudio definitivo de la palabra... Y la disciplina necesaria, como el tesón de mi padre que se levantaba al alba o antes, incluso en invierno... Y... y cuando enfrentaba la tarea, temblaba, sudaba y empezaba a dar vueltas en ese espacio mucho más chico que el de mi despacho en la universidad. Ahogo, oh, ese maldito ahogo...

—Hungarito... ¿es necesario mi libro?, ¿alguien lo espera?
Me radiografió, no sé si para sopesarme a mí o sus palabras...

—Sospecho que no –dijo.

—¿Y el tuyo?

Sonrió.

—Aunque sea tu vida hecha papel, ficción de ficciones, tampoco. Pero, vanidad de vanidades, todo es vanidad, y como nos faltan las pelotas o la vida, no podemos dejar de pensar que sí.

—Siempre hablás difícil. Pero, entonces... ¿dónde está la vida y qué es la vida? –le pregunté.

Sonrió otra vez.

—Todo lo que perdimos. Todos tenemos una Graciela en nuestra vida. Y una buena porción, temo que la mayor, de vida no vivida.

Oh, la vida en familia, la vida cotidiana; desayunábamos juntos, en familia, como en las películas americanas, en una cocina de película. *Eating kitchen*... mientras nuestros hijos desayunaban y salían rápidamente para el *high school*, Inesita, como dueña de casa, siempre me informaba sobre la marcha de las cosas, hablaba y hablaba y me llenaba la cabeza de palabras inservibles... me ponía al tanto de los problemas, el elemento de la cocina que se quemó... elemento, ¿será así que se dice en español?, u hornalla, o mechero eléctrico... Sí, se había quemado y no podría cocinar todo lo que tenía planeado, "Podés ir a comprarlo cuando salís", le decía. "Ay, Ricardo, yo no entiendo nada de mecánica. Eso es cosa de hombres." "Bueno, llamá al *service*." "¿El *service*? ¿Sabés lo que cuesta el *service*? Vos mismo vas a poner el grito en el cielo sobre este país de ladrones." "Está bien. Ahora subo a trabajar." "Pero no te olvides; el elemento de la derecha, al fondo." "No, y vos tampoco te olvides de no molestarme."

"Ay, Ricardo, hablás como si te arruinara la vida. Siempre exagerás. Sabés que siempre respeté tu trabajo." "Si lo sabré. Nos comprendemos y nos respetamos. Dialogamos y nos comunicamos. Nos amamos los unos a los otros." "Hablás como el Húngaro asqueroso ése. Lo echaste y ahora lo seguís viendo. Cada vez que lo ves, volvés cambiado." Y, je je je... le largaba la palabra y subía a mi despacho, me frotaba las manos, me sentaba, silencio, me las volvía frotar, silencio, tomaba una hoja de mis apuntes, el plan del libro, intentaba leer, pero lo que esperaba, ocurría: un "crac" suave, seguía esperando, otro "crac", paralizado, sólo la hoja temblaba en mi mano..."crac", "crac", subía en silencio para no molestarme, y ya frente a la puerta la oía husmear como un perro y susurrar: "Ricardo, ¿te molesto?". Los ojos se me nublaban, dejaba el papel, abría. "No te quería molestar. Pero me olvidé de decirte que el elemento del horno se quemó. Y si querés comer peceto al horno, ya sabés". Largaba la palabra en chino. "¿Pero no me dijiste que era de la hornalla?" "Ay, dónde vivís. Eso fue hace dos semanas. Los elementos no son eternos. Y tenemos dos cocinas." "Bueno, usá el horno de la otra." "Ay, ya te quejaste. El peceto no sale tan bueno como en ésta." "Toto puede hacerlo." "Tiene un examen." Y con la hoja en la mano, ya ni sabía para qué, alterado, trastornado, daba vueltas en mi torre. Para no volverme loco, terminaba por bajar a la cocina y me preparaba un té.

—¿Comprendés, Hungarito?

—Sí, comprendo. Tu mujer tiene razón. Los elementos no son eternos.

—No me cargués.

—No te cargo, lo he vivido y experimentado en carne propia. Además, ironías de la vida, es más fácil comprar el elemento y colaborar con la marcha del mundo que poner el culo en la silla y trabajar.

—Pero Hungarito, hay mucho más.

—Oh, sí. Hay mucho más, digo, muchos más elementos.

—No te comprendo. Siempre hablás raro... hic... Maldito sea, últimamente me da hipo cuando bebo.

—Oh no. Habías bajado a prepararte un tecito. Con la taza temblando, por los nervios o la vejez, volvés a subir a tu torre de cartón o gabinete del Doctor Fausto, te sentás, ya no sabés dónde te encontrabas en tu trabajo que ni siquiera te interesa y tenés unas ganas bárbaras de ir a buscar el elemento, hacés un esfuerzo, volvés a tomar la hoja y suena el timbre de puerta de la calle. Bronca y alegría... ¿Atendés o no atendés? Hum... puede ser el cartero que te trae una certificada, la que estuviste esperando toda tu vida; una carta de Graciela que anuncia su llegada a Canadá, una editorial que te va a publicar el libro que nunca escribiste, un premio al que no te presentaste, tu nombramiento como rector de la Universidad. Con una mezcla de rabia y leve sombra de alegría, bajás... y son los Testigos de Jehová que, en vez de cupones de oferta en la mano, con una Biblia te vienen a dar la buena noticia, el fin del mundo. Cerrás la puerta con furia y volvés a subir. Y otra vez el timbre. Bajás. Son los Alcohólicos Anónimos recolectando botellas, una misión, parte de su técnica de cura. Y de nuevo, menonitas y mormones, niños mongólicos, perdón… especiales que desfilan frente a tu casa y te tocan el timbre para dejarte folletos de propaganda, también parte de su cura. Y por fin, ya convencido de que no podés trabajar salís rajando, para buscar el elemento... como un canadiense que encontró la tarea y el objetivo de su vida. Un poco más útil que sentarse frente al televisor. Das vueltas buscando el elemento y te sentís parte de este mundo, tenés una tarea, como un sonámbulo que cumple una misión, casi inmensamente feliz.

—Exagerás. Pero, adelante...

—En este mundo cambiante, con cocinas cada vez más

modernas y miles de modelos que te cantan la canción de la libertad y de la democracia, o llevás el elemento roto con vos o no debés olvidarte de su código, el XZ 345, 1987. Es difícil encontrarlo, tenés que dar vueltas, te mandan de un lado para otro y recorrés la ciudad. Como no sos un sonámbulo imbécil para quien cualquier estupidez es un desafío que hay que vencer, tu felicidad por tener que cumplir una misión se va apagando ante la imposibilidad que crece paralela a tu amargura por la sospecha de que una vida real y auténtica se pospone o se diluye. Y bien puede ocurrir que ni ese elemento ni la cocina se fabriquen más. Alegría de tu mujer, hay que comprar una cocina nueva, más moderna, y te arrastra con ella para comprarla. Los tiempos cambian; para ahorrar trabajo y tener más libertad para perderla atándose a las amigas o al televisor, ella quiere una cocina con horno *self-clean*, programable digitalmente, mucho más cara que las comunes. Discusiones y peleas. Ya cansado, harto, derrotado, terminás comprándola. Y encima no vas a poder evitar un comentario: "Ay, no sé por qué no compramos una cocina de microondas. Todo el mundo las usa. Son tan prácticas. Sos poco flexible".

—¡Una cocina de microondas! ¡Jamás! ¡Nunca! Nunca voy a caer tan bajo. *Waiter waiter, two more, please.*

—Es lo que vos creés. Tarde o temprano los vas a...

—¡Nunca! dije. Sólo sobre mi cadáver. Pero vamos, Hungarito, no tengo tiempo. La barca va a pasar y tengo que tomarla. Adelante, seguí, te escucho...

—Bueno, avancemos con la novela y mientras más avancemos, más cerca estará la muerte. Además de cocina, tenés lavarropas, lavaplatos, todos integrados por elementos. Las canillas que gotean, el elemento cuerito o gomita; las puertas, el elemento bisagras o cerraduras, las primeras crujen y las segundas no cierran como corresponde. Ante el peligro de que los ladrones asalten tu fortaleza, si no sos un hombre hecho por sí mismo, lo más probable es que haya que llamar al cerrajero, perdón, al *service*...

—Sí que duele. Hablás como un sabio, con mucha empatía. Es como si hablara yo mismo. El salario que me queda de los impuestos me lo comen los *services*... trajeron las cervezas. Salud.

—Salud. Y hablando de los *services*. Estás en tu torre de cartón tratando de concentrarte en la obra que es tu vida mientras en tu cabeza hay un enanito que te la golpea para decirte que todavía te falta un libro que está en la biblioteca y tendrías que ir a... y de golpe, una vez más, oís un "crac, alegría y odio en tu corazón... '"crac"... "crac", cruje la escalera, tu mujer que sube, sabés que no te quiere molestar, abre la puerta y te dice: "No te quiero molestar. Sólo una preguntita. ¿Te vas a quedar en casa hoy?" "¿Para o por?" "Te pregunté si te quedabas en casa. Si no, voy a esperar el *service* de limpieza de alfombras. Sólo hay que dejarlos entrar. No te cuesta nada." "¿Vos no te podés quedar?", "Mirá, hay una oferta increíble hasta las 12 del mediodía y no la quiero perder." "¿Y Tití o Toto?" "Ay, qué hombre. Desde el año pasado que están en la Universidad."

—Eso, exactamente eso... hic... ¿Por qué es tan importante comprar?

Me miraba como a un imbécil.

—Ilustre, me extraña. Comprar es la prueba de la autoestima, de la adoración suprema de uno mismo. Gastar dinero en uno, sin pensar en los agusanados del mundo, es un acto que cuenta con la aprobación de los psicólogos y de los psicoanalistas, así como de los comerciantes, los seres más inútiles de esta tierra. Cuando mi... la mujer cruza el umbral de una puerta, es como si hubiera entrado en un mundo mágico, dorado; las aletas de su nariz se agitan como las hendiduras branquiales de un tiburón, su cuerpo vibra, se metamorfosea en una reina cuyas observaciones y preguntas son las más importantes y preciosas del mundo. Y una oferta, Ilustre, una reducción drástica y dramática de precios –Cervantes vivió en vano–, es descolgar una estrella con las propias manos, es realizarse, es llegar a "ser".

—Nunca se me ocurrió. Te escucho...

—Si te queda algo de vida... bramm... cerrás la puerta con violencia para descargar tu rabia. El peligro es que rompas la puerta o te quedes sin peceto al horno... o sin *service* en la cama. Así, Ilustre profesor, entre el libro que no se escribió nunca y tampoco se va a escribir, con la regularidad de las estaciones, los gansos que se van y regresan, las hojas impresionistas que caen y vuelven a crecer, todos los inviernos anuncian el burrito blanco de Jesús y la llegada de los Reyes Magos a quienes, juraría, seguís esperando. Pero el único anuncio que se cumple es "Las visitas están por llegar". Y así, entre agradables conversaciones que reafirman que sos alguien y una infernal y fascinante repetición que nos confirma que todo va bien en el mundo y que somos parte de él, pasaron diez, quince, veinte años o una vida y pronto estarás en un hogar de ancianos o muriéndote en alguna parte de este mundo...

—Sí, es como si hablara yo pero simplificás demasiado. Pero antes de irnos, una pregunta: hic... ¿no existe la mujer ideal?

—Evidentemente, estás borracho. Vamos, que se te hace tarde y vas a recibir una reprimenda de tu abnegada y dulce esposa.

Sí, mi abnegada y dulce esposa. ¿Dónde andará? Seguro que paseando por el Patio Burllich, mirando vidrieras con la lengua afuera, chorreando saliva por la mercadería como los perros de Pavlov por la carne. Ja, pobre Hungarito, tan simpático, pero siempre exagerando, simplificando, hablando de elementos y se olvida de mi trabajo en la Universidad... No podía descuidarlo, con eso paraba la olla, pagaba la hipoteca. Tenía que integrar comisiones, organizar *meetings* y congresos, responder cartas a gente que me pedía cosas imposibles, Enrique, la Argentina entera. Para manguear, todos eran amigos. Sí, Hungarito, la ves fácil, total, no tenés ninguna responsabilidad y yo, sólo problemas, conflictos. Atendía a los alumnos con los aritos en la oreja, a las alumnas escotadas y metidas en pantalones ajustados que dejaban ver... La mayoría con padres separados, hogares destrozados, como a través de un vidrio escuchaba sus penas y dolores, sus problemas, no, a través de una muralla, si no, ¿quién aguantaba tanta mentira de la vida feliz como si transcurriera en las novelitas de amor llenas de ternura, en las películas y la propaganda en la televisión y las fotos de caras sonrientes en los ventanales de los bancos? El mundo de Walt Disney hecho realidad, decía el tártaro. Ocuparme de los contactos, de las tarjetas de Navidad, luchar por la supervivencia, contra el *establishment.* Cuando me rompí la pierna y tuve que usar muletas, 27 dólares, y el seguro que no me las quería pagar; carta del hospital, carta del médico, cartas que van y vienen, llamadas por teléfono, cita con el manager del seguro, amenaza de juicio y triunfé. Siempre con la cabeza en otra cosa, comprar un auto nuevo me llevaba meses...

Y los viajes, preparar los viajes, los cortes en los presupuestos me los dificultaban, perdía horas entre notas, pedidos de dinero, memorandos e informes, cobrar un vale de un dólar 35 era un calvario, envidias y murmullos de mis colegas: "Si ése no perdiera el tiempo garroneando dinero y dando vueltas por el mundo, escribiría un libro por año". Envidiosos, resentidos... Preparar los viajes, averiguar qué se comía y se bebía en Japón, quién era el "gran escritor" de ese país... las valijas, tomar el avión... "Señoras y señores, tengo el inmenso honor de presentarles al ilustre Profesor y Doctor argentino Ricardo Ignacio Palmatieri... con un libro a punto de publicar... Señores, con ustedes el Doctor Ricardo Ignacio Palmatieri." Aplausos y, ding... doy un paso, avanzo, subo al

estrado... dong... aplausos, enfrento al público, veo su sonrisa, oigo su voz que me golpea la nuca: "Podrías haberte
puesto una corbata más alegre". "Ay, no vayas a decir nada
de la grapa." Me compongo, carraspeo: "Damas y caballeros,
estimado auditorio, para mí es un inmenso honor presentarme ante ustedes, aquí... ding... aquí en... ¿dónde?... dong...
¿dónde fue?... ¿dónde será?... cuna de uno de los escritores
más grandes... un país amante de la tradición... con siglos
de cultura... sus bebidas y comidas... la gracia de sus mujeres tiernas y frescas...". Aplausos, entro en materia: "Señores,
¿qué nos trae aquí?" Miro al auditorio, doy unos pasos y con-
tinúo: "Señores, cada obra de arte, cada novela, cada cuento,
cada palabra diría yo, es un vehículo... dong... una barca que
del pasado viene flotando hacia mí... ding... cargada con mis
pensamientos, de mujeres que me amaron y amé", aplausos,
aplausos... que se apagan... y yo soy la barca que flota a la
deriva y pronto hará agua... cada vez más rápido... tic tac tic
tac... es mi corazón que late, sí, Hungarito, vos la ves muy
simple, vos sí que sabés vivir, sin las preocupaciones y los
problemas que me alejaban de la obra: mis planes para volver
a mi querida patria, las discusiones con mi mujer, "Ay, un
país en que ni siquiera hay *toilette paper*". Tic tac tic... no, yo
no quería morir aquí, quería morir allá, digo aquí... Otra vez,
¿dónde estoy? ¿qué hice de mi vida? No, algo hice, nadie lo
sabe, sólo yo, mi obra secreta, además de mis cuentos, que se
los mandé a Enrique quien nunca me hizo ningún comentario sobre ellos, mi colección, mi hobby, muy pertinente,
muy mío, muy de acuerdo con mi investigación sobre esa
única palabra... Una colección de una sola palabra en todas
las lenguas actuales, casi un libro, 4.500 dialectos africanos
e indígenas, más o menos, las opiniones divergen sobre la
cantidad, veremos, yo ya tengo 3.200 y 123 lenguas muertas,
oficialmente sólo reconocidas nueve, no, nunca la hubiera
podido hacer en Argentina, sólo en países avanzados... Mis

viajes fueron utilísimos, acceso a bibliotecas únicas, diccionarios raros. Todas están en un pequeño disco guardado, con una palabra clave, un *password*, con el que sólo yo puedo acceder, la misma palabra es la clave. Ingeniosísimo. Me acuerdo de las discusiones con mi secretaria para que las pusiera en el disco, que las transcribiera de mis apuntes, y como usé el latín, odiaba hacerlo porque no sabía qué querían decir. "Usted haga lo que le digo que para eso se le paga." "¿Estará completa la colección? Un diccionario de una sola palabra, originalísimo, la significación, amor u odio, adoración o rechazo por la palabra según la cultura, culturas en las que la palabra era sagrada por fertilizar y dar vida. Me divertía mucho, sorprendía a mis colegas diciéndoles la palabra en bantú o kokinés, al matasanos (no la entendió), y a mi mujer cuando me enojaba, y ella: "¿Qué estás gruñendo de nuevo? Cada día estás más loco. Ni sabés lo que decís". Colección de maniático. La coleccionaba en vez de pronunciarla. Terminar de una vez, pronunciar la palabra en lengua viva, romperme, gritarla, rebelarme y empezar todo de nuevo, golpear la mesa como lo hice aquella vez y bien caro lo pagué y temo seguir pagándolo. Tuve miedo, lo reconozco, mea culpa, mea máxima culpa. Y ahora es tarde para gritarla. ¿Tarde? ¿Seguro que es tarde? ¿No hay nadie que me escuche aquí? Sin embargo, estuve a punto de gritarla en una situación similar en la que me creí morir, en Italia. Me gustaba ir a Italia, a Roma, visitar iglesias con mil años de historia, buscar el silencio, la paz, a Dios. Ella, pegada a mí, no se quería perder una. En la Basílica de San Pedro se puso en posición y entornó los ojos como una experta para contemplar La Piedad y dijo: "Cuánta ternura hay en esta obra. Me conmueve".

—¿Te la imaginás, Hungarito? ¿Comprendés?

—Perfectamente. Eso quiere decir que, crucificado como Cristo, tendrías que acostarte sobre sus rodillas, morir ahí para recibir ternura y allá arriba, por supuesto, ella. ¿Y qué hiciste?

Gruñí, a regañadientes le saqué una foto y casi me desmayo cuando, antes de besar el dedo de Jesús, gastado por millones de besos, ella, con un alto concepto de la higiene, sacó un Kleenex para limpiarlo antes de estampar el beso. Fotos, se habría puesto hasta el pañuelo de Magdalena en el museo del Vaticano para que le sacara una; me arrepentí de habérsela sacado, esta ciudad es Roma, no Tokio con Budas sonrientes... Y no se me despegaba. Roma, llena de turistas barulleros, insoportables, destructores como Atila (donde ponían el pie no crecía el pasto), que gastaban hasta los mármoles, el dedo de Cristo que besaban por besar... Más visitas, las catacumbas, los laberintos de las catacumbas, me acuerdo que entré sobrecogido, lejos del ruido del mundo, de la alegría desbordante, histérica, de la humanidad histérica; silencio, sólo el estúpido y monótono discurso del guía frente al altar de los huesos y las calaveras... Y cuando ella lo observó con aires de conocedora, los ojos entrecerrados, y dijo: *"Disgusting but interesting"* y se puso en posición para que le sacara una foto, no aguanté más. Arranqué y me alejé, caminé, corrí por los laberintos y ella detrás, gritando: "¡¿Te volviste loco!? ¡Pará! ¡Te vas a perder!" Yo corría, gritando la palabra, pero en otros idiomas. Corrí hasta que se acabó la iluminación, y me detuve; me quedé quieto en un rincón, mi corazón latiendo, el único ruido, como ahora...

—Oh, Ricardo, no te animaste a seguir, a perderte.

—Es probable, Hungarito, es probable. Pero no te olvidés de que tenía que dar la conferencia.

Después de la conferencia, la grapa, el "acelerador", casi me muero, la úlcera, el derrame, sangre, el hospital me costó una fortuna, el seguro no cubría la transfusión... Sí, creía que me moría, quería estar tranquilo, pensar en Dios, escuchar el ding dong de las campanas de tantas iglesias, y ella a mi lado, "¿Estás bien? ¿Necesitás algo?", y yo, con los ojos cerrados, no le respondía, quería que se fuera. Y otra vez, a pesar de las ganas, no pronuncié la palabra, y ella hablaba y hablaba, ahogando el sonido de las campanas que hubieran traído paz a mi alma... Escuchar el ding dong que nos eleva... Apenas pude redactar mi testamento, menos mal que mi portafolio estaba conmigo, no me morí... Pero ahora... ahora... mi muerte... ¿es una realidad? Veamos, todo está sereno y tranquilo. Ningún trac trac ni tic tac me sobresaltan. A ver, un poco de autoestima, ocupémonos de mí mismo... de mi autobiografía; pero necesito comprensión, ternura.

—Hungarito, ¿creés en la ternura?

—Bueno, creo en la ternura. Pero no la del esclavista que leía *La cabaña del Tío Tom* y lloraba, y cuando salía cagaba a latigazos al primer esclavo que encontraba porque lo había hecho sufrir. ¿Qué? ¿Tu mujer no te la da? Creo que tanta preocupación para prepararte bien el peceto es una manifestación de ternura.

Ay, Hungarito, sos un salvaje, no es ésa la ternura que necesito, es otra, aquella que me haga sentir que soy hombre, que soy alguien. Peceto sí, pero, ¿su dieta permanente y eterna con alimentos rigurosamente equilibrados? La cocina con su balanza parecía un laboratorio y yo comía el peceto con verduritas y plantitas, hasta con las violetas africanas. En vez de hombre me hacía sentir como un conejo. Y si me quedaba algo de macho, lo destruía con sus discusiones y frases como "mi coche", "mi dinero", "mis tarjetas de crédito", "mi *Shoping Center*" (porque está casada con el *Shoping Center),* "*may feelings*", "mi independencia", y ya en las reuniones lo decía sin descaro, delante de mí: "Ay mijita, qué querés que te diga. Él se iba de viaje pero yo no podía por Tití y Toto. Pero salía igual. No soy monja. Y si ahora no me llevara... Vos hacé lo mismo". Y las luchas y batallas debajo de la sábana, y yo recurriendo a las visualizaciones... Por fin, un día, con la voz temblando, me animé a preguntarle:

—¿Creés que mi mujer... hic... es capaz de engañarme?

—Oh, no creo. A no ser que eso sea lo que se deba hacer. O es la moda. Pero ponelo así, ¿a vos te importa realmente?

—¿Qué es lo que me importa? ¿Qué es lo esencial? ¿Qué soy... somos, exactamente?

—¿Exactamente? Pedís demasiado. Si un Ilustre académico como vos... En fin, brevemente, somos supositorios...

—Jo... jo.. .jo... me hacés reír... supositorios... hic...

—No te rías. Antes se hablaba de carne de cañón. Ahora, nada más que eso, supositorios funcionales del sistema. Pero si querés podemos hablar de forma más elegante y decir que somos *chips* pulidos y brillantes en un gigantesco *network* que no controlamos.

—¿No valemos nada, entonces?

—Es un tema que ya hablamos. Acualizá los precios y te vas a enterar cuánto.

26. Si el amor puede existir

Enrique había terminado de cruzar Belgrano y puesto el pie sobre el cordón. Se detuvo y recordó una frase de Palmatieri: "Aquí material para el trabajo, sobra. Hasta hay demasiado. Con los papeles que tiro por día allí podría vivir un obrero una semana". Enrique se dijo: "Bueno, si allí sobra, aquí no".

Giró y miró: ningún auto. Corrió. Se inclinó y metió la mano. Por suerte, había poca basura y la carpeta estaba limpia. "Ni basura queda en este país. Salvo la que nos mandan del Primer Mundo." La abrió, fue sacando las cartas y tirándolas, incluidas las fotos. Luego de la última, con vehemencia, arrancó hacia su casa.

Nada estaba claro en la mente de Enrique que casi corría, se escapaba y, simultáneamente, buscaba un refugio; una culpa difusa por lo que había hecho con las cartas; simultáneamente, un alivio. Y una carpeta más con cuentos que tenía en su casa, con otra carta, la última, un extraño regusto a muerte, una necesidad de reafirmarse en un país, quizás un mundo de hombres desvalorizados, de vida y vivir, de nido cálido y estar protegido, de apoyar la cabeza y descansar; todo eso lo hacía correr.

¿Cómo se creó ese código? Con años de convivencia. Antes de meter la llave en la cerradura, tocó tres veces el timbre del portero eléctrico.

Abrió la puerta de entrada. Mientras recorría el largo pasillo, sonrió y pensó: "Parece que me estuviera escapando, pero hacia la salvación". Y con la sensación de estar salvado, aunque fuera por un tiempo breve, para dar paso a la emoción, demorar el placer para intensificarlo, para darle tiempo a Graciela, disminuyó la velocidad.

Enrique podría ufanarse de que esos tres timbrazos eran un acto machista: lugar, hora y en el momento en que él quisiera. Y sería verdad si del otro lado no hubiera una mujer que no se avergüenza de su deseo, se rinde, y al no establecer una lucha de dominio y control, lo vence. Era un rito de placer compartido.

Final del pasillo, la puerta del departamento, el living, el portafolio en un sillón.

Quizá por el temor vago y difuso, un poco mágico, de algo que se hubiera roto, a la vez que se quitaba el saco y se desabrochaba la corbata, echó un vistazo por la puerta: Graciela no estaba en la cocina.

Verano; la ventana del dormitorio abierta. Las cortinas corridas. La luz tenue del velador encendida. Una de las piernas de Graciela, encogida, su sombra; la otra, cubierta por la sábana, ocultando algo hermoso que habrá que descubrir.

En la penumbra; ojos negros, brillantes, grandes, pelo negro con algunas canas. Piel suave, color sedosamente moreno.

El deseo violento, lo bajo y lo sucio pero redentor. Los ojos negros y brillantes observan al hombre que adora y también se rinde; los ojos se cierran y las manos acarician la cabeza, con suaves apretones lo atraen.

El deseo, lo bajo y sucio, tiene muchas variantes, pero no infinitas.

Hay un momento en que los ojos de los dos están cerca, se miran, imposible acercarse más, y, sin distanciarse, se van hundiendo, alejando; y hay otro momento, uno más, quizá segundos, terrible, en que ambos los cierran; la única respuesta posible, un rescate, el abrazo final, casi desesperado, y los ojos en los otros, espejos, nuevamente abiertos; los últimos destellos de gozo. Y la vida que se aplaca hasta la próxima vez.

27. La vida simple y sencilla

...Sí, voy a tener que escribirla yo. No, nadie la va a escribir, ni Enrique ni el Húngaro, que se reía cada vez que le hablaba del tema y me decía:

—No tengo tiempo. Además pagás muy mal o no pagás. En mi situación prefiero ocuparme de mi obra.

—¿Y qué estás escribiendo, Hungarito?

—¿No te lo dije? Una novela sobre la muerte y la palabra.

—¿Y quién es el personaje?

—Ya te lo dije: vos. ¿Hay alguien más interesante e importante? Los personajes triunfadores no me interesan. Hieden a norteamericanos.

—¿Y cuál es el tema?

Se puso a liar un cigarrillo.

—Creo que también te lo dije. Es la historia de un profesor que mientras se va muriendo revisa su vida. Un tipo más o menos como vos, que no es capaz de aferrarse a nada sólido, si es que queda algo sólido. Que pasa por esta vida flotando a la deriva. Que se jugó una vez pero que ya no se juega por nada. Un tipo que busca la palabra pero que, una vez encontrada, no se atreve a pronunciarla. Además, sería inútil.

Pasó la lengua por el papel.

—La muerte es un asunto serio. ¿Y avanza?

—Oh, sí. A medida que me acerco a la muerte, avanza cada vez mejor. Claro que todavía tengo algunos problemas. Trato de encontrar la diferencia entre vivir y parodiar la vida, la diferencia entre morir y parodiar la muerte. También trato de descubrir si a mi personaje le queda alguna sed, un afán de eternidad aunque sepa que, ciego, va a ser succionado por la oscuridad del infinito.

Cada vez que lo iba a visitar con la caja de seis cervezas Pilsner, el maldito me decía.

—Hola, Ilustre. ¿Traés sólo la cerveza o también material para mi novela? Ya sabés que sos mi personaje querido y favorito hecho realidad.

A veces tosía tanto que no podía hablar y yo tenía miedo de que se muriera allí mismo. No paraba, no paraba hasta que se bajaba un porrón de cerveza. ¿Qué será de él? Capaz que se murió, no me respondió a ninguna de las cartas que le mandé, que él consideraría material o literatura sobre el tema... No, no me da ningún aliento... Qué va a dar ése, que no tiene fuerzas para escribir unas líneas... Escribir... escribir...

Ah sí, escribir mi autobiografía, estaba en eso... y sin miedo, decirle al mundo lo que pienso y tengo el deber moral de decir... Bien, veamos, veamos los apuntes que ya tengo. ¿Dónde? Ah sí, sobre mi escritorio, adelante antes de que oiga crujir la escalera y me entere que se rompió algún elemento. *"Miro por la ventana y miro a la lejanía"*, tachar el segundo *miro*, poner veo, *"veo en la lejanía"*. Bien, perfecto. ¿O no? Esto de la ventana me da escalofríos, me recuerda las noches que me pasé... Mejor esto, más poético: *"Mi mirada me lleva a través de la distancia a esa provincia ignorada por los argentinos, a esos paisajes, a la Cuesta del Portezuelo, desde donde se ven mil distintos tonos de verde. Provincia con aguas termales fabulosas para curar todos los males y mantener la juventud eterna. Provincia en la que todavía están de pie las murallas construidas por los incas y que durarán más que mi casa de cartón de Rockliffe..."* No, tachar argentinos y poner porteños... ¿o no?... Pobre mi país, país de ladrones, tránsfugas y mafiosos, la carta, yo, parado en el pasillo, esperando que me atiendan, hicimos todo lo posible. ¡Basta! Sigamos: *"Hablo de San Fernando del Valle de Catamarca, mi ciudad natal. Mi mirada no sólo atraviesa las distancias, sino que vuela a través del tiempo. Me veo, de niño, correr por las calles empedradas, piedras que hoy borró el asfalto, negro y liso, sin relieves"*. Qué hermoso, qué hermoso, lo veo, subo al estrado y oigo los aplausos... Pero sigamos: *"Ciudad sin muchos autos en la que los ding dong de las campanas de las iglesias atraviesan el aire..."* No, la atmósfera, no, *"llevan un mensaje, marcan el paso sereno y armónico del tiempo, la mañana, el mediodía, el atardecer, y en sus repiques, la paz eterna para alguien que todos conocíamos y nos abandonó"*. A ver, ¿dónde puse esta nota? Aquí está, un poco de filosofía y meditación no estarán de más, la transcribo: *"Desde que por la civilización y su barrullo no se escuchan las campanas en una ciudad, la cultura ha muerto y el hombre quedó desamparado"*. Hum, creo que esto ya lo escribí en alguna otra parte, ¿o sólo lo pensé?, ¿o será de algún otro y la oí? *"En una de esas iglesias, en la de San Francisco, en una caja de vidrio se encuentra el corazón de Fray... de Fray Mamerto..."* Pero sigamos antes de que llegue mi..." *"Me veo allí, de niño, oigo el grito de mi madre llamándome para la cena familiar, y corro..."* ¿Cena o almuerzo? Mi padre nunca estaba para el almuerzo, trabajaba de sol a sol en su verdulería, únicamente mi madre y mis hermanos... A ver, ¿corro o camino? Mejor camino, me veo caminar por la vereda de la calle que delimita por edificios que tienen relieve, historia, en los que nuestra vista descansa, nos serena, y no como los edificios actuales, chatos y vulgares. ¿Cómo se llamaba la calle? Bueno, no importa, conozco la ciudad de memoria, la llevo adentro, sé adónde voy, camino bajo el sol o a la sombra de las casas, el alma ligera, contento. Es cerca de mediodía. Algo me pesa en la mano ¿qué es esto? ¡Dios!, una caja de cerveza Pilsner... No, si no voy a visitar al Húngaro, voy a ver a Pichín y él es generoso, un tipo auténtico de gran corazón, no espera nada, le basta mi visita. Ya siento el olor de la peluquería, allí está, lo veo a través de la ventana, hablando más que trabajando, moviendo más la lengua que la tijera, mi viejo amigo, amiguito de la infancia que nunca terminó la secundaria, hijo de tanos como yo. Empujo la puerta...

—¡Pichín!

—¡Ricardo!

Nos abrazamos. Orgulloso, me presenta a su cliente.

—El doctor Ricardo Ignacio Palmatieri, alguien que ha triunfado en la vida. Mi mejor amigo.

Pichín me mira, sus ojos negros sonríen, es flacucho, está contento, es un hombre sincero, auténtico, sin rebusques como los de los académicos, los argentinos, emigrados o no; está un poco nervioso, pero es la alegría.

—Hoy comés en casa –me dice.

—No quiero molestarte.

—Ni una palabra más. Termino y vamos.

Me siento, tomo una de las revistas, él vuelve a su cliente, charla, le cuenta quién soy, un famoso profesor que conoce el mundo, el hijo de uno de los italianos más ricos de la zona, fuimos compañeros desde primaria. Hojeo las revistas, viejas, ninguna *Playboy* como en las peluquerías del Norte... Termina, el cliente paga y se va. Cierra el negocio y salimos. Suenan las campanas del mediodía, desciende la paz en mi alma. Comenta algo sobre el campanero que está viejo y le falla la vista para ver el reloj. Me toma del brazo y caminamos hacia su casa, me pregunta por la familia, los chicos, por Inesita.

—Contame cómo te va, cómo van tus cosas, hablame del mundo. ¿Siempre pensando en volver? No volvás, Ricardo, esto está cada vez peor. Claro que con la plata que vos tenés... A ver, contame, ¿por dónde anduviste? Tus aventuras...

Y mientras caminamos, le cuento, le hablo de mundos lejanos, de Madrid, de Londres, de Japón... Me pregunta si es verdad que las japonesas la tienen... y se ríe..., cómo se visten, qué comen, cuánto cuestan las cosas allá afuera, lejos. Le cuento, le hablo de mis conferencias, se asombra de cómo me aplauden.

—¿Y te aplauden? Contá, ¿cuántos hay en la sala? ¿cómo son las salas?

Caminamos, me pide miles de detalles, Madrid, Londres. Por la calle nos cruzamos con gente de toda edad con los celulares pegados a las orejas de las que se cuelgan para viajar por el aire y pasar por esta vida con sus almas flotando en otra parte. Un Mercedes-Benz, jamás vi uno en Catamarca. Le pregunto a Pichín. "La droga, Ricardo, es la droga, esto está podrido –me explica Pichín–, ya no es como antes." "En todo el mundo es igual, Pichín –lo consuelo–, o peor." Llegamos a su casa, sigue soltero, un solterón, pero quizá tenga razón; muchos filósofos y sabios... Vive con la madre sorda. La encuentro cada vez más vieja, viejita, arrugada, sorda y medio ciega. Se pone contenta, me abraza. Pichín le grita, es inútil, le hace señas: que ponga más agua y fideos. Pichín vive a fideos, no sé cómo no engorda, estoy seguro de que no lee literatura sobre el tema ni cuenta las calorías y hasta ignora qué son, no como mi mujer que sabe que la cantidad de calorías de un apio es exactamente la misma que la que se consume comiéndolo. La viejita, contenta, trotando, pone los cubiertos y un plato más. Pichín vive mejor que yo, su madre lo atiende como a un duque. Saca la botella de vino barato de la mesa y trae una de reserva. La abre, sirve, brindamos, nos sentamos a la mesa, sirve más vino. Me dice:

—Podés hablar tranquilo. Está más sorda que una tapia.

Me interroga, me pregunta por las mujeres, mis aventuras, me pongo pensativo. Le digo:

—Pichín, je je je, ya no soy joven, no es lo mismo que antes... Hoy, cuando pienso en una mujer en la cama me parece, como decía un amigo... sí, me parece que es una especie de cucaracha de espaldas agitando las patas.

—Jo, jo, jo, qué bueno está eso, Ricardo, nunca me lo hubiera imaginado, ja, ja, ja... Contá.

—O una araña que nos atrapa y devora.

—Ja, ja, ja, jo, jo, jo. Seguí, seguí.

Se ríe, se golpea los muslos, más vino, los fideos, riquísimos, y sin cocina de microondas, un tuco casero. Abre otra botella, total, él va a dormir la siesta y yo... Pero bebo con ganas, relajado, le cuento alguna historia, alguna aventura... Pichín me escucha con los ojos abiertos... Y le sigo contando...

28. El holocausto del Siglo XXI

Hoy, martes por la noche, en este momento, descansa. Se sintió bien después del encuentro con Pichín. A los ojos dilatados por el asombro, solos en la cocina, de cálida sobremesa, le había contado cosas que no le contaba a nadie. De cómo observó a dos mujeres en un baño, no a través del ojo de la cerradura, no, ya no había ojos de cerradura, pronto ni habría llaves sino tarjetas, se felicitó por este detalle realista. Y los detalles de lo que hacían las mujeres. Pichín, con sus infinitas preguntas por más detalles, le había facilitado el relato, incluso sugerido cosas que a él no se le habrían ocurrido. El espectáculo existía en Ámsterdam o Nueva York, pero él habló de un agujero que había hecho a través de la pared de un hotel, una pared de cartón como todas las del Norte.

Pichín, a su vez, ya calmada su curiosidad sobre el gran mundo, pasó a lo pequeño que era Catamarca. Le informó sobre vida, milagros y muertes de los conocidos, excompañeros de la primaria, de la secundaria, que Pichín nunca terminó, de vecinos y comerciantes. El profesor le preguntó por el maestro; todavía vivía. El cura que los bautizó, catequizó, les dio la primera comunión, y con quien se solía confesar cada vez que visitaba su ciudad natal, no. Con tristeza, el profesor escuchó la historia de su muerte. Durante los últimos años, la mayoría del tiempo lo pasaba en la misma iglesia, más concretamente, en el confesionario. Allí, en la semioscuridad, podía reposar sus huesos cansados y su alma cargada con los pecados de los otros y dormitar entre confesión y confesión o durante la confesión misma, ya que se decía que era sordo y el preferido de las mujeres, especialmente las casadas. Se dice que bastantes, no se sabe cuántas, se confesaron con un muerto –porque allí fue donde el pobre anciano entregó su alma– y tomaron su silencio como absolución.

Recordaron no pocos episodios. Pasó la tarde y Pichín tenía que volver a la peluquería, de cuya marcha se quejó un poco. No como un argentino sino serenamente, como alguien a quien ya no le importan mucho esas cosas. Le habló de las nuevas peluquerías sofisticadas, con música, muchos espejos y luces, atendidas por mujeres y maricones con aritos en las orejas. Allí iban los jóvenes y los nuevos ricos. A él sólo le quedaban clientes viejos que apenas podían llegar a la peluquería. El profesor le aconsejó modernizar y racionalizar la suya, y si por amor a la tradición no quería cambiar el nombre, que no dejara de destacar que era "unisex".

Después de decirle "Vos sí que llegaste. Vos sí que sabés vivir", un poco mareado se fue a dormir una siesta breve para reponerse y no cortarle la oreja a algún cliente. El profesor, con el vino circulando por su sangre, feliz de haber revivido años de la infancia y la adolescencia, con un impulso de generosidad, antes de que Pichín desapareciera rumbo hacia la cama, le prometió que para modernizar la peluquería o por lo menos para atraer a los jóvenes, le mandaría algunas *Playboy y Penthouse*, revistas de allá del Norte, auténticas y no las imitaciones argentinas. Se despidieron con un abrazo.

El profesor —era de rigor cada vez que iba a Catamarca— visitaba el cementerio, el pabellón familiar donde descansaban sus padres, hermanos y en el que sólo faltaba él. Todo estaba en orden, quizás un poco más mohoso que los años anteriores. Sin embargo, esta vez notó un detalle. Si él quisiera descansar allí, en compañía de los suyos, no habría lugar para su ataúd. Para que cupiera habría que ampliar el pabellón. Lo habló con el encargado. Imposible: los pabellones de otras familias lo impedían. La única solución: cavar un sótano —la Recoleta era un modelo— o ampliar hacia arriba. Mucho más barato lo primero. En una libreta tomó nota de los precios y diciendo que lo estudiaría se despidió del encargado.

Luego pasó por la iglesia. Rezó ante el altar, pero los gemidos no pudieron transformarse en lágrimas. Tal vez para aliviar su alma y dejar que las lágrimas fluyeran convendría confesar sus pecados, confesión que en el mundo de allá afuera y lejos, se había convertido en una especie de antigüedad, y los pecados, en ridiculeces. Se acercó al confesionario: parecía vacío. Se arrodilló y golpeteó la ventanita: ninguna respuesta. Se puso de pie y con unos pasos estuvo frente a la cortina. Cometió un error: la descorrió y vio al viejo cura muerto, con los ojos abiertos; fascinado, no tuvo fuerzas para correr la cortina y se quedó contemplándolo hasta que un viento con ráfagas bruscas terminó de llevarse al cura en hilachas y pedazos.

Afuera, con las manos temblando, en la libreta en la que había anotado los precios de la ampliación, leyó la lista de lo que le faltaba hacer.

Al anochecer iría a la confitería Richmond, donde encontraría *habitués* que concurrirían regularmente desde que tenía memoria, quienes probablemente también le hablarían de los que se habían ido, y el profesor tendría la sensación de que la tierra se iba despoblando y él quedándose solo. Como Pichín, preguntarían por el mundo allá lejos y afuera, preguntas a las que respondería mientras disfrutaba de su compañía y de un lugar en el que el tiempo se había detenido. Para no romper el hechizo, la magia en la que se veía sumergido, para no tentar a la aventura a sus amigos y atenuar posibles envidias, hablaría de un mundo al borde del caos. Durante las visitas a su ciudad natal, en las que evitaba consciente o inconscientemente todos los lugares y edificios que habían sido demolidos o renovados, llevaba una lista en la que, además de las visitas a algunos conocidos, a un maestro de la primaria, un anciano casi ciego (borró la visita al cura) y a familiares lejanos, figuraba una a un administrador.

Buenos Aires; sobre la ciudad, la noche, tal vez cerca de las doce. Con los ojos cerrados, en posición fetal, enroscado, seguro, descansa o duerme.

Además, ¿qué hace? Piensa o trata de pensar, de escribir su biografía. Sus pensamientos, en la oscuridad de la noche y de su mente, vuelven luminosos y se pregunta si esa visita a Catamarca que acaba de hacer debe repetirse o tendrá más efecto si la cuenta una sola vez. Dolorosamente, como si lo percibiera un tercero, tanto su mente como él ya no responden a la voluntad y flotan a la deriva.

Esperando un milagro, sin saber exactamente cuál, como siempre ese vago y difuso algo más, repasará sus andanzas por Buenos Aires, las demoras en los pasillos para ser atendido con la carta en la mano y la esperanza de que se hiciera realidad lo que allí le prometían. Una vez más, inútilmente, llamará a su país, al que dice querer, país de ladrones, tránsfugas, mafiosos, desde el presidente hasta los bomberos y basureros. Volverá a deambular por Catamarca, por Ottawa, con imágenes fugaces verá Madrid, Londres, Tokio, Budapest, Ciudad de México; girará por plazas, contemplará edificios, la Basílica de San Pedro, verá sus gigantescas campanas ponerse en movimiento y los ding dong lo llevarán frente al Big Ben, a otras torres e iglesias, a la de su pueblo, a la de Toledo, sin saber a veces de qué ciudad. Nada más que imágenes, sin peso, sin dimensión, sin cuerpo, como él, que flotan, eso sí, en colores, como diapositivas que saltan aceleradas y confusas en un proyector enloquecido.

Recordará museos, escuchará los suspiros y exclamaciones de embelesamiento y de éxtasis de su mujer frente a los cuadros de ¿Goya? ¿Velázquez? ¿Rembrandt? Qué importaba, si frente a todos decía lo mismo o algo aprendido en un manual o en la guía turística. Harto, cansado, aburrido, él también suspirará y no será más que un suspiro perdido entre otros miles de suspiros.

Inquieto, siempre buscando algo más, caminará, dará vueltas y se hará preguntas, ¿Por dónde camino? ¿Por qué plazas? ¿Qué calles? Se cruzará con negros, ¿estoy en una ciudad de

Africa? Si nunca estuvo allí y en Harlem jamás se había atrevido a entrar. No, estuvo en El Cairo, pero allí casi no hay negros. Aquellos son árabes. ¿Chinos o japoneses? ¿Estaré en Tokio o en el Barrio Chino de San Francisco o de Toronto? Mientras escucha la voz de su mujer durante los paseos, qué bonito, qué exótico, qué interesante, qué pintoresco, verá a músicos ambulantes, puestos de venta de flores, ¿serán Las Ramblas de Barcelona?; a *punks* verdaderos o de pacotilla; a infinita cantidad de adolescentes que además de aritos en una oreja, en ambas o en la nariz, pelo largo atado con gomitas o no y remeras con leyendas sin conocer probablemente su significado; entrará en supermercados sin saber en qué ciudad, en *drugstores* que no lo eran; escuchará música en todos los bares del mundo creando atmósfera; verá a infradotados con teléfonos celulares y pensará que sólo el mono imita al hombre; verá a niños pobres, pobrísimos, a gente hambrienta, famélica; oirá el zumbido de miles de moscas y pensará que está en Calcuta, donde tampoco estuvo, y se dará cuenta de que no eran más que imágenes vistas por televisión durante las noches largas de invierno, allá, en su casa de Ottawa, con un vaso de whisky en la mano y el zumbido de moscas amplificado para crear realidad. Momentos que, a su pesar, extrañará profundamente. Como un fracaso, con un reproche, recordará Italia, Roma, los laberintos de las catacumbas por los que quiso escapar y perderse sin siquiera haberse atrevido a gritar la palabra.

Probablemente, cansado, se detendrá y se preguntará: ¿dónde daré la conferencia? ¿Dónde estaré parado? ¿En el estrado del mundo? Y estirará las orejas para oír los aplausos. Cansado, muy cansado, se sentará en una terraza al aire libre o entrará en un bar de Buenos Aires, tal como lo soñó allá en Ottawa, para descansar. En ese bar pensará en otro, en el Tortoni, en los Notables, en los escritores ególatras y megalómanos y dudará si ir o no esa noche. Ahora, en vez de en Puerto

Madero, el último lugar de moda, con sus comedores como pesebres de lujo, está en una de las terrazas de la Recoleta, cerca del cementerio de los que marcaron la trayectoria de la Nación, solo, sin su mujer, en los alrededores no hay muchas vidrieras para mirar. Últimamente no se le pegaba tanto, lo dejaba tranquilo. Ella sabría que para contemplar a través de unos anteojos tan gruesos el balanceo de las caderas y el ida y vuelta de las nalgas de las mujeres más hermosas del mundo se tendría que acercar tanto que, además de pasar por mirón atrevido, podría desatarse un escándalo con intervención de la policía. Está sentado allí, en la terraza de La Biela, o imagina estarlo. Pedirá un café y un whisky Jameson, reserva de quince años, a pesar de que desde el derrame que sufrió en Roma lo tenía prohibido.

No, no habrá Jameson, o quizá sí, pero no un reserva de quince años. Sonreirá comprensivo ante esa ignorancia de los que se creen los conocedores y los piolas del mundo y nombrará otros whiskys, Glenfiddich, Knockando, Talisher, Ragganmore, Lagavulin, marcas de conocedor, entre las que figurará Begg. No, ninguno de ésos. Bueno, ¿qué whiskys tienen, entonces? Oirá la lista, White Horse, Wat 69, ¿Johnny Walker?, sí, etiqueta roja y negra, ¿y no tienen ése... cómo era que se llamaba? Ah sí, Laphoaig, de 10, 12 o 15 años, de 43 o 45 grados, ese sí que era un whisky..., *a single malt Scotch Whisky has always kept itself a bit remote...*, como la isla remota de Islay de Escocia o las Fiji... ah, el aroma... Por fin se resignará a un Chivas Regal. Sea como fuere, real o imaginario, era un lugar en el que se podía pagar con American Express dorada, aunque no causara mucho impacto. Hasta temía, cuando la sacaba, que por esa cosa tan natural como el egoísmo, de golpe de todas las mesas se alzaran manos esgrimiendo una y el paisaje se pareciera a un campo de trigo dorado en La Pampa.

Mientras saborea el whisky (el primer trago le había hecho arder el estómago pero pronto llegó el alivio, la anestesia, un ligero bienestar), a través de los anteojos que limpiará con la esperanza de ver mejor, un poco nublado en la distancia, verá el muro de la Recoleta que quizá recién haya recorrido, un lugar sereno y tranquilo de gente silenciosa y pacífica, la mejor compañía donde no estaría mal descansar. Contemplaría a los hombres exhibiéndose con esa actitud de "parece que no notan quién soy", y las mujeres con contoneos exagerados de *vamps* de Hollywood. Con dos o tres tragos, sintiéndose filósofo, le habría comentado al Húngaro, si hubiera estado allí:

—Hungarito, qué raro es el mundo.

—¿Por?

—Cuando más viejo, más igual me parece. En todas partes lo mismo. Como vos dijiste: el mundo se convirtió en un gigantesco *Shopping center* con la música que no soportabas y la gente que tampoco soportabas mucho, con los mismos aritos, los mismos vaqueros, las mismas remeras, que pasan por este mundo colgados de un celular con el alma en otra parte... Raro, no sé cómo explicártelo.

—No te compliques la vida. No son personas, son robots con marcas de fábrica, Adidas, Nike, Pierre Cardin, Levi's.

¿Sería realmente con el Húngaro? ¿O ya cerca de la muerte hablará, pensará y dirá lo que quiera? Nada más que un diálogo interior, sereno, de un hombre maduro a quien el whisky ayuda y le da coraje y vuelo a sus pensamientos como si se hubiera inyectado morfina. Se reconciliará con su mujer, o por lo menos se dirá que tal vez no todo fue responsabilidad de ella. Con serenidad, filosóficamente, se echará la culpa a sí mismo, al mundo podrido que lo rodeaba, a las circunstancias, a la manera en que se forjó, lo forjaron, a la patria misma. Tendrá un vislumbre, ese famoso "algo más" que siempre le faltó (¿no sería "algo menos"?), un temor difuso de quedar fuera del mundo, al margen, de perderse, de morir.

Y terminaría el whisky. Y pediría otro.

Suena un teléfono. ¿En su casa o en su despacho? ¿Su mujer

que lo interrumpe? ¿Problemas con el elemento de la cocina o le preguntaría por la hora de regreso? ¿Costillitas de cerdo o peceto? *That is the question.* No, en la mesa de al lado, un teléfono celular. Con total descortesía, total falta de respeto por el otro, él o ella, interrumpe el diálogo que sostenía para atender la llamada. Oye al Húngaro o a sí mismo, su voz verdadera: "Hoy por hoy, Ilustre, una llamada por el teléfono celular, más si de *business* se trata, es capaz de interrumpir un orgasmo por la mitad. O el temor a no existir, a desaparecer si no responde".

Aeropuertos, taxis, hoteles, habitaciones, universidades, estrados y cócteles, pasillos y corredores. Escribirá cartas y postales. Recordará frases, dichos, diálogos, y no sabrá si las frases son de él o de otro, o de lecturas, ni si él es el protagonista de los diálogos. Para enfrentar su muerte se repetirá: "La muerte es una cosa seria, digna de estudio". Volverá a pasear; se encontrará con gente que creía muerta. Sorpresa agradable, pero por las respuestas a sus preguntas se daba cuenta de que realmente estaban muertos. Cuando quiera averiguar detalles sobre la vida del más allá, sus siluetas –porque no eran otra cosa, y quizás él las habrá invocado– se esfumarán. Volverá a buscar lo perdido. Volverá a verse correteando por las calles de Catamarca, por el fondo del jardín de su padre, para esconderse y repetir el placer solitario con dificultad y riesgo; en ese jardín había pocos arbustos tupidos, útiles para la decoración. Este placer jamás figurará en su biografía y menos en su autobiografía.

Recordará caras sin nombres, caras que hablando le habían hecho promesas que no cumplieron. Recordará las que él había prometido y no cumplió. Una y otra vez se sentará en una taberna y charlará con el Húngaro; con amargura descubrirá que éste ya no le dice nada nuevo. Pero lo seguirá buscando para hacerle una pregunta que ni el Húngaro ni nadie en este mundo podría responder. Hablará sobre Graciela, sus ojos negros, sus piernas sedosas y morenas, tratará de descansar sobre su vientre o entre sus piernas. El descanso verdadero es otro.

Insistirá, se preguntará una vez más si hubiera sido posible.

Pensará en sus hijos y se preguntará cómo y cuándo se creó esa distancia abismal que los separaba. Si se debía a la tan estudiada brecha generacional, a la educación e influencia de su mujer o a él mismo, por no haber aceptado algo que inevitablemente iba a ocurrir. De todas maneras, mirando hacia el pasado, se dirá que fue un buen padre, que supo darles a sus hijos todo lo que necesitaban y los preparó para un futuro sin él, algo más importante que escribir un libro.

Nunca se atreverá, o sencillamente no podrá expresar los odios y rencores ocultos en los repliegues de su alma; además sería inútil: perdería de antemano. Los sentirá, sí, pero muy atenuados y confusos. Tampoco dejará de preguntarse si su vida no habría podido ser de otra manera. Por ejemplo, como Embajador; es *vox populi* que todos son unos vagos improductivos.

Una profunda amarga sensación de que todo eso es inútil, de que la cultura (frente a un cuadro en algún museo) no es más que un relleno de un vacío que jamás podremos llenar... No sabe si ese pensamiento es de él o de otros... Lentamente se le irán borrando de la cabeza todas las palabras inútiles, frases, conversaciones, nombres, lugares y países, días y fechas, se esfumarán todas las esperanzas de que el mundo cambie y se acomode a sus ideales, que su mujer se convierta en un ángel que lo valore y lo haga sentir que es alguien, que está vivo, que no luche debajo de las sábanas; se le irá borrando todo aquello que alguna vez consideró muy importante y que había colmado su vida.

Es probable que, una vez más, sentado a una mesa en la Recoleta, más que a las mujeres que pasaban con sus cadencias, asombrado de su impulso, de su deseo que se vuelve doloroso porque no puede concretarse, más que a los adolescentes con sus aritos, con sus iPods enchufados, observe el fondo de su vaso, buscando lo que no hay. Se preguntará si es un fracasado por no haber escrito su libro sobre *La palabra* y se dará cuenta de que nunca lo quiso escribir, que quiso vivir y que por las circunstancias o por su formación no supo cómo, o nunca se lo enseñaron, y él, que no creía en los cursillos ni las películas educacionales, tampoco supo dónde aprenderlo. ¿Eso era todo? No, tenía o tuvo otros libros en su cabeza; su autobiografía, en la que además de recrear el pasado, el Paraíso Perdido, habría podido gritar con la letra muda esa famosa palabra y, para usar algo más suave que un insulto, "cantarle las cuarenta al mundo" en vez de tragarse el veneno que le arruinó la salud por rumiarlo hasta en la hora de su muerte. Sonreirá satisfecho por su colección de la palabra: una obra completa que verá la posteridad, siempre y cuando encuentre ese maldito disco. Su sonrisa se acentúa más; una colección de cuentos de la que nadie sabe nada, salvo un discípulo y amigo. Recordará el placer que le dio escribirlos pero se amargará pensando que son nada más que fragmentos de vida no vivida o vivida a medias. "Ilustre, no me hinchés más, ¿cómo querés que te lo diga? A nadie que alcance la plenitud y no viva envenenado se le va a ocurrir escribir una sola línea en su vida."

Y se dirá que no, que fue un error, que jamás hubiera tenido que salir de Catamarca, correr detrás de no se sabe qué, que al fin y al cabo, en la confitería Richmond aunque no hubiera Chivas Regal habría ginebra, o whisky nacional, y por donde mirara habría caras amigas que lo reconocerían, que sin decir una palabra o con un simple "¿Qué tal, Ricardo?" le harían saber que estaba vivo y que existía. Y un cementerio familiar; no como ése que ve al levantar la vista, una iglesia y la pared de un cementerio famoso, eterno como las pirámides a las que el viento y la arena desgastan, un cementerio famoso, sí, pero no el suyo. Sin embargo, en su testamento...

Siempre ayudado por el whisky, se atreverá a preguntarse si él, quien tanto amaba a su patria, tuvo algún acto de heroísmo, si fue un patriota verdadero. La American Express dorada que descubre en su mano para pagar, ¿tiene algo que ver con su patria, con él, su dignidad, su persona, su identidad (de la que se cacarea tanto), su verdadero valor? Los fósforos con el logo y el nombre del bar están sobre la mesa. Ya lo sabe, el fuego purifica. Enciende uno y con las manos temblando por la edad y el holocausto por venir, a pesar de promesa a San Pedro, para ser alguien, justamente, empieza a quemar la tarjeta. Así como sube el humo negro y se expande el olor del plástico, se propaga el silencio a su alrededor mientras las miradas que no lo reconocen se clavan en él. El silencio sigue aumentando, sólo se escucha el ruido del tránsito. Con el aliento contenido observan el sacrificio; habían oído hablar, pero nunca habían visto un holocausto.

El profesor, orgulloso y satisfecho por el efecto producido, antes de quemarse los dedos, dejó caer el resto de la tarjeta en el cenicero. Debajo de la nariz, los ojos que lo observaban, tenían bocas que entraron en acción. Tomaron aire para no morir por la falta de oxígeno y lo largaron articulando frases como: "Está loco", "Un fanfarrón, seguro que no tiene fondos", "Con lo viejo que está, flaco y con los ojos flotando en las órbitas, casi trasparente, ni parece existir. ¿Para qué la va a necesitar?"

Y aunque el mundo seguirá andando, para él nada es infinito, ni sus pensamientos ni sus fantasías ni sus monólogos; en algún momento, una vez más, como un destello, una luz, una profunda fe y una esperanza, impulsado por el ansia infinita del descanso, también pensará en su futuro, en un viaje definitivo con el que llegará a una altura superior, mucho más que un vulgar estrado. Preparará las valijas y, pensando en su nuevo y último destino, se preguntará, ¿quién es el escritor más importante de ese lugar? ¿Qué escribió además de la Biblia?

29. A falta de realidad, buenas son las palabras. Insaciabilidad

Una noche de reyes. En su pequeño reinado, Enrique había sido servido en la cama. Además de ese placer, no dejó de disfrutar de los hermosos muslos de Graciela que, cada vez que le traía algo, asomaban entre los pliegues del salto de cama. Antes de levantarse, comentó:

—Las cortinas no me dejan ver nada. Me gustaría hacer el amor bajo las estrellas para ver si es cierto que los muslos de una mujer pueden llegar al cielo y sostener la cúpula celeste.

Ahora los dos estaban sentados a la mesa del living, las paredes forradas de libros, frente a dos tazones de té Cachamai. Enrique se había levantado para ocuparse de la carpeta que contenía los cuentos "secretos" y "picantes" del Doctor Palmatieri encabezados por una carta.

Pero se acordó:

—Antes de que me olvide, dos cosas. Tiré las cartas a la basura y te debo transmitir un pedido de Ricardo. Quiere que vayas a visitarlo para despedirse para siempre.

—¿Dijo eso? Ves, no puede tomar en serio ni su muerte. Esos adioses dramáticos. Estoy segura de que ni siquiera cree que se muere.

—La verdad es que es difícil creerlo. Pero vamos a los cuentos y la carta.

Los había recibido casi un año antes del regreso del profesor, con un pedido: mantener el secreto absoluto y publicarlos con seudónimo. Premio para Enrique: el diez por ciento de las ventas.

Jamás había movido un dedo por los cuentos. Para él, eran tan aburridos como todos los cuentos pornográficos.

—¿Nunca te preguntó por ellos? –preguntó Graciela.

—Nunca. Ni yo se los mencioné.

—Qué raro.

—Sí, rarísimo. Todo es raro. Hasta los títulos. ¿A quién se le ocurriría llamar un cuento pornográfico "Noches de Tucumán"? Y la dedicatoria: "Al Húngaro".

Un silencio largo. Sorbos al té.

—¿Y? ¿Qué hacemos? Si se muere, ¿se los damos a Inés o los tiramos a la basura?

Graciela tomó la carpeta de tapa dura.

—No sé. Por lo que yo entiendo de cuentos o disfruto leyéndolos, éstos son bastante aburridos y repetitivos.

—Sí, algo así como un Corín Tellado de la pornografía.

—Oí esto: "Mi empresa me había mandado para negociar y firmar un importantísimo contrato. Tenía a mi disposición un remís, y los gastos, que eran ilimitados, corrían por cuenta de la empresa. Mi tarjeta de American Express Platinum, la más poderosa del mundo..., el hotel..., el más lujoso de Tucumán... Un personaje como yo no se suele fijar en ese tipo mujeres pero sólo en el Jardín de la República pueden brotar flores así... La mucama morena que limpiaba mi cuarto..., el hermoso deseo de lo bajo y sucio...". Uf, qué aburrido.

—Ah, sí, los muslos como columnas que sostienen la cúpula celeste, un amor cósmico. Ese detalle de ver las estrellas sin anteojos es surrealista. El perfume de los naranjos mezclado con el olor de su piel.

—Enrique, los naranjos ya casi no huelen en Tucumán, y más que amarillos, están negros por la polución.

—Bueno, es evidente que no lo querés. Desde el punto de vista literario, no tiene importancia si hay o no hay naranjos. Los hay en el cuento y con eso basta.

Graciela se encogió de hombros y bamboleó la cabeza.

—Discusiones buenas para él o para vos. A mí no me interesan. Me interesa el hombre detrás de la fachada. En un momento hasta estuve dispuesta... esas tentaciones raras que tenemos... No sé si realmente. Creo que ya lo sospechaba o lo adivinaba, pero cuando vine a Buenos Aires, me rondaba con proposiciones que ni siquiera eran claras... hablaba de amor, de pasión, mezclado con sus responsabilidades de padre de familia, el deber. Todo a medias, todo ambiguo, pospuesto para más adelante. Y me vi obligada a decirle unas cuantas verdades, por supuesto desagradables.

—Y si ya sospechabas, ¿por qué aceptaste su invitación de venir a Buenos Aires?

—Ya te lo dije, el deseo de lo diferente, la fascinación de Buenos Aires, romper la monotonía, la atracción de la novedad, un buen trabajo fueron más fuertes. Y la novedad de esta horrible Buenos Aires no es más que aturdimiento. Y al final, tan monótona como una provincia. Creeme, te acompañaría hasta fin del mundo, pero volvería con más ganas a Tucumán. Por lo menos allí se respira.

—¿Y de qué viviríamos? ¿De ese aire?

Graciela lo miró con sus ojos negros, con ese brillo que nunca parecía apagarse.

—Decime Enrique, durante 20 años fantaseaste con ir a cualquier extremo del mundo, desde Australia hasta los Estados Unidos, ¿alguna vez hablaste del interior del país?

Enrique, un poco molesto, reconoció que no.

—Entonces, ¿a qué vienen tus preguntas? ¿La necesidad de tantas seguridades?

—No te comprendo.

Graciela se inclinó para responder, sus pechos empujaron las solapas del salto de cama, que se abrió.

—Que antes de hacerlas tendrías que decidir. Y estar dispuesto a renunciar a tu título y trabajar en lo que sea.

—¿Como vos?

La breve pregunta de Enrique tenía un ligero tono irónico. Graciela mordió su labio inferior y se quedó callada. Enrique, observando sus senos, no soportó el silencio.

—¿Y? ¿Eso es todo?

Graciela suspiró.

—Enrique, no me estoy peleando. Digo: no es lo mismo hablar de las estrellas que contemplarlas, escribir sobre los naranjos que olerlos a todo pulmón.

—¿Y vos lo hacés? –sus ojos siempre volviendo sobre los pechos.

—No. Perdí la costumbre. Y eso me desespera. Vivo con el deseo, cada vez más fuerte. En Buenos Aires no hay estrellas y menos naranjos. Sólo en esta porquería de papeles –Graciela golpeteó la carpeta abierta.

—Bueno, algo le debo agradecer. El haberte invitado a Buenos Aires y haber tenido la oportunidad de conocerte.

—Sí, dijo que usaría sus influencias, sus amigos, para conseguirle trabajo a la maestrita del interior. Creo que no tenía ni influencias ni amigos. Luego, cuando lo echaron, se esfumó. Enrique, si no hubiera sido por vos, habría tenido que hacerme puta.

—No hables así. Sabés que no me gusta.

—Ya sé. Los hombres son raros. En la cama las quieren tener pero santas.

Graciela cerró la boca y volvió a la carpeta. Enrique no era todos los hombres. Sin embargo, sabía que para Enrique, ella era todas las mujeres. Le sonrió; él la observaba con una mirada de niño, un poco sorprendido, desamparado.

Graciela pasaba las hojas. Cuando llegaba a un cuento, leía el título y algunos fragmentos. "El infierno de Gatineau"; "Gatineau es una pequeña ciudad que se alza al otro lado del río Ottawa, del lado francés de Canadá. La rodean pequeñas montañas pobladas de árboles cuyas hojas, en otoño, adquieren múltiples colores y el paisaje se transforma en impresionista. Dentro de este marco inocente, más que a ras del suelo, hundida en las profundidades, hay una vida nocturna intensa, infernal, orgiástica, conocida por muy pocos o sólo por los iniciados. Si en algunas de las tabernas aparece el diablo con sus patas de cabra, no debe causarnos sorpresa. Ésta es la historia de dos académicos ilustres que guiados por una mujer experta en vida nocturna...".

Graciela lanzó un uf y pasó las hojas para leer sólo los títulos: "La fuerza de la vida"; "La chilena que se hacía desear"; "A través de un agujero en la pared de un hotel". Pero luego de "Triunfar sobre una mujer", leyó el comienzo: "Hay momentos decisivos en la vida. Un hombre, un verdadero hombre, ya debiera estar harto de esa lucha que se lleva a cabo en el living, la cocina, y más reducido aún, en una cama de dos por dos, debajo de la sábana. Éstas son las peores batallas y allí se suele negociar más que en las Naciones Unidas con resultados igualmente pobres. Un hombre, un verdadero hombre, repito, si quiere que se le prepare un buen peceto sin chistar, debe saber imponerse. Ésta es la historia de ese verdadero hombre, una historia digna de figurar en los anales del Conde Lucanor. Una noche en que se estaban preparando para ir a una fiesta importante, el verdadero hombre, ya listo y vestido, en el dormitorio, esperaba a su mujer que todavía estaba en salto de cama. Su esposa, muy práctica y moderna, solía usar *pantyhoses* pero esa noche, para su sorpresa, luego de ponerse el corpiño y la bombacha, empezó a maniobrar con portaligas, que una vez puestas, sostendrían las medias negras. Apenas terminó de engancharlos, al verla como una vulgar bataclana (de "Ba-ta-clán"), esa vulgaridad despertó en él una violencia tal que se le fue encima y le ordenó: "¡Acostate!" "¿Acostarme? ¿Adónde? ¿Para qué? Ay, vamos a llegar tarde." Era la oportunidad de su vida, digo, la del verdadero hombre. Sin violencia (todavía), la tomó con firmeza de los hombros y la fue empujando...".

Cerró la carpeta. Hubo un breve silencio, en la que Enrique observó la carpeta; una pregunta no se concretó o, por miedo, no se atrevió a concretarla.

—A ver, leéme la carta.

Ella la volvió a abrir y leyó:

Querido Enrique:

Quizá te asombres por estos cuentos que te mando. Vos sabés que yo nunca tuve la vanidad de pretender ser escritor y poeta, como la tiene la mayoría de los académicos. Si no fuera porque algunos grandes escritores se han dedicado a este tipo de relatos, basta nombrar al Marqués de Sade, yo nunca me hubiera atrevido a escribirlos. De todas maneras, te aclaro que son frutos de mis ratos perdidos.

También quiero dejar sentado que, a pesar de haber escrito algunos en primera persona, te podrás imaginar que no soy el personaje que vivió esas aventuras. "Lamentablemente", diría el Húngaro, tratando siempre de burlarse e ironizar. Sin embargo, de él se trata precisamente. Ya te comenté, en una anterior, que volví a reencontrarme con él. Movido por la piedad, casi como una misión, con una caja de seis cervecitas, voy a visitarlo de vez en cuando. Está en un estado deplorable, tratando de escribir una novela. Yo creo que ya no tiene fuerzas ni para esgrimir una pluma de ganso. Pero habla. Y reconozco que a veces dice cosas interesantes.

Como corresponde a un alcohólico y fracasado, su credo es pesimista; afirma que la literatura se ha vuelto más inútil que nunca, que lo que hay que hacer es salvar la Tierra, que está en peligro. Que se habla de salvar a las especies y se olvidan de la especie humana. Y en el acto agrega: "Bah, tal vez sea mejor no salvarla", ya que si "la literatura es fantasía hecha papel, hoy por hoy, la vida es papel hecho de fantasía".

No habla mucho de sus hazañas sexuales, digamos, pero sí sobre sus teorías, rarísimas, que tienen en cuenta hasta los toqueteos, roces y metidas de mano en los colectivos de Buenos Aires y que él llama el folklore nacional. Dice que ese folclore es pobre en sí y que hasta puede ser desagradable y repugnante, pero que, como juego amoroso con la mujer, como relato, puede tener una energía incitadora. De otro deporte nacional, el levante por la calle, se pueden contar historias "deliciosas". Sostiene que toda mujer, en el fondo, siente curiosidad y hasta envidia de las prostitutas, por lo bajo y lo sucio (y simultáneamente, por lo sagrado, lo redentor, la misa negra). Decirle a la que está debajo de nosotros que lo es, es aumentar su placer y el nuestro. Considera que violar es horrible, pero que toda mujer adora el juego de la violación. Odia todos los manuales sobre sexo o de cómo hacer el amor, porque hablan de motores diesel o de acoplados, o de higiene alemana o suiza o norteamericana. Los que los siguen, con las recomendaciones de libertad y la sanata sobre la libertad del cuerpo, mueren, "revientan" en vida. Sostiene que en el Kama Sutra *y en el* Ananga Ranga *está todo dicho. Como un cura, habla del misterio del encuentro de los elegidos y de la unión. Que la perversión sin límites entre la pareja (la mujer siempre vestida de monja y que se desnuda lentamente) y el deseo de volver a hacerlo con esa mujer, el deseo constante, a veces hasta violento, de hacerle un hijo, por una cuestión de rara higiene mental, o pudor, es el verdadero amor. Que no es lo mismo un portaligas provocativo en una profesional que en la mujer de uno. Violar la santidad de una mujer a la que se tiene por santa, por madre, y que ella lo desee, provoque y acepte, es el máximo placer al que pueden aspirar un hombre y una mujer. Dice que la época bella del sexo es la de las polleras largas, en que un tobillo desnudo era más erótico que una foto de una mujer desnuda con las piernas abiertas, su monte de Venus afeitado que la hace parecer un bebé; o un video en que las mueve como una cucaracha de espaldas. Dice que está totalmente de acuerdo con los musulmanes fundamentalistas que obligan llevar velo a las mujeres. Según él, haber ido acortando las polleras hasta llegar a la minifalda es un error fatal de la cultura en nombre de la libertad. Que las polleras hubieran tenido que acortarse un micrón por siglo, paso a paso y lentamente hasta llegar a la minifalda a la par del Apo-*

calipsis. Que con el destape súbito, los seres humanos agotaron la erotina como están agotando los recursos naturales. Es casi inútil que te agregue que lo que más odia son los vaqueros que, siempre según él, más que competencia con el hombre y practicidad, son, un blindaje rugoso que mata toda suavidad y sensualidad durante el escarceo amoroso.

Que en el momento en que la mujer, en nombre de la libertad, de la cultura (africana, por ejemplo, como los maricones que se cuelgan un arito en la oreja), y cacareando sobre el falso pudor, se sacó el corpiño en una playa, el hombre, su hombre, se perdió, y sus testículos cuelgan inútilmente. Para poder hacer el amor con su mujer apagará la luz para visualizar a otras. O visualizará las perversiones con niñitos y niñitas en Tailandia o las Filipinas que experimentó durante algún viaje de turismo sexual a los que los cultos europeos son tan aficionados. Personalmente creo que este fenómeno es global.

Yo no sé con quién practica sus teorías. Lo que sí sé es que la Gallega que le limpiaba el cuarto ya no lo hace más; que ahora les deja esa tarea a las cucarachas. Hay tanto desorden en su habitación que me siento incómodo. Prefiero ir con él a una taberna aunque me cueste más caro.

En cuanto a los cuentos, está de más que te pida reserva absoluta. Para presentarlos a alguna editorial podés usar algún seudónimo que suene a francés o seguir el consejo del editor, que en eso...

—Basta, Graciela. No más. Y gracias.

Graciela cerró la carpeta y la dejó sobre la mesa.

—¿Qué pensás de las teorías del Húngaro?

Los ojos de Graciela sonrieron.

—Ya me lo preguntaste varias veces.

Con ambas manos cerró el salto de cama del que asomaban en parte sus pechos. Con los años se había puesto regordeta, maternal. Dar placer era su placer; sabía el alimento que Enrique necesitaba aunque sospechaba que lo hería y lo destrozaba. No ocurría menos con ella. Sabía que esa noche lo necesitaba más que nunca, una prueba, sentirse hombre, vivo, aunque fuera una pequeña muerte.

—No sé qué pensar exactamente. Pero hoy, cuando volvía de la oficina, en el 60...

A Enrique le gustó el detalle: el 60, un colectivo popular. Para escuchar el relato, la invitó al dormitorio. Allí fueron tomados de la mano, una manera de suavizar la perversión.

Ya en la cama, como hacía siempre durante los relatos de Graciela, Enrique apagó la luz.

Esa noche, una vez más, antes de dormirse, hablarían del hijo que no pudieron tener y de la posibilidad de adoptar uno.

30. Una carta puede salvar una vida, pero no todas

Descansa con los ojos cerrados. Cuando los abra, si es que los vuelve a abrir, verá a su mujer, rubia, más alta que él, sin tacos para no humillarlo, que habrá entrado silenciosamente para acompañarlo en un tránsito difícil, un deber, y quizá también "porque lo que es el servicio de este sanatorio, deja mucho que desear". Ella estará sentada en una silla cerca del pie de la cama, la cartera sobre su regazo, dentro, una carta; sus manos tensas sobre la cartera. Observará a su marido y se preguntará: "¿Duerme o finge que duerme? Toda su vida fue un simulador". Algunos gemidos. Tal vez piense que sufre. Esas ligeras contracciones de su cuerpo ¿serán de dolor? Movimiento de las piernas. Ya sea porque piensa que por la edad o por su estado, no puede caminar o por miedo a que se le escape, en voz baja, para no despertarlo si duerme, le preguntará: "¿Adónde vas? ¿Qué tenés ahora? Siempre dando vueltas, siempre igual".

Y él, cuando la escuche, pensará: "Viene a esta hora porque los negocios están cerrados".

La escuchó, lo pensó, pero no abrió los ojos... No me deja en paz... me persigue... me perseguirá hasta la tumba...

Ella insiste:

—¿Dormís? Tengo algo para vos.

¿Por qué intriga? ¿Por qué no habla claro?

—¿De qué... qué es? –sin abrir los ojos.

—Una carta.

Toda mi vida me pasé escribiéndolas y esperándolas; si no hubiera escrito tantas, ya habría... ¡la confirmación de mi nombramiento!

—¡Leémela!

—¿Así? ¿Con los ojos cerrados? ¿La vas a entender? ¿No te interesa saber de quién es?

¿Fue un gemido o un gruñido?

—¡Leémela! Sin... sin comentarios...

Ruido de sobre que se rasga. Silencio. Ella lo observa. Sabe que espera. Empieza.

Querido Ilustre:

Y se calla. De nuevo lo observa.

—Es del asqueroso ése –comenta.

—Di... dije... sin... comentarios.

Gracias por tus infinitas cartas. Si bien soy un verdadero artista y te puedo imaginar en todas las situaciones, me han resultado muy útiles con sus puestas al día sobre Buenos Aires, la atmósfera que reina allí y para algunas escenas realistas. Los informes sobre tus andanzas por la Recoleta son magníficos. Me hizo reír mucho tu comentario sobre que tenemos, además de la mejor carne del mundo, el mejor vino, la avenida más ancha, la calle más larga, y que tuvimos el presidente más elegante del mundo. Siempre supuse que la elegancia estaba unida a cierta proporción, si no a la divina, a alguna otra. No puedo imaginarme a un enanito siendo elegante.

La novela está casi terminada, sólo me falta saber cuál será tu última palabra. Lamento que no me hayas dejado esa libreta con la evolución de los precios a través de las edades, precios que apuntan hacia un gran final, una tragedia, un fin del mundo. No me cabe duda de que la libreta (o sus precios) me hubieran ayudado y reforzado algunas escenas finales, insisto, realistas; por fin te entiendo, o supongo, porque, ¿quién entiende a quién?, el verdadero sentido filosófico de la libreta, vos hablabas de entropía, a medida que gastabas, te gastabas vos: hablabas de tu Apocalipsis final, particular y privado.

Te fuiste, Ilustre, y me dejaste solo. No importa, igual estaba solo. Lo más importante es que se confirmó lo que te dije en nuestro último encuentro; si partir es morir un poco, regresar lo es más y, en tu caso, parece que del todo.

—Qué porquería...
—Sin comentarios... je... je... je...

En tu última carta me anunciás tu internación en un sana-torio privado, en una habitación privada que no lo es y donde, estoy seguro —se trata de la Argentina—, ni papel higiénico hay, ni Kleenex en la mesa de luz. Supongo que allí, con todo el es-pacio y el tiempo a tu disposición, estarás revisando tu vida, si es verdad que todavía hoy, en los últimos instantes, escuchando las campanas que doblan, los seres humanos lo hacen. ¿Queda algo hermoso o glorioso que recordar? Te pido que seas optimista y que veas la vida, o la muerte, en este caso, del lado bueno y po-sitivo. Ir muriendo es ir acercándose hacia la libertad auténtica y verdadera. Nos vamos desprendiendo lentamente de todas las opresiones que padecimos y nos mataban en vida; y morir, una experiencia única, particular y privada y que no se repite jamás, es conquistar la libertad absoluta.

No me contaste qué enfermedad tenés, si se te agravó la úlcera o te pescaste un cáncer. De una cosa estoy seguro, conociéndote como te conozco: sida no es. Pero sea cual fuere, no te olvidés de la autoestima y, con un poco de literatura sobre el tema, aprendé a quererla, a convivir con ella. De las uniones salen las grandes empresas. Por último, si todo falla, buscate grupos de encuentro con el mismo problema para charlar y compartir. No te olvides de que es más fácil suicidarse acompañado que solo.

Otra cosa importante. Así como ignoro tu diagnóstico, tam-bién ignoro el porcentaje que te dio el médico sobre la posibili-dad de salvarte, si es el 30%, el 50%, o el 70%. De cualquier manera, como amigo, te pido que no me fallés. Si no, mi novela, mi última gran obra, se irá al demonio o sólo adquirirá actuali-dad después de tu muerte. A propósito, ¿ya preparaste tu currícu-lum para presentarte ante San Pedro como te aconsejé? De todas maneras, para ese viaje, el último, podrás viajar con la mente despejada, sin la botella de cerveza in mente.

—Está loco.
—...(un gruñido o gemido)

Antes de que me olvide, una mala noticia. Para salvar la Tierra se han prohibido los ataúdes de plástico que a bajo costo imitaban a los sarcófagos de los faraones y los reyes. Pero hay una buena: han salido los ataúdes de cartón prensado biodegradables que también imitan a los sarcófagos pero a un costo menor que los de plástico.

—Imbécil.
—Si... gue...

Morirás hoy o mañana, y el valor de un ser humano, un millón y medio de dólares, se esfumará en el aire. Sobre este tema del "valor", ha salido mucha literatura nueva. Hay contribuyentes que se quejan y dicen que invertir un millón y medio en tipos que durante toda su vida no ganan ni la cuarta parte de eso para compensar, es tirar la guita. El debate es grande, se habla de "capital-humano" versus "vida-estadística", conceptos que no comprendo. Nunca se habla del dolor y el sufrimiento que la muerte causa a los seres queridos. De modo que podés concluir que, seguros a cobrar por medio, como en un final feliz de una película de Walt Disney, deducidos los gastos del entierro, los herederos vivirán felices para siempre.

—Inmundo.
—Je... je.. jé.

Aquí, en el Primer Mundo que dejaste para volver a un tercero, hubo algunos progresos; no sólo están numerados los árboles a la orilla del canal, de los que nunca tuve el coraje de colgarme, sino que, para protegerlos sensibilizando al hombre común, se le ha puesto valor al oxígeno que producen. También, para que la gente tome conciencia y no siga destruyendo y sepa todos los precios de la creación, como dioses, están tasando los precios de los ríos, lagos, los peces que contienen, para llegar a un precio global. Es decir, el globo terráqueo mismo. A ver si todavía salvamos a la Tierra.

Pero no te escribo para perder tiempo en devaneos, ni para hacer filosofía (la humanidad es un invento de poetas delirantes o de reyes y escritores que hablan con ternura y sensibilidad sobre los marginados), sino para hacerte llegar algunas palabras de consuelo. Sí, morirás. No sé en qué ataúd te van a enterrar, si en uno redondo de roble (carísimo) o en uno común. Desgraciadamente, como nadie muere cuando quiere, hay pocas ofertas de ataúdes, salvo para aquellos piensan en su futuro. Con los cajones de cartón prensado, reciclado, dolorosamente te debo señalar que te perdés una gran oportunidad.

—¡Borracho!
—Jo... jo... jo...

Pero, aunque sé que te gusta ir bien vestido, saco y corbata, pelo corto, te aseguro que en este caso no tenés que preocuparte por la elegancia del sobretodo de madera, no creo que tengas que presentarte con él a San Pedro. De todas maneras, en esta era, el siglo XXI, al decir de los filósofos, la muerte perdió su sentido y ya no se muere: se consume por última vez; ataúd, flores y el servicio fúnebre. Ah, y la propina para los enterradores. Sin embargo, hay que aprender a mirar el lado bueno de las cosas. Bajo tierra te seguirá creciendo el pelo y por fin, aunque tu mujer no te vea, te podrá visualizar con el pelo largo, tal como siempre quiso verte. Lamentablemente, las uñas, que te seguirán creciendo, no te servirán para sacarle sus ojos.

—Repugnante, no sé cómo me...

—Shhhh... con... tinuá.

Tu muerte, otras muertes, inevitablemente me hacen pensar en la mía. La mía será muy triste y muy solitaria; de mis hijos ya hace tiempo que no sé nada; la Gallega, que probablemente dejó de creer que un día conquistaré la gloria, desapareció o sólo me llama por teléfono, ésa es mi sensación, para saber si todavía estoy vivo o pudriéndome muerto como el pobre curita en el confesionario. Definitivamente, ya no me calienta la cama. Pero la comprendo, ella es mujer y no estufa. Sí, se acerca el fin; los nuevos impuestos al tabaco y al alcohol, el aumento de precios hacen imposible la vida. Por suerte, con el hígado reventado...

—¡Borracho!, te dije que era un borracho.

—(Gruñido o gemido)

...me es suficiente una copita del alcohol barato que circula por mi sangre las 24 horas. Pronto, como a las antiguas y vetustas damas de la corte, a las que les bastaba oler un frasquito de sales para reaccionar, a mí me bastará oler el alcohol de la farmacia para que el mundo, si no color de rosa, se vuelva agónicamente tolerable y la muerte se me aparezca como una bendición.

En cambio vos, Ilustre, tal como lo querías, morirás entre los tuyos. Tus hijos queridos, a los que llamabas animalitos regalones de tu mujer; ella, Inés, tu abnegada, dulce y fiel esposa, como tal vez no lo hizo en vida....

—¡Degenerado! ¡Imbécil!

—Jo... jo... jo... je... je... je...

...ahora, con su mirada tierna, te acompañará hasta tu último aliento y recogerá para la historia tu última palabra.

Nada más. Me revientan los perdones y los adioses. Las cuentas están saldadas, y si no se van a saldar, las borrará la muerte.

Buen viaje, Ilustre.
El Tártaro

Crujido de papel que se dobla.

—Tengo ganas de romperla y tirarla a la basura.

Silencio. Un clic de la cartera. Silencio.

—¿Querés algo? ¿Te duele? –pregunta mientras observa la cama vecina.

Silencio. Ella se despereza y bosteza. Mira alrededor. Está cansada, muy cansada. Acompañar a un moribundo, y más a éste, con el que nunca se sabía, era muy estresante. Para enfrentar la situación había tomado unos vasitos de vino durante la cena.

Se levanta, se acerca a la puerta, la abre. Nadie en el pasillo. Ni siquiera el médico. Nadie a quien preguntar.

La falta de atención y las deficiencias del servicio resultaron un beneficio.

Un riesgo. No sabía si el seguro lo cubría o no pero, ventajas del subdesarrollo, con una propinita a la enfermera de turno...

Ya no aguantaba más. Se recostó en la cama vecina.

31. El fabulador y sus dificultades. La despedida

Si el Doctor Ricardo Ignacio Palmatieri no hubiera existido, todo me sería más fácil. De mil maneras, con mil trampas, me esfuerzo en convertir un personaje real en uno de ficción. Sin embargo, ironías de la vida, aunque con un corazón latiendo y su sangre circulando, parecía un personaje de ficción. No fumaba, sólo en ocasiones, vestía y se cortaba el pelo a la antigua, jamás se separó ni se volvió a casar con una alumna o una mujer por lo menos quince años más joven; a no ser que la aventura en Tucumán fuera verdad, nunca le metió los cuernos a su mujer y de la Chilena, por el momento, ni mu. Bueno, exagero, como diría él. Últimamente no se negaba a unos buenos tragos. De cualquier manera, es una tarea doble: de una persona real hacer un personaje de ficción verosímil. Recuerdo la noche en que fui a parar bajo su ventana para encontrar la respuesta a la pregunta "¿Es el profesor, Doctor, Ricardo Ignacio Palmatieri un personaje suficiente como para ser el personaje principal de una novela?" Todavía no encontré la respuesta a pesar de que la historia se acerca a su final. Sería fácil decir que era un avaro y, salvo una vez en su vida en que gritó la palabra, un cobarde, cosas que, sin lugar a dudas, era, pero no era todo. Pero, ¿quién no es avaro, cobarde, hoy, en este mundo de sonámbulos con temor a despertarse?

También podría decir que no supo adaptarse a la marcha del mundo, que estaba apegado a los valores tradicionales; ésta es una de las sanatas actuales más en boga. Los adaptados están más muertos que el profesor. Que me muestren a uno que esté vivo y le doy lo que no tengo. Las sanatas actuales siempre son negocio para alguien, para la minoría cada vez más grande. Basta mirar a los adaptados y dinámicos. O a los liberados como yo. Sigamos acusándolo: era un simulador o un farsante. Señálenme a uno que no lo sea. ¿Qué más? Que fue incapaz de romper el círculo infernal en que vivía atrapado y daba vueltas en los molinos de oración tibetanos como un sonámbulo acompañado por la humanidad entera. Literatura sobre el tema; hablemos de determinismo biológico y hasta de los genes que pronto se van a modificar para que seamos libres, sanos de mente y cuerpo y por supuesto, no del alma. Ay, Ilustre, qué cansado estoy. Y para colmo me falta ternura para, conmovido, ponerme a llorar de admiración por los millones de dólares de los otros en vez de envidiarlos y odiarlos. O tratar de colgarlos.

Sí, estoy cansado. Probablemente como lo esté Ricardo en este momento. No lo quiero, no, pero tampoco lo odio. No siento que sea un afán de venganza lo que me mueve. Es más, será irónico, risible, trágico, pero a veces lo extraño. Cada momento pienso que va a golpear mi puerta con su cajita de cerveza.

Verano en Buenos Aires. Invierno aquí. Estoy cansado, dije. Es tarde. Afuera, un frío de mil demonios; lamentablemente no sopla ni silba el viento entre las casuarinas de algún cementerio para hacer las cosas más dramáticas. Un *touch* climático-dramático no vendría mal. Sólo un frío espantoso.

Tengo sueño. Demasiados cigarrillos, demasiada bebida. El deseo de terminar. Sí, comer, un trago más y a la cama, con la esperanza de siempre.

Veamos cómo voy a seguir mañana.

Notas: me olvidé completamente de hacerles decir palabras y frases en inglés, tanto a Inés como a Ricardo. Me es más cómodo no hacerlo. Esto de levantarme e ir al diccionario para ver cómo se escriben es aburrido, aunque se llame trabajo profesional o artesanal. Quizá tampoco sea necesario. Mañana continuaré con estos episodios: a las dos o tres de la mañana, otra visita del cura de blanco, a quien Ricardo rechaza.

Una vez más puede aparecer la enfermera para tomarle la presión y la temperatura. Quizá pida un vaso de agua para aplacar su sed infinita y quiera sacarse la dentadura que le molesta. Tal vez, no sé, su mujer se lo impida para estar más presentable para cuando lleguen las visitas. O se la deja sacar para ponérsela después. También... puta, ¿me estaré preocupando por la verosimilitud?... Creo que el efecto de la morfina se le debería pasar una vez más. Según oí, en estos casos se da cada hora. Sí, una vez más, gracias al dolor, vuelve a la realidad, a la vida, como si ya no hubiera tenido bastante de ella. (Demasiados "una vez más", estoy borracho, revisar.) Estando Inés allí, siempre preocupada por la falta de atención de ese *Private Sanatorium*, puede salir corriendo en busca del médico, gritando:

—Doctor, Doctor, le duele. *Do something*, lo conozco, se va a poner insoportable.

Con esto es suficiente. Nunca sabré qué ocurrió exactamente entre Graciela y Ricardo. Faltan datos. Esa es la triste realidad. El arte, inútil, tratará de responder. A la cama.

¿Y esto? ¿Qué era esto? ¿Por qué puse aparte esta hoja? Seguro que no supe dónde meterla o no tiene nada que ver con la historia del Ilustre. A ver qué escribí. Pero, ¿dónde están mis anteojos? Cuándo no, sobre mi nariz. A ver: una lista de críticas a Inesita; no, ya es demasiado. Además, ¿realmente Inesita tiene la culpa de lo que es incapaz don Ricardo? Nos guste o no, mujeres como ella sostienen la poca coherencia de esta tierra. Y lo hacen girar corriendo detrás de sus compritas y la caza de ofertas. Por una cuestión de higiene, a la basura.

Bostezos. Un descanso merecido. La cama me atrae. Sí, justamente como un imán, frío como el hierro. ¿Hace cuánto tiempo que no me acompaña una mujer? Maldita Gallega. Explicándome, tierna, humana y poéticamente que el sexo no es importante. Especialmente desde que me costaba y la pobre... autoestima, Hungarito, autoestima.

Ay, como diría Inesita, qué soledad solitaria, sólo cucarachas, vampiros en el armario en vez de polillas, y cada tanto alguna rata... Otro trago y a la cama, a soñar con los muslos morenos y cálidos de Graciela que sostienen la cúpula celeste. Y mi cabeza... entre... sobre... esto es *delirium tremens*. O no. Eso se produce por falta de alcohol y en mi caso...

Toc toc toc.

¡Golpean! Dios, ¿será la Gallega arrepentida, condolida por mi desgracia, mis pecados y vendrá a redimirme?

Toc toc toc.

—Ya va. Ya va.

Je... je... je... Abrió la puerta, y el Tártaro se quedó helado, mudo, pasé delante de sus narices y entré.

—¿Te rajó tu mujer?

—Je... je… je...

—¿La mataste?

—Je... je... je...

Cerró la puerta. Ajustó su bata.

—Tenés la nariz colorada. Parecés un arlequín o un payaso de circo.

—Es el frío... hic... Hungarito...

—Sentate. Te vas a caer de borracho.

—Vos... vos... ¿nunca tenés hipo?

—Sí, cuando no bebo. Pero contame qué te pasó. Vos, a estas horas aquí, lejos de tu abnegada y dulce esposa, es muy raro.

—Tomá.

—Fiuuu. Una etiqueta negra. De las chiquitas pero negra, un "acelerador de calidad". Vos sí que tenés guita. Vos sí que llegaste. Vos sí que sabés vivir. ¿Qué festejamos?

—Je... je... je. Para contarte... para que no te olvides de ponerlo en la novela que estás escribiendo sobre mí... hic... Me acosté con la Chilena.

—Mi Dios. ¡Horror! Una visualización o una pesadilla. Vaya estómago. Tardaste años en decidirte. La agarraste vieja y cansada. ¿O necesitaba laburo?

—No seas envidioso. Todavía se conserva muy bien...

—Sí, embalsamada. Pero sentate de una vez. Andás dando vueltas como en un estrado, esperando los aplausos.

—Je... je... je...

Preparó dos vasos, hielo y brindamos.

—Por el gran macho cabrío. Salud.

—Salud.

—¿Adónde la llevaste? Supongo que no habrá sido en tu oficina.

—A un motel en Gatineau. Pasé la tarde y parte de la noche con ella. Es extraordinaria, me gusta... dulce, tierna, maternal.

—Sí, debe ser muy maternal, creo que ya es abuela. ¿Y?

—Y... sabés, lo increíble: ella trabajó con Allende y Allende...

—Me imagino el resto.

—Envidioso. Vos sabés que yo no soy comunista, yo no entiendo nada de política... hic... pero tenés que reconocer que Allende era todo un personaje...

—Sí, como Trudeau, Castro, Kennedy...

Dio vueltas, sirvió más whisky, luego se sentó sobre la cama y se puso a liar un cigarrillo, callado, pensativo, un rato largo.

—¿En qué pensás... hic... Hungarito?...

—Pienso... no, creo que no pienso, dejo flotar las ideas; el frío afuera, mis hijos... O pienso, en mi culpa, a veces en una mujer, la Gallega, en vos, en Allende, Trudeau y Castro, en las teorías económicas de Marx, en la relación entre poder y erección... en si la necesidad de una buena erección de esos personajes no determina la historia y nuestras vidas. Otra vez en el frío de afuera; en que la vida no es más que una anécdota, en mi deseo de ser un macho cabrío, en mis anhelos de santidad..., en la falta de santos en estos siglos... en vos... en la simulación, en lo imposible. En un pequeño pueblo y del que no tendría que haber salido nunca, pero me vi obligado... En fin, en la profunda tentación y el deseo de terminar de una vez...

—Hablando de terminar... hic... yo termino. Quemo las naves y vuelvo a mi querida patria.

—Vos, ¿quemar las naves? No me hagas reír. No es más que una frase histórica.

—¿No creés? Mirá esta carta.

—No tengo los anteojos, ¿qué dice?

—Me nombran, me dan un puesto de investigador.

—¿Dónde? ¿En Zambia?

—En Argentina... en mi país... volveré...

—Sí, volverás y serás millones.

—Envidioso y resentido, eso es lo que sos, me envidiás... Voy a pasear por Buenos Aires, a sentarme en un café de la Recoleta, voy a embalsa... perdón, digo… a embelesarme con la cadencia de las mujeres. Vos sabés que la mujer argentina es la más bella del mundo.

—Es probable y lo saben: ergo, son las más pilladas. ¿Cuándo vas a lanzar tu barco a la mar? Mirá que Argentina puede haber desaparecido para cuando llegues.

—Una o dos semanas y ya estoy navegando... Pero, ¿vos no tenés ganas de volver a la Argentina?

—¿Para?

—Tus padres.

Me miró, bajó la cabeza, la volvió a levantar, mis anteojos o sus ojos... su voz...

—Ricardo, mis padres hace años que duermen en un cementerio de La Pampa. Quizá lo hagan con sus esqueletos abrazados, contemplándose con la sonrisa eterna, cariñosa, en compensación por todo el odio y el daño que se hicieron en vida. –Se calló, pensó, sonrió con un esfuerzo–. Pero, ¿sabés qué? Tal vez exagere. Eso fue hace muchos años, tantos, que los cinco años ya se habrán vencido y como no hay nadie allí que renueve el plazo, los bulldozers los habrán arrojado fuera de su tumba. La única esperanza es que sigan en la fosa común con otros, socializando en el más allá.

—Comprendo. Además, aquí tenés a tus hijos.

—¿Mis hijos? Mis hijos se echaron a perder tal como lo temía.

—¿No los querés?

—Es más cruel que eso, Ilustre. Así como los de este mundo no visitan los cementerios ni el día de los muertos, tus hijos muy bien te pueden considerar un ser humano muerto. Y no sólo no te visitan, sino que se aterran como de un fantasma si los llamás por teléfono.

Yo lo observaba con pena. Después de un rato dijo:

—Terminemos. Adiós, Ilustre. Que tengas un buen viaje y una feliz estancia. No dejés de tenerme al tanto de tus andanzas y tus aventuras, de informarme sobre Buenos Aires, si no la historia, tu historia, será muy pobre.

—Te voy a escribir cada semana. No te preocupes. Pero antes de irme, Hungarito, una última pregunta: ¿pensás mucho en la muerte?

—No pienso. Viene sola, me asalta. O pienso, no sé, si no estaremos muertos ya. ¿Vos no?

—La muerte... hic... es una cosa seria.

—Sí, digna de estudio. No me hagas reír. Terminemos, Ilustre.

—Sí, hay que terminar. Hacer el balance y terminar.

Un extraño y largo silencio. Sí, extraño. Afuera parecía soplar el viento... pero no soplaba... Silbaban las casuarinas... Sin embargo no las había. Era invierno, los árboles, pelados, un paisaje muerto, blanco... Frío, mucho frío...

—¿Cómo te imaginás la muerte... hic... Hungarito?

—Como una paz infinita pero inconsciente. Temiblemente sin valor.

—¿Hablás en serio? Y la vida, ¿la otra vida, más allá?

Sonrió otra vez, siguió fumando, bebió un trago.

—Y vos Ilustre, ¿cómo te la imaginás?

—Depende... hic... Leí una vez, no me acuerdo dónde, que hablaba de una luz blanca, intensa, a la que uno se une... o no, perdón, un punto negro, pero brillante que nos succiona, o nos perdemos en un abismo.

Contra su costumbre, estaba parco esa noche, parecía querer terminar, estaría cansado, terriblemente cansado, como yo. No le sacaría nada más. Satisfecho, me puse de pie, apenas podía caminar. Le expliqué que no tenía ni una gota para beber en casa y me metí la botellita en el bolsillo. Nos despedimos.

32. El ascenso

Salí. Un frío de mil demonios. Mi mujer tenía el auto. Había ido de compras con Tití, a comprar todo lo que no había en la Argentina; a buscar "Drásticas rebajas", la gran aventura, a Montreal, porque hay cositas interesantes que no se consiguen en Ottawa. Llegué helado a casa, la casa vacía. Di vueltas, pensé en subir a mi estudio. ¿Para qué? Mi magnífico estudio. Recordé lo que me dijo el Húngaro.

—Vos, Ilustre, ¿creés que el anhelo de vivir del Doctor Fausto es literatura?

Toto tampoco estaba. No vendría: se había casado y vivía en la otra punta del país. Subí las escaleras. La Galería de Próceres. Muertos, más muertos que nunca. Me miraban con sus ojos vacíos. Miedo y frío... No, no pude entrar en mi estudio. ¿Para qué? Entré en el dormitorio buscando un cuerpo, un cuerpo cálido que abrazar. Bebí... Increíble: extrañé a Inesita... Era... era mejor que un perrito o un gatito, aunque el Húngaro habría dicho que él no estaría tan seguro...

—Inés, Inesita...

—Estoy aquí.

Sí, está aquí, debe estar aquí, mi fiel y abnegada esposa, a la hora de mi muerte; sin embargo, nunca estuvo cuando la necesité pero siempre cuando no.

—¿Te sentís bien? ¿Necesitás algo?

Y me lo pregunta ahora, cuando ya es tarde, cuando ya se perdió algo, cuando se perdió todo...

—Sí, quiero algo...

—Ay, pero abrí los ojos.

No quiero verla. ¿Qué pedirle?...

—Un, un té...

—Pero... ¡¡un té!? ¿A esta hora? Ricardo, comprendé, son las seis de la mañana, la cocina está cerrada. Y no sé, en tu estado. Vas a vomitarlo todo. A ensuciar. No sé. Le voy a preguntar al doctor. Además, las visitas están por llegar, Tití y Toto, Enrique...

Frío, un frío espantoso... niebla... debe ser mi visión... No tengo los anteojos... Morir... quizás sería mejor reconciliarse... perdonar... no estar solo...

—I... nés... Inesita...

—¿Qué?

—Un... té...

—Vos... vos siempre igual, me exasperás hasta... siempre exagerás...

Sí, me voy a morir y va a decir que exagero. Frío... debe ser el aire acondicionado. Y ese pasillo largo... ¿Adónde conducirá? Largo... una puerta... Luz... luz del sol... no... blanca... fría... frío...

Un susurro.

—Llegaron las visitas.

Tití y Toto...

—Papá, estás mucho mejor. Se te ve muy bien.

—¿Querés algo, papá?

—Sssí... un téh.

—¿Un té, dijiste? Pero cómo no. ¿Earl Gray o English Breakfast?

—Ay, nena, no sabés dónde estás. Aquí, té a secas y basta.

—¿Dónde se pide?

—A la mucama o a la enfermera. Qué servicio, mi Dios, qué servicio...

—¿Estás bien papá? ¿Te gusta el lugar?

—Ay, nene, ¿cómo le va a gustar? Con lo que cuesta, y ni siquiera hay Kleenex sobre la mesa de luz.

Mis hijos. Nunca... nunca les pude decir... carne de mi carne... sangre de mi sangre... ¿qué es verdad y qué es mentira? La luz... el frío... ¿dónde morirán ellos? No descansarán junto a mí... ni yo...

—¡Enrique! Qué alegría, justo estábamos hablando de vos, pasá, ponete cómodo.

Llegó la visita. Ponete cómodo, es una reunión, un *party*. Ahora va a hablar de precios, de compras y la blusa fantástica que descubrió en Eaton... digo, en alguna galería de Santa Fe. Ni morir me dejan en paz... susurran... tal vez...

—Ti... tí...Tití...

—¿Qué papá?

—El... el... porta... folio... dá... melo...

—¿Dónde está? Ah, aquí, debajo de la cama. ¿Lo querés?

—Síí...

Mi querido portafolio... Pero me muero, no cabe duda, me muero. No tengo fuerzas ni para abrazarlo... Mi respiración se convirtió en un silbido... La luz blanca, fría al fondo del pasillo se intensifica.

—Buenos días doctor. Pase. ¿Cómo lo encuentra hoy?

—Bien, hemos hecho todo lo posible.

Raro. Siento como si renaciera... pero la luz... niebla...

—¡Miren! Abre los ojos.

Niebla... siluetas... no veo las caras...

—¿Me reconocés? Soy Inés, tu esposa. Dame la mano. Ay, qué fría que está... Doctor... haga algo... soy tu esposa... ¿me entendés?

¿Esposa?, esposo?, del latín *sponsus,* prometido, participio de *spondere*, prometer. "La metáfora de comparar esposa con esposas...". Soltame la mano, soltámela. No... quiere... Lo que quiere es hacer lo que se debe hacer, decir "Estuve con él hasta el último aliento, hasta su última palabra".

—¿Qué sentís? Decí algo....

Los músculos no me responden, trato... el silbido... escucho ronquidos...

—Querido Ricardo, decí algo...

Un esfuerzo. La palabra, debo decirla..., la palabra..., gritarla de una vez... para siempre.

El cuerpo entero se le contrajo. Una convulsión. Los ojos se le dilataron.

—¿Me ves? Decime: ¿me ves?

Había llegado el momento. No contra ella, contra todo, de una vez y para siempre, definitivamente. Con un esfuerzo, el cuerpo arqueado, la diría o creería que la había dicho.

—¡Mierrr....!

Un sobresalto y las manos se separaron.

Nadie dijo nada del ruido que se escuchó. Sólo el médico, mordiéndose los labios, sonrió.

El médico mismo retiró el portafolio y se lo entregó a Inés. Lo auscultó; el corazón había dejado de latir: finalmente, corrió la sábana sobre la cabeza y los ojos abiertos del muerto.

Tal como le dijo al médico, a pesar de la sábana que ocultaba sus ojos, asiste a su propia muerte. En el espacio, a través de los ojos desmesuradamente abiertos, ya sin necesidad de anteojos, mientras se va alejando, ve a su mujer, a sus hijos, a Enrique y, detrás, al médico que sonreía. Las siluetas desaparecen como por el obturador brusco de una cámara, a una velocidad vertiginosa, y él se eleva hacia la luz, hacia el espacio infinito, inabarcable. Hacia la luz, sólo hacia la luz, negra y fría, lo demás, el espacio infinito, abajo un abismo negro, negro y vacío. El silencio es aterrador si pudiera escucharlo. Sería inútil que pusiera la mano que no tiene, o la sombra de una mano, detrás del pabellón de su oreja, para escuchar los aplausos. Quizás escuche algunas campanadas lejanas que ampliarían el infinito.

Ondula en el aire, ligero y etéreo. Ya no puede ejercer la voluntad; la luz lo succiona. Frío, pánico de lo infinito. Tal vez, creyendo que esa luz es el sol de Catamarca, sintiera un poco de alivio. Quizá, para encontrar más alivio, pensara en la resurrección final o en otra cualquiera, para empezar de nuevo, mientras se pregunta si todo no hubiera podido ser de diferente manera. Quiere acercarse a la tierra, a una planicie, leer los nombres en las cruces, contarlas, los amigos que se fueron, buscar el pabellón familiar y comprobar si lo habían ampliado, tal vez hasta querría pasar por aquí para que yo, agitando la mano, le gritara:

—Adiós, Ilustre, adiós. Buen viaje. Espacio no te va a faltar. Pronto te seguiré.

No puede. Ya no sabe si la luz lo succiona o flota, arriba, lejos, la luz, abajo, un abismo negro, infinito, arriba... abajo... sigue flotando, abajo..., juguete del viento de ninguna parte.

Lo demás, como siempre, siguió el tic tac del tiempo de los que quedaban en la tierra. El cura que rondaba le echó la bendición. Su cara estaba satisfecha sin que por eso se pudiera hablar de sentimientos de venganza, nada más que de una lección cristiana a la soberbia. El médico, antes de ir a la cafetería del sanatorio, extendió el certificado de defunción.

Enrique, con cara muy preocupada, guardó el certificado.

La esposa y los hijos lloraban abrazados.

Como un mentís a la eficacia del servicio del sanatorio, antes de que salieran a la calle, al sol, el cadáver ya había llegado a la morgue. El encargado, quizás un filósofo, antes de empujar la camilla dentro de la heladera, le quitó la sábana y, por rutina, le miró la cara. Vio que tenía los ojos abiertos. Apiadado, le bajó los párpados que volvieron a subir. "Jum, vos tampoco querés salir de este mundo. Parece que eso del sueño eterno no te convence. Yo te voy a ayudar a dormir." Hurgó en el bolsillo, sacó dos monedas de veinticinco. Vaciló. "Yo soy el rey en este lugar. Nadie las va a robar. Además, en una hora, allá adentro, no vas a tener ganas de parpadear." Le bajó de nuevo los párpados y los retuvo con las monedas.

"Que descanses" farfulló, y empujó la camilla dentro de la heladera.

Antes de cerrar la puerta sacó una botella de cerveza.

Siempre con la sonrisa, el médico llegó a la cafetería. Se sentó con unos colegas y, revolviendo el café, relató algo poco común: el ruido que se había escuchado en el momento de la muerte de un paciente. Comentarios:

—No aguantó más y explotó.

—O fue su última palabra, cagar al mundo.

—Qué lugar para largar el último aliento.

—O el alma. Yo creo en Dios.

—Es lo que se dice: reventar de bronca.

—Sí, rajarse.

—Más bien diría desinflarse.

33. Homenaje post mortem y las cosas claras

Con las recomendaciones de Inés, "un entierro modesto y humilde, como él lo fue toda la vida" y "un ataúd ni tan tan ni muy muy, sencillito. Ay, no tuve tiempo de ver los modelos y averiguar los precios", Enrique hizo los trámites en una empresa de pompas fúnebres. En el subsuelo, poblado de ataúdes, vehículos y barcas hacia el futuro, con bastantes dudas, eligió uno, "ni tan tan, ni muy muy, sencillito". Lugar, día y hora, el velatorio, los obituarios en los diarios y el entierro. Le avisó al Caudillo.

Inés, una vez más, se quejó del pequeño departamento, de la falta de comodidades y extrañó su casa en Canadá. Velar al Doctor Palmatieri en el velatorio de la empresa de pompas fúnebres estuvo justificado. Enrique, con uno de los últimos impulsos del discípulo que quiere complacer al maestro, le recordó a Inés el deseo de Ricardo de ser enterrado en Catamarca. Ella suspiró tristemente y dijo: "Veremos. Nunca se sabía cuándo hablaba en serio o simplemente por hablar".

No hubo mucha gente en el velorio del Doctor; su mujer, sus hijos, algunas amigas de Inés, Enrique y Graciela, algunos ex compañeros de la facultad a quienes avisó Enrique con ligera amargura e ironía, pensando que por lo menos harían número. De los Notables sólo fueron el Caudillo con el homosexual.

La bandera con la que apareció envuelto el ataúd fue un misterio para todos. Nadie preguntó. Enrique supuso que había sido obra del Caudillo, así como la corona del Instituto.

Menos fueron a Chacarita. Inés comentó: "Le gustaban la soledad y la tranquilidad. Siempre quería estar solo". Enrique se aseguró de que hubiera dos o tres que le ayudaran a llevar el ataúd.

No hubo un sacerdote exclusivo durante el entierro. El Doctor Palmatieri (por suerte el cajón sencillito y el cuerpo consumido pesaban poco), después de hacer una cola larga y aburrida con otros viajeros, recibió la última bendición rutinaria dentro de la capilla de la Chacarita.

El discurso del Caudillo, apoyado en el bastón con una mano, en la otra un papel, con el homosexual sonriente al lado, fue breve. Tan breve que Enrique se sorprendió y se lo agradeció. Sin embargo, nada faltó, es más, hubo expresiones que no recordaba habérselas oído al Caudillo aquella noche en que compuso el discurso... *"Hombre de ese interior olvidado por nosotros"... "hombre eminente"... "extraordinaria distinción"... "prohombre"... "un sentimiento casi aristocrático"... "emérito"... "egregio"... "eminente y probo"... "investigador de garra"... "sentidor del país en sus entrañas más vivas"... "trabajó y luchó con el fervor y la seriedad con que él sabía hacerlo"... "abnegada y dulce esposa"... "brillante trayectoria internacional"... "engrandecen a la patria y abren nuevos senderos para las generaciones futuras"... "su deseo de morir entre los suyos se ha cumplido..."*

Enrique se preguntó si ante tan poca gente, el Caudillo no se sentiría ridículo. No lo parecía; es más: se lo veía transportado y, más que hablar a los presentes, por el mareo por el calor y la humedad, extasiado, daba un discurso sobre una nube de gloria a la deriva. El Caudillo no le había preguntado por la última palabra del Doctor Palmatieri, pero la citó: *"Y su última palabra, ¿cuál podría haber sido? La de todos nosotros: Patriaaaa".* Y la estiró, agónica, más que como un gaucho, como un mal cantor de tangos que, para conmover, insinúa que exhala su alma.

El discurso se terminó sin ninguna anécdota edificante.

Comenzaron a caer las primeras paladas.

Con lágrimas en los ojos, Inés acercó la boca al oído de Enrique: "Ay, me acuerdo de esta antigua y horrible costumbre argentina. Por favor, dáselos", y le metió en la mano un rollito. Enrique dio dos pasos y se lo dio a uno de los sepultureros. El rollito se abrió en la palma del que lo recibió, miró el dinero y miró a Enrique como preguntándole si eso era todo lo que había dejado un hombre de "brillante trayectoria internacional".

Después, con ese aire de pequeña fiesta no confesada que se crea en los velorios y entierros y en el que los deudos se convierten en el centro de interés, hubo un "tecito liviano" en una confitería de la calle Santa Fe. Graciela tuvo que irse. Enrique se quedó con Inés, y los dos hijos que hablaban mitad en castellano y mitad en inglés. Enrique nunca pudo dejar de mirarlos como a extraños.

De la misma manera se descubrió observando a Inés. Sin temor al perjurio, hubiera podido jurar que nunca hubo nada entre ellos. Esto se le confirmó cuando, queriendo ejercer el derecho machista sobre la mujer que se tuvo debajo, quiso preguntarle sobre el testamento del Doctor e insistir enérgicamente en conocer su contenido para saber cuánto o qué le había legado su marido a él.

Apenas pudo señalar o comentar:

—Ricardo... me habló de un testamento... ¿Sabés algo?

Ella suspiró.

—No sé nada. Si hay alguno, probablemente lo tenga en su portafolio del que no se separaba jamás. Lo llevaba como un niño lleva su Teddy Bear o su mantita.

Enrique no comprendió bien lo del Teddy Bear o mantita. Eran costumbres culturales de los niños del Norte.

Hubo, con muchas palabras y expresiones en inglés por medio, proyectos vagos sobre las futuras actividades de la familia. El hijo habló de la necesidad urgente de volver a Canadá y terminar su tesis de doctorado que más adelante publicaría en forma de libro. Suerte que *daddy* a último momento le había dejado una buena computadora. Pobre *Daddy*, nunca la supo usar. Hubo comentarios de Inés sobre los precios de los zapatos de taco alto; muy buenos, cuero de calidad, pero carísimos, *more expensive* que en Canadá. La hija, con un *right*, confirmó el comentario: ella también se había dado cuenta. Hubo otro suspiro de Inés, más profundo, y una reflexión: *Life is going on. Let's go,* y dio por finalizada la minitertulia.

Enrique, como si estuviera sentado detrás de un vidrio rojo, furioso por lo de la computadora, para abreviar y mandarse a mudar, no había hecho ninguna pregunta. Rápido, en cuerpo, alma y acción, llamó al mozo. Inés no le dejó pagar.

Mientras regresaba a casa, pensaba y extrañaba a Graciela. La ausencia del deseo violento, bajo y sucio, lo asustó un poco. En el puesto de Belgrano y Salta compró un diario. Apenas entró en su departamento, por las dudas, por si no se había cumplido –porque en este país nunca se sabe–, abrió el diario y buscó el aviso fúnebre: estaba.

Uno de sus deseos se había cumplido: el Doctor Ricardo Ignacio Palmatieri había entrado en el diario *La Nación*.

Por una cuestión de honestidad inglesa asimilada o alemana heredada, o porque "yo soy distinta de las otras", Inés le avisó que, entre varias copias de su currículum, la famosa carta y un disco de la computadora, había encontrado el testamento en el portafolio. Un sobre blanco en el que se leía "Abrir después de mi muerte".

Para hacer las cosas bien, como se deben hacer y para que después no se diga, Inés, luego de una cita previa con un abogado conocido para evaluar las posibles variantes y peligros, decidió abrir el sobre ante el mismo. Estaban presentes ella, sus hijos y Enrique con Graciela.

El abogado abrió el sobre, señaló que era un testamento de los llamados "ológrafos" y después de enunciar el lugar; Ottawa, Canadá, fecha; Noviembre de 20..., procedió a la lectura.

"Yo, Ricardo Ignacio Palmatieri, en pleno uso de mis facultades mentales y mi sano juicio..."

—Perdón, ¿cómo dijo? –Inés había girado la cabeza para acomodar el pabellón de su oreja.

El abogado repitió. Inés suspiró y con voz condolida, cargada de pena:

—Ay, no sé. Con lo que hizo en las catacumbas, no sé.

Después de una lista de las propiedades, depósitos en cajas de ahorros especiales, en el RRSP....

—Perdón, ¿qué es eso de RRSP? –preguntó el abogado.

—*Registered Retirement Saving Plan,* un ahorro especial para salvarse de pagar impuestos, ¿sabe? Aquí no hay eso. Es que allá, doctor...

El abogado, después de una mirada tajante, continuó con las disposiciones.

El Doctor manifestaba su deseo, sin que lo embalsamaran, de ser enterrado en la Recoleta.

—Ay, y lo dice ahora. ¡Qué hombre!

Si por diferentes razones era imposible, que lo hicieran en Catamarca, en el pabellón familiar que habría que ampliar. Recomendaba hacerlo hacia abajo.

A Enrique le dejaba el inmenso honor de recopilar sus trabajos y correspondencia, publicar su Obras Completas y escribir una modesta biografía. Y el honor, mayor aún, de crear y dirigir la Fundación Palmatieri para preservar la obra y la memoria del Doctor Ricardo Ignacio. Para ese fin destinaba sus propiedades en Catamarca.

Los hijos de Palmatieri estaban callados, Inés, roja, y Enrique, pálido.

Lo demás, que se distribuyera de acuerdo con la ley.

Pero el testamento tenía muchos errores y deficiencias: si bien figuraban el lugar y el mes, faltaba el día. Aunque las propiedades en Catamarca eran bienes propios y no gananciales, no podía disponer de la totalidad ya que tenía dos hijos, herederos forzosos. Esos errores y algunos más, como agregados sin fecha ni aclaración y sobre todo la falta de testigos, hacían el testamento muy dudoso.

De acuerdo con la ley, para evitar gastos inútiles que no llevarían a ningún lado, el abogado aconsejó declararlo nulo. Inés opinó que era un abogado inteligente y honesto.

34. El paso del tiempo

Otoño. Había sido un día agotador para Enrique. Desde las seis de la mañana, cargando con una frustración que se había convertido en obsesión, había corrido con la lengua afuera para cumplir con todos sus trabajos en tres o cuatro lugares diferentes.

Las nueve o diez de la noche serían, en un bar en la esquina de Lima y Belgrano.

Enrique se repetía: qué país, qué país de tránsfugas, qué manera de cagarme. Ese día, otro abogado más, amigo de un amigo, le había aconsejado que no perdiera tiempo, que no hiciera ningún juicio ni demanda, que sólo le costaría dinero y que no obtendría nada. Y esa broma final, broma siniestra o locura, poner como albacea testamentaria a un tipo sin nombre ni apellido ni cédula de identidad, a alguien a quien el Doctor Palmatieri llamó el Húngaro.

Terminó la grapa. Buscó al mozo para pedir otra. Dos o tres prostitutas en el mostrador. Una de ellas, joven, todavía no muy gastada, estaba sentada sobre la banqueta, un pie estirado, tocaba el suelo; la minifalda permitía ver el encuentro de sus muslos y la bombacha. Enrique sacó las piernas de debajo de la mesa, apoyó la espalda contra la pared, el codo sobre la mesa y se quedó contemplándola. La frase: "Esa búsqueda en el centro del deseo era el test de un deseo mortecino", parecía que se la había soplado el Húngaro.

No, no pediría otra grapa. Basta. Llamó al mozo y pagó. La prostituta bajó el otro pie y tomó impulso. Terminado el espectáculo, para no tener que rechazarla, Enrique se escurrió rápidamente.

Cruzó Belgrano. Ya sabía el destino de los cuentos pornográficos. De la carta, aunque no fueran nuevas, recortaría las teorías del Húngaro, y, considerándolos como parte del legado del Doctor, sin culpas, reescribiría los cuentos, que dedicaría a Graciela. Con la ayuda y los informes de ella, ese cuento de Tucumán, la noche, los muslos que... su cabeza allí... ese cuento sería maravilloso. Tocó el timbre con la señal convenida.

Mientras avanzaba por el pasillo se dio cuenta de que la carpeta de los cuentos no le serviría. La carpeta tenía hojas con tres perforaciones y en la Argentina se usaban con dos.

"Vaya estupideces que se me ocurren", pensó, al meter la llave un poco extrañado de que la puerta estuviera cerrada.

Dejó el portafolio sobre la mesa del living. Graciela no estaba en la cocina. Bien. Se sacó el sobretodo. Hacía un poco de frío en el departamento. No importaba, harían el amor debajo de las mantas. Entró en el dormitorio quitándose el saco que se quedó a mitad de camino: la cama hecha, vacía.

Un escalofrío. Casi sin darse cuenta, volvió a ponerse el saco.

Aturdido como un sonámbulo, tratando de recordar, buscó explicaciones, dio vueltas y encontró una carta en la mesa de la cocina.

Adorado Enrique:

Esta mañana mi hermano me llamó por teléfono a mi trabajo. Me volvió a hablar de la casa que habíamos heredado de nuestros padres en las afueras de Tucumán. Dijo que si nadie la ocupaba sería mejor venderla antes de que por falta de cuidados, por los robos, o por si algunos extraños se metieran, quedara destruida. Parto para allá en avión, esta tarde. Mi hermano me paga el pasaje.

Decirte que no pude ubicarte sería mentirte. No quise porque no te hubiera podido decir lo que te escribo: me harté y nunca más regresaré. Por el amor de Dios, no te equivoques. No me harté de vos, sino de las historias. No es que esté en desacuerdo con ellas, ¿cómo voy a negar que me gustan y me dan placer? Lamentablemente, empezaron a darme náuseas. Sencillamente, en vez de literatura, me gustaría tener la ventana abierta, tu cabeza entre mis piernas, realmente contemplar las estrellas y sostener la cúpula celeste con mis muslos. Ah, y cambiar algunos argumentos.

No te enojes; sabés que soñé con volver a Tucumán desde que pisé Buenos Aires. Si no hubiera sido por vos, hace rato que habría vuelto.

Mi hermano tiene dinero y no le interesa la casa de nuestros padres. Es chica pero tiene un jardín grande y naranjos.

Aunque no vengas, igual adoptaré algún niño. Nos pasamos la vida hablando de eso y nunca hicimos nada.

Si venís, desesperadamente espero que sí, mi hermano me dijo que... No, basta. No con señuelos, debe ser tu decisión.

Es lamentable que haya tenido que ocurrir de esta manera, pero ocurrió. Con todo lo que te gusta que te haga y vos me hacés, me despido y te espero.

Graciela

P.D. No sé por qué, nunca me comentaste que ya no hay trenes a Catamarca. ¿No lo sabías o no lo querías saber? Por lo del boleto que te prometió el que se fue, digo. La cena está en el horno, sólo tenés que calentarla.

La carta quedó sobre la mesa. Con el sobretodo puesto, camina por la vereda de Lima, rumbo al bar de la esquina de Belgrano. Frente a la puerta, una puteada, y vuelve sobre sus pasos. De regreso observa el timbre. Estira la mano y lo aprieta tres veces. Se queda inmóvil, con un pie apoyado en la escalinata. Miedo: se sabía discípulo del Palmatieri. Peor; por primera vez se atrevió a preguntarse si la mucama del cuento del Doctor, Noches de Tucumán, no sería... o tendría...

No tuvo fuerzas para entrar en el departamento vacío y ahora, sin Graciela, helado. Unas grapas no vendrían mal... unas grapas y tal vez la joven que se apoyaba en la banqueta...

¿cuánto pediría por una noche?... Vería luego de unas grapas y un diálogo sobre diferentes servicios y sus precios...

Invierno. No hacía mucho frío pero la humedad seguía matando. Las puertas del Tortoni estaban cerradas; ruido de fichas, dados, vajilla y los gritos de los pedidos. Los Notables, sombras del pasado, alrededor de la mesa habitual. Había algunos ausentes.

—Che, ¿qué sabés de Jorge?

—Gripe.

—¿Y Javier?

—Mala noticia. Lo internaron ayer.

El Caudillo pidió un whisky y sacó la libreta.

35. El fin

Verano en Canadá. Los gansos, que ahora retozaban en los lagos habían llegado hacía rato. Los tulipanes ya se habían marchitado y sólo se los veía en las postales. A cambio, bajo el canto de los pájaros que poblaban los árboles alegrando la vida y recordando que el mundo estaba vivo, más que la Novena de Beethoven, que sólo canta la esperanza voluntariosa, brotaron muchas otras flores.

Una hermosa casa cerca de Rockliffe Park, un jardín, no se sabe exactamente de cuántos *square feet* pero muy grande: árboles, sombras, canteros con flores, una fuente portátil, de ésas que con un cable largo, se pueden cambiar de lugar.

Una hamaca de jardín nueva y sillas que hacen juego. Una mesita blanca; una botella de whisky, soda, vasos y cubetera. Una caja de bombones abierta, los bombones en moldes. El teléfono portátil (no uno celular porque, según había leído, produce cáncer, y la palabra cáncer la horrorizaba) no está sobre la mesita, está pegado a la oreja de una mujer vestida con ropa llameante y tacos altos. Dice:

—Tití, te dejo, las visitas están por llegar.

Aprieta un botón y deja el teléfono sobre la mesa. Justo a tiempo: llaman a la puerta de entrada. Otra novedad, un cambio, un renacer: el irritante sonido del timbre fue reemplazado por un ding-dong-ding agradable y melodioso.

Se pone de pie. Alta, muy alta, con dificultad para mantener el equilibrio por los tacos, va a recibirlas. La sigue un perrito lanudo, blanco, moviendo la cola.

Eran la Viborita y la Chilena. La Viborita, retorciéndose las manos, mira alrededor buscando las señales de cambio. La Chilena también, pero con más discreción. Besuquitos y gestos de abrazos.

—Se te ve mucho más joven.

—Ay, pero tengo unos kilitos de más.

Si no nueva, la casa –mejorada– fue presentada a las visitas. En la cocina hubo una larga conversación e intercambio de ideas, sus ventajas y desventajas, sobre una cocina de microondas recién adquirida. De los pasillos se habían sacado todas las fotos de los forjadores de la patria "para evitar esa horrible sensación de museo y de anticuado" y fueron puestas en el estudio del Doctor, que ella había dejado tal cual. Sólo faltaba él. No había tocado nada, por respeto, "ya que allá en Argentina no hicieron nada por él", y ni siquiera su amigo más querido, un tal Enrique, quiso cumplir con su voluntad. Todavía quedaba una tarea, también uno de sus pedidos: trasladar el cadáver del Doctor Palmatieri a Catamarca, al pabellón familiar en el que, lamentablemente, no quedaba espacio. Pero después de cinco años de alquiler en Chacarita, "Ay, qué pronto pasa la vida. Ya pasaron seis meses", lo haría incinerar y lo trasladaría en una urnita para la que todavía seguro que había lugar. Además, se ahorraría muchos dolores de cabeza.

El perrito fue presentado como un nuevo miembro de la familia que se había reducido. Una buena compañía para los momentos de soledad. Sólo había costado diez dólares en la Sociedad Humana. Un perrito atorrante pero muy simpático, mucho más limpio que los que se veían en Argentina. En el trámite de compararlo, le había ayudado gentilmente el Bebé Gigante, que todavía no había decidido si compraría uno o no. Con dolor, continuaba tirando las sobras de la comida.

Salieron al jardín. El perrito las siguió.

Fueron dados los precios del nuevo juego de jardín, de la fuente y el teléfono portátiles. Precios increíbles, fantásticos. En Argentina eso mismo costaría...

Se sentaron.

—*Help yourself*—dijo la mujer de tacos altos, señalando la mesita—. Los bombones son para ustedes, yo estoy a dieta.

Se sirvieron.

—Veo que te las arreglás muy bien. Yo siempre sospeché...
–la Viborita.

—Mijita, gracias a Dios mi marido no había renunciado a la universidad ni se jubiló. Pidió licencia sin goce de sueldo. De modo que el seguro regía o ¿corría?... ¿cómo se dice eso en español?

—También tenían algunas propiedades en Argentina, según me comentó en un momento... no sé, en una provincia... –la Chilena.

—Cositas que traen más problemas que dinero. Apenas termine la sucesión las vendo... las vendemos... Tití y Toto están de acuerdo. Ay, qué triste es todo esto, pero *life is going on*.

—¿Sabés que murió el Húngaro?

—*My God*, ¿cuándo? ¿cómo? ¿de qué?

—Hace unos meses. De cirrosis o cáncer de pulmón en el hospital —la Chilena.

—¡Cáncer! ¡Qué horror! Ay, pobre. Qué frustración. Ricardo me dijo que vivía del *welfare* y que no tenía ropa. A pesar de la carta repugnante que le escribió, yo pensaba darle algunas cosas de él, camisas, corbatas, algún traje que no le sirviera a Toto... cositas. Pobre, seguro que murió solo.

—Sí, la única que lo visitaba era la Gallega. Según cuentan, parece que, con el whisky que le llevaba de contrabando, el Húngaro murió borracho, canturreando algo como "los muslos de Graciela que llegan hasta el cielo y tocan las estrellas... pronto estaré allí con el Ilustre...", o algo así. No sé si será verdad, parece que le pidió los aros a la Gallega, para, a falta de botas, morir como un hombre actual, con los aros puestos –la Chilena.

—También dicen que le dejó una novela para que la publiquen –la Viborita.

—Ya lo dije, un loco, pero... ¿una novela?

—Sí. Parece que se llama *La palabra* y dicen que es la historia de un profesor que volvió a la Argentina –la Viborita.

—¿Argentina? ¡¿Mi marido?!

—No sé, pero así parece. Bueno, así dicen los que la leyeron –la Viborita.

La Chilena sonreía.

—¡¿Leyeron!? ¡Voy a tener que hablar con la Gallega!

—Imposible, querida. Volvió a España. Y se llevó la novela, o una copia, no sé.

—¡Qué espanto! ¿Para publicarla?

—Exactamente. Y parece que la novela termina en un jardín, con la última palabra del profesor. O una que se le parece.

—¿En un jardín? ¡¿En éste?!

—Yo que sé. No te pongas así...

—Sí, estás pálida. Toma un poco de whisky –la Chilena.

—Es que ése... un monstruo, imagínense, hablaba de la necesidad de estrangular a los pajaritos para que el mundo no se engañara o no se distrajera o no hubiera excusas, algo así... Ay, ese degenerado es capaz...

—Era, querida, era.

Esto pareció calmarla. Un largo sorbo de whisky. Rápidamente, dos bombones a la boca. Masticando, la mirada perdida en la lejanía, hacia el pasado.

—Ay, cómo sufrió el pobre. No se imaginan.

—Contá –la Viborita.

—Sí, cuenta si te hace bien –la Chilena.

Los recuerdos tristes producen tristeza. Con gran empatía, el perrito saltó sobre su regazo. Sólo le faltaba hablar. Quizá con el tiempo, hasta aprendiera. Por lo menos a escuchar.

La historia fue suficientemente larga como para pasar la tarde de manera agradable hasta la puesta de sol. A pesar de tantas cosas importadas, la enumeración de todo lo que no había en Argentina, o si las había costaban una fortuna, entre ellas un *kit* completo, decente, para la limpieza de los dientes, "de esos que la hacen sentir bien a una, que le hacen sentir que una hace algo por una misma cuando lo utiliza", pareció infinita. Los problemas con el sanatorio privado, la falta de Kleenex en la mesa de luz, el té infame, lo mismo. Por fin llegó, llegó la muerte, un alivio para todos.

—Estuve con él hasta el último aliento... hasta su última palabra... Y quieran creerlo o no, enfermo como estaba, en medio de dolores atroces, tenía plena conciencia: sabía que era miércoles.

www.ingramcontent.com/pod-product-compliance
Lightning Source LLC
Chambersburg PA
CBHW060431030726
47495CB00003B/830

9 781987 819137